HARALD MÜLLER

DIE CHANCE DER KOOPERATION

HARALD MÜLLER

DIE CHANCE DER KOOPERATION

Regime in den internationalen Beziehungen

WISSENSCHAFTLICHE BUCHGESELLSCHAFT
DARMSTADT

Einbandgestaltung: Neil McBeath, Stuttgart.

Die Deutsche Bibliothek – CIP-Einheitsaufnahme

Müller, Harald:
Die Chance der Kooperation: Regime in den internationalen Beziehungen / Harald Müller. – Darmstadt: Wiss. Buchges., 1993
ISBN 3-534-10669-5

Bestellnummer 10669-5

Gedruckt auf säurefreiem und alterungsbeständigem Werkdruckpapier
Satz: Setzerei Gutowski, Weiterstadt
Druck und Einband: Wissenschaftliche Buchgesellschaft, Darmstadt
Printed in Germany
Schrift: Linotype Garamond, 9.5/11

ISBN 3-534-10669-5

INHALT

1. ELEMENTE EINER THEORIE DER KOOPERATION

Regimeanalyse und Kooperationstheorie

Der Begriff der „internationalen Regime" bezeichnet institutionalisierte, geregelte Formen zwischenstaatlicher Zusammenarbeit. Es gibt andere Formen, z.B. Allianz, Ad-hoc-Vereinbarung, Konföderation, Integration, durch reine Gewohnheit gebildete Verhaltensregeln oder Konventionen. Regime bilden eine besondere Form neben anderen.[1] Regimeanalyse hat ihren Platz in einer Theorie internationaler Kooperation.

Sie ist dem Paradigma des „liberalen Institutionalismus" verpflichtet, der die internationale Politik mit einer Art „skeptischem Optimismus" betrachtet: Er leugnet weder den Interessen-Egoismus in der Staatenwelt noch ihr Gewaltpotential. Er sieht aber die Möglichkeit, dieses Potential zu bändigen, die Konflikte zwischen den Staaten einzuhegen. Als Mittel dafür gilt die Institutionalisierung kooperativer und konfliktbearbeitender zwischenstaatlicher Aktivitäten.[2]

In der Staatenwelt liegt auf dem Frieden stets der Schatten des Krieges. Dies resultiert aus dem Doppelcharakter des Staates. Der Territorialstaat stiftet durch sein Gewaltmonopol nach innen Frieden und fördert durch die Schaffung einer einheitlichen, effizienten Verwaltung und Staatsleitung die Mehrung des gesellschaftlichen Wohlstandes. Zugleich konstituiert er erst die Subjekte zwischenstaatlichen Verkehrs. Die Abgrenzung souveräner Einheiten errichtet „Schwellen gegen die grenzenlose Gewaltanwendung", wie sie im völkerrechtlichen Interventionsverbot zum Ausdruck kommen. Wenn diese normative Schranke auch nur unvollkommen wirkt, so steht doch außer Frage, daß ohne sie die „internationale Anarchie" ungleich größere und gewalthaltigere Ausmaße annehmen könnte. Dies ist die lichte Seite des Territorialstaats.[3] Seine dunkle Seite ist, daß diese selben Eigenschaften nach innen und außen eine Bedrohung darstellen. Nach innen: der Machtmißbrauch zur Unterdrückung und Ausbeutung seiner Bürger. Nach außen: die Bündelung der Gewaltressourcen und ihre Unterwerfung unter einen einheitlichen politischen Willen zum Zweck der Machtexpansion.

Die Bändigung des Territorialstaates muß durch eine Doppelstrategie erfolgen. Seine Drohung nach innen wird durch die Demokratisierung, die Gewaltenteilung, den Föderalismus und die Rechtsstaatlichkeit unterlaufen. Damit wird auch seine äußere Gewaltfähigkeit eingeschränkt. Transparenz der Entscheidungen, die Wohlfahrtsansprüche der Bürger und die Dezentralisierung von Entscheidungsprozessen behindern den ungehemmten Einsatz von Gewalt.[4] Seine Bedrohlichkeit nach außen wird weiter vermindert, indem seine Souveränität durch die Einbindung in trans- und internationale Entscheidungsstrukturen eingehegt wird. Die Begrenzung der Gewalt- und Ausbeutungsdrohung, die vom souveränen Territorialstaat ausgeht, ist das erste Erkenntnisinteresse einer Theorie internationaler Kooperation.

Das zweite ergibt sich aus den globalen Problemlagen, mit denen sich die Menschheit konfrontiert sieht. Armut bedroht die Mehrheit der Weltbevölkerung. Der verzweifelte Versuch, diesem Schicksal zu entgehen, schließt Massenwanderungsbewegungen und großflächigen Drogenanbau ein; deren Folgen wirken sich wiederum auf die Stabilität der reichen Länder aus. Die weltwirtschaftlichen Beziehungen sind von außerordentlicher Wichtigkeit für das Überleben der Menschheit. Ungeregelter Wettbewerb ohne Vorsorge gegen seine unerwünschten Folgen, wie sie der moderne Sozialstaat trifft, würde auch den politischen Wettbewerb, die Konflikte zwischen den Staaten, verschärfen.

Die ungeregelte Fortsetzung wirtschaftlichen Wachstums ist jedoch nicht weniger bedrohlich. Der unkontrollierte Umgang mit einer begrenzten natürlichen Umwelt bedroht die Menschheit. Kein einzelner Staat kann diesem Übel wehren oder sich dagegen schützen. Ökologische Politik ist eine Menschheitsaufgabe.

Schließlich bedrohen Massenvernichtungswaffen nicht nur die Existenz einzelner Länder und Völker, sie sind eine weltweite Drohung. Die Ausbreitung von nuklearen, chemischen und biologischen Waffen sowie von weitreichenden Trägersystemen verschärfen diese Gefahr noch.

In diesen drei Bereichen: Sicherheit, Wirtschaft und Umwelt, sind die Handlungsmöglichkeiten einzelner Staaten begrenzt. Macht und Ressourcen sind ungleich verteilt, aber das Mitwirken vieler, wenn nicht aller, ist gefordert, sollen die Probleme gelöst und soll der Menschheit eine Zukunftsperspektive geöffnet werden. Diese Feststellung macht die zweite normative Motivation für die Beschäftigung mit internationaler Kooperation aus.

Der Territorialstaat gilt dabei weiter als zentraler Akteur. Die Kooperationstheorie drückt sich nicht durch eskapistische Verweise auf die Wirkung der „Weltgesellschaft“ oder die Abschaffung des Staates vor der zentralen Aufgabe. Sie wird geleitet durch die Einsicht in das Beharrungsvermögen staatlicher Organisation. Ihre Fragestellung zielt daher auf zwischenstaatliche Konfliktbearbeitung; die „lichte Seite" des Territorialstaats soll genutzt, seine „dunkle Seite" gebändigt werden.[5]

Kooperation in den internationalen Beziehungen existiert; es gibt sie nicht nur als zartes Pflänzchen irgendwo am Rande „eigentlicher", harter Machtpolitik. Sie ist vielmehr eine Erscheinung, die so allgemein ist wie die Machtpolitik, und man trifft sie mit viel größerer Häufigkeit an als die ultima ratio der Machtpolitik, den Krieg. Sie ist allgegenwärtig, aber sie findet ihre Schranken im Weiterwirken der Machtpolitik, mit der sie sich ergänzt und überlappt. Kooperation ist aber auch problematisch, weil sie sich in die Wahrnehmungen, Vorurteile und Realitätsdeutungen der Akteure einfügen muß, gerade auch in ihre Feindbilder. Die Regierungen neigen dazu, ihre eigene Kooperationsbereitschaft zu überschätzen und die Kooperationshemmnisse im bösen Willen, dem Egoismus, der Sturheit, vielleicht auch der Dummheit ihrer Partner und Gegner zu suchen. Auf dieser Basis wird Kooperationstheorie dann sehr unkompliziert, aber falsch.[6]

Es ist auch damit zu rechnen, daß Motivationslagen, die Neigung zu Macht- bzw. Kooperationspolitik, nicht bei allen Staaten gleich sind. Die Entwicklung von „Machtstaaten" zu „Handelsstaaten" verschiebt den Interessenschwerpunkt vom Machterwerb zur Wohlfahrtsmehrung: Es ist kein Zufall, daß das dichteste Geflecht kooperativer Beziehungen zwischen den industriell hochentwickelten Demokratien besteht.[7]

Kooperationstheorie muß die Grenzen abstecken, die die Position und die „Sachzwänge" der Staaten, d. h. ihren Spielraum im internationalen System bestimmen. Wie diese Spielräume ausgefüllt werden, hängt dann entscheidend von dem „Innenleben" der Staaten ab. Wohlfahrtsstaaten werden sich zur internationalen Kooperation anders verhalten als Kriegerkulturen; pluralistische Systeme bieten Interessengruppen – deren Wünsche sich auf Kooperation oder auf einseitige Vorteilgewinnung richten können – andere Einwirkungsmöglichkeiten als autoritäre oder totalitäre Systeme. In Ländern mit einer postmaterialistischen Wertekultur können Forderungen nach weltweiter ökologischer Solidarität leichter Einfluß gewinnen als in Ländern, die in einer vorindustriellen Entwicklungsphase sind. Bei der Ausprägung kooperativen Verhaltens muß sich der Blick daher sowohl auf die strukturellen als auch auf die akteursspezifischen Ausgangsbedingungen richten.

Umgekehrt ist zu prüfen, ob und wie die Kooperation die Akteure verändert. In einer von Zusammenarbeit geprägten Staatenwelt verändern sich die Strukturen der zwischenstaatlichen Beziehungen. Die Vermutung ist zumindest angebracht, daß dies auf Dauer nicht ohne Wirkung auf die beteiligten Akteure bleiben kann. Interne Veränderungen im Sinne von kognitivem „Lernen“ und institutioneller Anpassung sind nicht ausgeschlossen, sie sind sogar zu erwarten. Die Theorie der Kooperation fragt nach der Verklammerung der inneren und äußeren Prozesse.[8]

Konflikt und Kooperation

Eine Theorie der Kooperation muß zunächst Annahmen über die Konflikte entwickeln, mit denen sie es zu tun hat. Uninteressant sind Fälle von Harmonie: wenn die Interessen von Staaten miteinander in völliger Übereinstimmung stehen, entwickelt sich keine Kooperation, sondern Gleichklang. Beispiele dürften in der Staatenwelt selten sein. Selbst in Verhältnissen, die der Alltagssprachgebrauch als harmonisch bezeichnen würde, wie etwa zwischen Liechtenstein und der Schweiz, geht es mitunter nicht ohne deftige Kontroversen ab. Empirische Seltenheit, noch mehr jedoch die uninteressante Konstellation stellen ein harmonisches Staatenverhältnis außerhalb des Einzugsbereichs der Kooperationstheorie.

Das gilt gleichfalls für völlig antagonistische Konflikte, in denen sich keine Schnittmenge gemeinsamer Interessen – neben divergierenden Ansprüchen – findet. Nullsummenspiele, in denen ein Spieler gewinnt, was der andere verliert, schließen Kooperation aus. Sie sind in den internationalen Beziehungen allerdings seltener, als der orthodoxe Realismus es prognostiziert. Vernichtungskämpfe – wie die Roms gegen Karthago – sind eher die Ausnahme als die Regel.[9]

Damit sind Nicht-Nullsummenspiele ein Modell für die Klasse von Konflikten, denen sich Kooperationstheorie zu widmen hat. In ihren konkurrieren die Teilnehmer um die Verteilung von Werten; insoweit besteht ein Interessenkonflikt. Sie besitzen jedoch zugleich einen Grundbestand gemeinsamer Interessen – insoweit besteht die Möglichkeit der Kooperation. Axelrod und Keohane haben folgerichtig Kooperation als „Adjustierung des Verhaltens von Akteuren anhand der vorausgesehenen Präferenzen anderer“ definiert, nicht als blinde Unterwerfung, sondern als die Modifizierung in Richtung auf die Partnerwünsche.[10]

Schon die Tatsache, daß es die Theorie mit einer unter mehreren Klassen von Konflikten zu tun hat – freilich der vermutlich bei weitem größten – weist darauf hin, daß Kooperationstheorie, noch weniger aber die Regimeanalyse, eine Universaltheorie internationaler Beziehungen sein kann. Sie ergänzt sich mit Konflikttheorie oder Kriegsursachentheorie. Wie diese stellt sie die Analyse- und Erklärungsinstrumente für einen Ausschnitt internationaler Beziehungen bereit.[11]

Kooperationstheorie darf sich dabei nicht von einem holistischen Konfliktverständnis leiten lassen. Bereits Nye und Keohane haben auf die unterschiedlichen Konstellationen von Interessen und Machtverteilungen in verschiedenen Politikbereichen hingewiesen: in der internationalen Erdölpolitik finden sich andere Allianzen und Einflußmöglichkeiten als in der Hierarchie militärischer Macht.[12] Infolgedessen variieren auch die Möglichkeiten, die Interessen und die Intensitäten von Kooperation.[13] Zwar bleiben Politikfelder durch die Bewegungen der „Hohen Politik" beeinflußt: wirtschaftliche, ökologische, kulturelle Zusammenarbeit im Ost-West-Konflikt blieb mittelbar abhängig von den Wellen von Entspannung und Spannung. Eine völlige Abtrennung sachbereichsspezifischer Interessenunterschiede von der „Großwetterlage" zwischenstaatlicher Beziehungen wird daher nicht möglich sein. Die besonderen Gegebenheiten der Politikfelder sind dennoch zu beachten. Sie mögen im Einzelfall in erstaunlichem Maße von Erwartungen abweichen, die aus der oberflächlichen Beobachtung der „Großwetterlage" abgeleitet werden.

Quellen der Kooperation

Die Theorie der Kooperation muß mit den offenkundigen Widersprüchen und Rätseln kooperativer Beziehungen in einer anarchischen Staatenwelt fertig werden. Warum gehen Staaten, die anderweitig in konkurrierenden Beziehungen stehen, überhaupt Zusammenarbeit ein? Nur wenn die Triebkräfte der Kooperation in den Interessen der Staaten, ihrer Eliten, ihrer Staatsvölker aufgefunden werden, können ihre Wurzeln in die Tiefe wachsen. Diese Interessen können nicht rein objektivistisch bestimmt werden. Denn sie werden nur politikwirksam, wenn sie wahrgenommen und umgesetzt werden. Die Kategorie der Perzeption muß deshalb in jeder Politikanalyse berücksichtigt werden.

Bei der amerikanischen Intervention in Vietnam gab es ebenso abweichende Meinungen in der politischen Führung wie bei der sowjetischen Intervention in Afghanistan: es gab jeweils unterschiedliche Deutungen des nationalen Interesses. Und in beiden Fällen wurde die politische Entscheidung nach langen, blutigen Erfahrungen korrigiert, damit wurde auch das Interesse umdefiniert. Die Subjektivität der Interessendefinition hat eine individuelle Seite – einzelne Staatslenker, Wissenschaftler oder einfache Bürger haben unterschiedliche Vorstellungen vom „nationalen Interesse". Sie hat auch eine organisatorische Seite, die Eigeninteressen und Idiosynkrasien spezialisierter bürokratischer Apparate, wie sie vom Ansatz der „bürokratischen Politik" untersucht worden ist.[14] Zugleich wird die Aufmerksamkeit auf ein weiteres subjektives Moment gelenkt: Wissen. Erkenntnisse über Kausalitätszusammenhänge, Einsichten in die Komplexität von Wirklichkeit, schließlich die Konkurrenz unterschiedlicher Wissens- und Glaubenssysteme bestimmen Substanz und Richtung von Politik wesentlich.[15]

Die Kooperationstheorie muß schließlich auch berücksichtigen, daß die Interessen von Staaten nicht in einem rechts- und normfreien Raum kalkuliert werden. Sie definieren sich vielmehr in einem Medium von Traditionen, rechtlichen Kategorien, gewohnheitsbestimmten Verhaltensweisen, die selbst nicht unmittelbar aus Interessenlagen ableitbar sind. Anhänger der „grotianischen" Tradition in der Theorie internationaler Beziehungen haben zu Recht darauf hingewiesen, daß normative Ordnungen nicht erst in kooperativen Institutionen gegründet werden, sondern diesen vielmehr vorausgehen. Das Verhältnis von Interesse und Norm ist daher kein einsinniges, sondern es besteht eine Wechselwirkung.[16] Die Kooperationstheorie muß dieser Wechselwirkung gerecht werden. Die Diskussion des Begriffspaars Interesse und Norm wird infolgedessen das ganze Buch durchziehen.

Dauerhafte Kooperation und Institutionalisierung

Eine Theorie der Kooperation fragt zunächst nach allen Formen der Zusammenarbeit. Ihre normative Ausrichtung verlangt jedoch, nach Möglichkeiten zu suchen, solche Beziehungen auf Dauer zu stellen. Das Interesse am Frieden geht über den Tag hinaus. Freilich muß auch gefragt werden, unter welchen Umständen Kooperation zerfällt und wie im Verlauf der Kooperation übergreifende Kooperationselemente und nationale Interessen sich zueinander verhalten.

An dieser Stelle – an der Frage nach dauerhafter Kooperation – setzt die Regimeanalyse an. Kennzeichen der von der Regimeanalyse erfaßten Kooperation ist Zusammenarbeit über längere Zeit, über eine ganze Reihe von vergleichbaren Situationen hinweg und die Ausrichtung auf mögliche künftige Lagen. Diese Zeitdimension der Regimeanalyse ist ein entscheidender Aspekt, ist doch die Ungewißheit der Kooperationspartner über die künftige Entwicklung, vor allem das zukünftige Verhalten der Gegenüber, eine der Hürden, die Zusammenarbeit zwischen Staaten auf eine stabile Basis zu stellen, ja, sie überhaupt zustande zu bringen. Die Regimeanalyse erfaßt Kooperationsformen, in denen die zusammenarbeitenden Staaten den Kontext ihrer Beziehung durch Institutionalisierung verändern. Mit dieser Institutionalisierung treten die Staaten aus der Welt der militärischen und merkantilistischen Selbsthilfe heraus. Auch in dieser Welt ist Kooperation nicht undenkbar, sie kann, wie die Überlegungen und Experimente Axelrods gezeigt haben, durch eine konsequente unilaterale Strategie der Reziprozität gefördert werden: Ein Spieler, der auf wohlwollende und heimtückische Züge seiner Gegenüber jeweils mit gleicher Münze antwortet, also Entgegenkommen belohnt und Unfreundlichkeit bestraft, fährt nicht schlechter, sondern besser als einer, der Kooperation stets mit Blick auf den eigenen kurzfristigen Vorteil verweigert. Auf die Staatenwelt übertragen: Durch eine unilaterale Strategie der Reziprozität kann ein Staat in seiner Umwelt Anreize zur Kooperation bilden und, vorausgesetzt er ist stark genug, um einige Rückschläge zu überleben, „Inseln" internationaler Kooperation in einer ansonsten anarchischen Staatenwelt schaffen.[17] Die Regimebildung nimmt den Gedanken der Reziprozität auf, treibt ihn jedoch weiter. „Internationale Regime sind kein Ersatz für Reziprozität; sondern sie verstärken und institutionalisieren sie. Indem sie genau festlegen, was Reziprozität im jeweiligen Politikfeld bedeutet, machen sie es leichter, eine überzeugende Reputation als konsequenter Anwender des Reziprozitätsprinzips zu entwickeln."[18]

Indem sich Kooperationstheorie auf das Phänomen der Institutionalisierung einläßt, verläßt sie den sicheren Boden der Interessenanalyse. Zwar ist es klar, daß der Beitritt zu und das Verweilen innerhalb einer Institution wenig wahrscheinlich ist, wenn es dem wahrgenommenen Interesse eines Staates widerspricht. Jedoch ist der Vorgang und die objektive Richtigkeit einer langfristigen Interessenkalkulation, in dem jeder Einzelfall der Kooperation mit seinen Kosten und seinem Nutzen gegen künftige Fälle gegengerechnet werden muß, nicht mehr nachvollziehbar. Er ist auch für die betroffenen staatlichen Akteure nicht mehr möglich, da zu viele Unbekannte in die Kalkulation eingestellt werden müßten. Kooperationsentscheidungen von Staaten innerhalb einer Institution, eines Regimes, müssen sich deshalb nach generalisierten Regeln vollziehen können, die die Einzelentscheidung von derart komplizierten Interessenkalkülen entlasten. Verhalten und Entscheidung werden daher normiert, und es ergibt sich das entscheidende Desiderat an die Kooperationstheorie, das Verhältnis von Interesse und Norm zu klären. Die Gretchenfrage der Regimetheorie lautet: Wie wirken die

Institutionen auf die Staaten oder, noch grundsätzlicher: wirken sie überhaupt?[19]

Kooperation und Gerechtigkeit

Wir neigen mit einem gewissen Recht dazu, internationale Zusammenarbeit als etwas Positives zu sehen und mit Billigung, wenn nicht sogar Bewunderung auf internationale Organisationen zu sehen. Diese wohlwollende „Voreingenommenheit“ sollte den Blick für kritische Fragen nicht verstellen.

Zuerst gilt es, das Ausmaß der Institutionalisierung von Kooperation sowie ihrer Organisierung auf die Angemessenheit hin zu befragen: rechtfertigt der Gegenstand und die Perspektive der Zusammenarbeit den erreichten Grad an Formalisierung? Organisationen neigen zur Sklerose; sie dienen nicht nur der Konfliktdämpfung, sondern über Zeit der Erhaltung von Privilegien ihrer Mitglieder gegenüber neuen Anspruchstellern. Darüber hinaus bergen sie die Gefahr ineffizienter Verteilung von Ressourcen, und sie sind oft unfähig, die Anpassung an neue Lebensumstände mitzuvollziehen. Bestehende Formen der Kooperation sind daher immer daraufhin zu befragen, inwieweit sie „evolutionsgerecht“ sind. Freilich wird man Kooperation in der internationalen Staatenwelt einen gewissen „Bonus“ einräumen: wegen der Gefahr gewaltsamer Konflikte tragen kooperative Institutionen, die die Staaten einander näherbringen, einen gewissen Wert in sich selbst, selbst wenn sie ihre eigentliche Aufgabe nur unzureichend erfüllen. Freilich läßt sich mit diesem Zugeständnis nicht jedes Maß an Ineffektivität entschuldigen.[20]

Eine zweite kritische Frage spricht einen noch wichtigeren Gesichtspunkt an: Internationale Zusammenarbeit ist nicht immer moralisch gut. Die Kooperation Preußens, Österreichs und Rußlands bei der mehrfachen Teilung Polens wird man in der Rückschau ebensowenig positiv bewerten können wie die verschiedenen Einverständnisse der Kolonialmächte bei der Aufteilung Afrikas. Es kommt also stets auf die Inhalte der Kooperation an, nicht lediglich auf Zusammenarbeit an sich. Die Staatenwelt ist hochgradig asymmetrisch, Kooperation schließt Starke und Schwache, Arme und Reiche ein. Es wird daher immer zu fragen sein, wie Kosten und Nutzen verteilt werden, wie gerecht internationale Kooperation ist.[21]

2. VOM FUNKTIONALISMUS ZUR REGIMEANALYSE: DIE GESCHICHTE DER THEORIE INTERNATIONALER KOOPERATION

Die Kooperationstheorie ist ein altehrwürdiger Bestandteil des Nachdenkens über zwischenstaatliche Beziehungen.[1] Nicht zufällig wird in der gegenwärtigen Regimediskussion ein Theoriestrang mit dem Label „Grotianische Tradition“ versehen, greift also auf einen der Väter des Völkerrechts zu Beginn der Neuzeit zurück. Gemeinsam ist den kooperativen „Friedensstrategien“,[2] daß sie durchweg auf normative und/oder institutionelle Elemente rekurrieren: auf Völkerrecht, Kodifizierung, Rechtsprechung, Normbildung, Internationale Organisation, Staatenbund, kollektive Sicherheit und regionale Organisation. Bezeichnend ist auch, daß – zumindest seit Adam Smith – diese Tradition über kooperative wirtschaftliche Beziehungen ebenso reflektiert wie über friedfertige politische und sicherheitspolitische Verhältnisse. Die Kontinuität, in der sich die moderne Regimediskussion nicht nur von der Fragestellung her, sondern auch in wesentlichen Elementen ihrer Theoriekonstruktion bewegt, ist augenfällig. Sie steuert zwar einen breiteren Einzugsbereich an als der Frieden – sie zielt auf eine Theorie der Kooperation ab; insoweit jedoch der Frieden zwangsläufig auf Kooperation begründet ist, sollte die Verwandtschaft beider Ansätze nicht überraschen.

Das kooperative Paradigma: Der Funktionalismus

Kooperationstheorie muß sich im theoretischen Widerstreit gegen einen potenten Gegner behaupten, den sogenannten Realismus. Die realistische Schule sieht die Welt als Staatenwelt, als anarchistische Machtkonkurrenz. In einer solchen Welt des „jeder gegen jeden“ ist Machterwerb und Machtexpansion eine Überlebensfrage. Ein prekäres Gleichgewicht bewahrt das Staatensystem, das sich durch Anarchie und das Machtgefälle zwischen den Staaten strukturiert. Für Kooperation zwischen den Konkurrenten ist allenfalls vorübergehend und unter Vorbehalten und Rückversicherung Platz. Ein dauerhaftes Strukturelement internationaler Beziehungen kann sie nicht darstellen.[3]

Das Gegen-Paradigma zum Realismus ist theoriegeschichtlich der Funktionalismus. Er hat seine Wiege in der Erfahrung der beiden Weltkriege. Noch vor den Zerstörungen von Hiroshima und Nagasaki legte Mitrany die Grundlage funktionalistischen Denkens vor.[4] Indem er wirtschaftliche Zusammenarbeit und Frieden miteinander verknüpfte, glaubte er die Wurzeln internationaler Kooperation fern von der Machtpolitik in den "low politics" der Technikentwicklung und den Wirtschaftsbeziehungen zu finden. Damit trug er der Einsicht der „Realisten" Rechnung, daß die auf Sicherheit und Macht gerichteten Interessen der Staaten der Kooperation im Wege stehen. Der Umweg über die "low politics" ist der Versuch, diesem Hindernis auszuweichen und die Staaten in ein kooperatives Gewebe einzuspinnen, vor dem letztlich auch ihr Sicherheitsbedürfnis kapitulieren muß. Ausgangspunkt mußten daher Politikfelder mit möglichst geringem kontroversem Politikgehalt und möglichst hohen Kooperationsanreizen sein.

Diese Anreize ergaben sich aus dem Wohlfahrtsverlangen der Bürger höher entwickelter Industriestaaten. Diese wachsenden Ansprüche ließen sich mehr und mehr nur befriedigen, wenn der wachsenden internationalen Verflechtung Rechnung getragen und wirtschaftliche und technische Bereiche internationaler Zusammenarbeit geregelt und weiterentwickelt würden.

Technisch-wirtschaftliche Bereiche boten laut Mitrany deshalb die günstigsten Ausgangsbedingungen, da sich hier das Wohlfahrtsinteresse der Bürger konzentrierte und zugleich die Aufmerksamkeit der auf Macht und Sicherheit spezialisierten Bürokratien und Politiker gering blieb. Es wurde erwartet, daß die Kooperation in solchen Politikbereichen zu einem Koordinationszwang zwischen den Bereichen führen müsse, in denen Zusammenarbeit etabliert worden sei; auf einer weiteren Stufe würden zwangsläufig neue Politikfelder einbezogen; schließlich würde eine übergreifende Regelung der Beziehungen zwischen den Staaten nötig werden: während die internationale, politikfeldspezifische Kooperation die Entscheidungskompetenz des Nationalstaates bereits „von unten" ausgehöhlt habe, würde die Kooperation schließlich auf die verbliebenen Entscheidungskompetenzen der "high politics" übergreifen müssen. Am Ende werde sich der Nationalstaat aus der Weltgeschichte verabschieden müssen. Der institutionelle Rahmen werde durch die Internationale Organisation gebildet, die der Kooperation Stabilität und Dauerhaftigkeit verleihe. Die Organisation war die zwangsläufige Folge aus pragmatischem, zweckrationalem Denken und Handeln der beteiligten Staaten.

Das Scheitern des angestrebten Kollektiven Sicherheitssystems im

Rahmen der Vereinten Nationen bildete für die Funktionalisten keine Überraschung: sie hatten sich die Kooperation eben nicht zu Beginn des Prozesses auf der Ebene der "high politics" erhofft, die zu stark von den machtpolitischen Interessen der Nationalstaaten betroffen war. Enttäuschend war allerdings das Scheitern der funktionalen Organisationen der VN, soweit sie von einer Ost-West-Mitgliedschaft geprägt waren, wie etwa die Economic Commission for Europe (ECE), die sich auf Jahre hin in wechselseitigen Beschuldigungsritualen erschöpfte; gleichermaßen betrüblich war das Ausscheiden bzw. der Nicht-Beitritt der kommunistischen Länder zu den weltwirtschaftlichen Organisationen, IMF und GATT. Dieser Umstand machte es unmöglich, daß sich aus "low politics" Kooperationsstrukturen entwickeln konnten. Die Trennung zwischen "low" und "high politics" hatte die Durchdringung aller Politikbereiche durch macht- und sicherheitspolitische Konfliktstrukturen unterschätzt.

Vom Funktionalismus zum Neofunktionalismus

Anders als Mitrany konzentrierte sich der Neofunktionalismus, vorangetrieben vor allem von Ernst Haas,[5] auf Integrationsprozesse im regionalen Rahmen am Beispiel Westeuropas. Als Triebkräfte des Integrationsprozesses wurden die „Spillover-Effekte“ bereits integrierter Politikbereiche sowie die Eigeninteressen der EG-Bürokratie identifiziert. Man erwartete ein schnelles Durchschlagen dieser Effekte auf die Entscheidungsregeln der Gemeinschaftsorgane, insbesondere auf die Zulassung von Mehrheitsentscheidungen im Europäischen Rat. Zugleich wurde die Entstehung ähnlicher funktionaler Kooperation mit anschließender Integration in anderen Regionen erwartet.

Im Unterschied zu seinem Vorläufer erwartete der Neofunktionalismus ein schnelles Umschlagen von Veränderungen in den technisch-wirtschaftlichen "low politics" in integrative Anpassungen der „Hohen Politik“. Anderenfalls stünde die technisch-wirtschaftliche Kooperation vor zu vielen Hemmnissen, die ihr die traditionelle „Hohe Politik“ in den Weg stellte. Außerdem konnte diese enge Verzahnung nur durch eine höhere Homogenität der Kooperationspartner erreicht werden, d.h. durch eine gewisse Symmetrie der beteiligten Einheiten, durch die Vereinbarkeit der von den Eliten vertretenen Wertvorstellungen, durch das Vorhandensein von Pluralismus, der den technisch-wirtschaftlichen Sektoren überhaupt erst ein kooperatives „Vorpreschen“ gestattete, durch die Anpassungsfähigkeit der Regierungssysteme, durch den

Glauben an eine gerechte Verteilung der Kooperationsgewinne, durch die Einsicht in die Sachzwänge zur Zusammenarbeit und durch geringe oder nach außen verlagerbare Integrationskosten.

Ende der sechziger Jahre geriet auch der Neofunktionalismus in die Krise: Von einer konsequenten Ablösung nationaler durch internationalisierte Entscheidungsprozesse in der EG konnte keine Rede sein. Der unverkennbare Nationalismus der jungen Staaten der Dritten Welt verhinderte die erfolgreiche Nachahmung selbst der bescheidenen westeuropäischen Integrationserfolge; bestehende Organisationen wie die OAS oder die OAU oder die Arabische Liga blieben impotent. Schließlich bot der Funktionalismus immer noch nur wenig befriedigende Ansatzpunkte, um die dominierende Figur der internationalen Beziehungen, den Ost-West-Konflikt, zu analysieren. Zwar entwickelten sich in den sechziger Jahren zaghaft Ansätze von wirtschaftlicher und technischer Kooperation, diese folgten jedoch dem makropolitischen Tauwetter, nicht umgekehrt, wie die Funktionalisten hätten erwarten müssen.[6]

Weltgesellschaft, Transnationalismus, World-Order-Ansatz

Der Funktionalismus hatte die Gemeinsamkeit grenzüberschreitender Kommunikation und Organisation technischer Eliten betont. Anknüpfend an diesem Gedanken identifizierte der Transnationalismus-Ansatz die Agenten solcher staatsübergreifendender Gemeinschaftsbildung in der Wirtschaft, der Wissenschaft, aber auch der spezialisierten Bürokratie. Die „Linkage-Analyse“[7] kategorisierte diese Gruppen im einzelnen. Sie bildeten Brücken in einem auf nationale oder innenpolitische Interessen ausgerichteten gesellschaftlich-politischen System. Der Transnationalismus-Ansatz[8] systematisierte diesen Gedanken: nicht einzelne, isolierte Gruppierungen, sondern machtvolle Interessen-, Kommunikations- und Kooperationsgeflechte etablierten sich zwischen den Staaten. Wirkten die staatsübergreifenden Gruppen im Linkage-Ansatz als Bindeglieder zwischen den Staaten, so sah der Transnationalismus-Ansatz, daß der Bedeutungszuwachs solcher Geflechte eine Herausforderung für die Steuerungsfähigkeit der Territorialstaaten werden könnte. Der Kooperationsaspekt trat damit in den Hintergrund; ein neuer internationaler Konflikt kam ins Blickfeld.

Noch einen Schritt weiter gingen die Vertreter der „Weltgesellschaft“.[9] Ihre Denkschule knüpft am enormen Wachstum von Transaktions- und Kommunikationsströmen zwischen den Gesellschaften an.

In ihnen glaubt sie die Herausbildung von Strukturen einer Interaktionsdichte zu erkennen, die derjenigen innerhalb der nationalen Grenzen immer näher kommt. Die kommunikationsbedingte Systemgrenze zwischen den Nationalstaaten beginnt damit zu verschwinden: es bildet sich eine Weltgesellschaft heraus, in der die Nationalstaaten zusehends anachronistisch wirken.[10] Die Weltgesellschaft sucht sich ihre eigenen Regelungsmechanismen an den Nationalstaaten vorbei.

Diesen Optimismus vermochte die „Weltordnungsschule"[11] nicht zu teilen. Sie sahen in transgesellschaftlichen Verflechtungen eher eine Herausforderung als bereits die Lösung. Diese Verflechtungen stellten die Menschheit vor eine Reihe großer Probleme – einschließlich der Atomkriegsgefahr. Die Lösungen für diese Probleme wurden aber durch staatliche Interessenpolitik erschwert. Wie ihre Vorgänger aus den zwanziger Jahren forderten die „Weltordnungs"-Theoretiker Unterwerfung nationaler Souveränitäten unter ein erheblich verdichtetes, verbindliches Völkerrecht. Wie gerade die Staatsregierungen – zuvor als die wichtigsten Gegenkräfte der Entwicklung gekennzeichnet – diesen Sprung zuwege bringen sollten, ging aus der Analyse nicht hervor.

Hierin lag überhaupt die zentrale Schwäche aller Ansätze der „Kooperation am Staat vorbei": die Beharrlichkeit der staatlichen Existenz wurde von ihnen nicht in ausreichendem Maße in Rechnung gestellt.

Interdependenz

Der Interdependenzansatz stellte einen ersten ernsthaften Versuch dar, zwischen den Paradigmen der Funktionalisten und der Realisten eine Brücke zu schlagen. Die wichtige Rolle souveräner Staaten in den internationalen Beziehungen wurde nicht geleugnet oder verdrängt. Macht und nationale Sicherheit blieben damit zentrale Analysekategorien.[12] Die strukturellen Bedingungen internationaler Politik wurden berücksichtigt: Asymmetrien in den Ressourcen dieser Staaten, Sicherheitsdilemma, Machtgefälle, Gleichgewichtsstreben.

Zugleich folgt der Interdependenzansatz jedoch den Annahmen der Funktionalisten: er anerkannte eine auf Kooperation gerichtete Dynamik und die soziopolitischen Folgen dieser Dynamik in Gestalt transnationaler Verflechungen, international ausgerichteter Bürokratien und Internationaler Organisationen. Dies ergab sich aus der Analyse der wechselseitigen Abhängigkeiten von Staaten in ihren wirtschaftlichen, kommunikativen, ja sogar sicherheitspolitischen Beziehungen. Da die Interdependenztheorie zugleich jedoch das Fortbestehen von asymmetrischen Machtbeziehungen berücksichtigte, wich sie von der linearen Prognose der Funktionalisten ab. Interdependenz in asymmetrischen Beziehungen kann auch dazu führen, daß Abhängigkeiten für machtpolitische Ziele funktionalisiert werden. Nicht Kooperation, sondern unilaterale Manipulation interdependenter Variablen ist dann das Resultat. Keohane/Nye bauten aber in diese realistische Sichtweise funktionalistische Annahmen ein, indem sie von einer politikfeldbezogenen Machtstruktur ausgingen: Macht ist nicht über alle Politikfelder in den gleichen Mustern verteilt. Saudi-Arabien ist mächtig in den Politikfeldern Öl und Finanzen, ohnmächtig in den Politikfeldern Sicherheit und Technologietransfer. Hieraus ergab sich die Relativierung militärischer Macht; ihr Einsatz erzwingt nicht in jedem Fall das erwünschte Verhalten.

Ein weiteres realistisches Element ihrer Argumentation ist die prinzipielle Reversibilität des Kooperationsprozesses. Wenn der Konfliktgehalt von Macht- und Sicherheitsbeziehungen steigt, gerät Kooperation in anderen Sachbereichen unter Druck. Geflechte der Zusammenarbeit stehen vor der Gefahr des Zerfalls, wenn sie von machtpolitischen Interessen gekreuzt werden.[13]

Freilich ist nicht von einem automatischen Prozeß des Kooperationsverfalls auszugehen. Darin liegt ein Unterschied zu den Realisten. Bestand und Rückbildung von Kooperation hängt vielmehr von dem Verhältnis der Konfliktstärke und dem Grad der Interdependenz ab. Zusammenarbeit mag beiden Seiten hohe Gewinne einbringen; ihr Abbruch mag kostenreich sein. Unter diesen Umständen kann sich Kooperation gegen „Staatsraison“ durchsetzen.

Hegemoniale Stabilität

Die Interdependenzdiskussion hatte – in kritischer Reflektion auf die weltpolitischen und weltwirtschaftlichen Ereignisse der sechziger und frühen siebziger Jahre – die Bedeutung des weltpolitischen Machtgefälles relativiert, wenn auch nicht negiert: zumindest sektoral konnten auch die mächtigen Staaten durchaus qualitativ gleichen externen Einflüssen unterliegen wie kleinere und schwächere Länder. Die Kooperationsfrage war damit neu gestellt.

Gerade der Befund der Interdependenzanalyse stimmte jedoch die Vertreter der Theorie hegemonialer Stabilität[14] pessimistisch hinsichtlich der Aussichten auf internationale Kooperation. Diese Theorie knüpfte an die Aussagen des Realismus und der Theorie öffentlicher

Güter. Kooperation ist zumeist nötig, um „öffentliche Güter" im Internationalen System herzustellen. Öffentliche Güter zeichnen sich dadurch aus, daß sie keinem Marktteilnehmer verweigert werden können (die öffentliche Sicherheit kommt jedem zugute, auch dem Steuerhinterzieher). Jeder einzelne Staat ist also in einer besseren Position, wenn er als „Trittbrettfahrer" nichts dazu beiträgt, das öffentliche Gut – etwa internationale Liquidität oder freien Handel – herzustellen.[15] Internationale Kooperation wird nur dann gewährleistet, wenn im betreffenden Politikfeld ein dominierender Akteur existiert, der ein hervorragendes Interesse an der Herstellung und Aufrechterhaltung der Zusammenarbeit hat und darüber hinaus über die Mittel verfügt, um die anderen Teilnehmer zur Mitarbeit zu überreden. Hegemoniale Stabilität läßt sich daher zurückführen auf die beiden realistischen Grundkategorien Interesse und Macht. Es ist das nationale Interesse – im Sinne von "enlightened interest" –, das die Rückstellung kurzfristiger Nutzenmaximierung zugunsten langfristiger Nutzenoptimierung verlangt und den hegemonialen Akteur den Weg der Zusammenarbeit gehen läßt. Die Verfügung über überlegene Ressourcen erlaubt es dem Hegemon, Prämien für die Teilnahme auszusetzen. Zugleich signalisiert die Ressourcenüberlegenheit jedoch auch diskret die Sanktionsdrohung durch Ressourcenentzug, falls die Zusammenarbeit verweigert wird. Hegemoniale Stabilität in einem Sektor ist um so verläßlicher, je mehr der Hegemon auch andere Bereiche internationaler Politik dominiert. Vorübergehende Schwächen in einem Bereich können dann durch den Einsatz von Ressourcen aus anderen Bereichen wettgemacht werden.

Hegemoniale Stabilität gerät ins Wanken, wenn der Hegemon Interesse oder Überlegenheit verliert; oft verschränkt sich beides: wenn andere Akteure erstarken, vermehrt sich der Aufwand für den Hegemon, die Ordnung aufrechtzuerhalten, sei es durch erhöhte Belohnungen für die Fortsetzung der Mitarbeit, sei es durch den vermehrten Zwangsmitteleinsatz. Es ist damit zu rechnen, daß die hegemoniale Rolle den Hegemon überdurchschnittlich kostet, es also nahezu eine automatische relative Verschlechterung seiner Position gegenüber den kleineren Konkurrenten gibt.[16] Damit geht auch seine Erfolgsbilanz zurück, das Interesse an der Aufrechterhaltung der Kooperation nimmt ab. Andere Akteure verlangen nun Mitsprache, wollen eine Neugestaltung der Verteilungsregeln des Regimes, setzen ihre vermehrten Handlungsmöglichkeiten regelwidrig ein, um noch größere Vorteile zu gewinnen: die Ordnung im Politikfeld zerfällt oder bricht krisenartig zusammen. Hegemonialsysteme enthalten demnach einen eingebauten, nahezu gesetzlichen Mechanismus der eigenen Zerstörung; der Begriff „Hegemoniale Stabilität" ist insoweit unrichtig.[17]

Die Theorie hegemonialer Stabilität wurde begründet durch Untersuchungen der Rolle Großbritanniens in der Weltwirtschaft des neunzehnten Jahrhunderts, noch mehr aus der Analyse des Beitrags der USA zur weltwirtschaftlichen Ordnung nach dem Zweiten Weltkrieg. Es bestand allgemeine Übereinstimmung, daß die einzigartige Stellung der USA in den vierziger und fünfziger Jahren den Aufbau kooperativer weltwirtschaftlicher Strukturen – zumindest zwischen den westlichen Industrieländern – ganz beträchtlich erleichtert hatte. Die jüngeren Entwicklungen hatten gezeigt, daß die amerikanische Überlegenheit zurückgegangen war, jedenfalls nicht mehr zur Aufrechterhaltung der kooperativen Ordnungen ausreichte. Über die Folgerungen bestand jedoch keine Einigkeit. Die orthodoxen, normativen Vertreter der Theorie hegemonialer Stabilität zeichneten ein düsteres Bild der künftigen Aussichten für eine Weltordnung: mit dem Verlust der amerikanischen Hegemonie bestehe die Gefahr der Anarchie. Optimistische Anhänger der Theorie forderten die USA zu dem Versuch auf, die Hegemonie durch vermehrte Anstrengungen wiederzugewinnen. Die Regimetheoretiker begaben sich auf die Suche nach Ersatzlösungen für die unwiderbringlich verlorene Vorherrschaft der Vereinigten Staaten. Dabei wurden sie in zunehmendem Maße durch neue empirische Arbeiten gestützt, die die Wichtigkeit eines Hegemon in stabilen Kooperationsbeziehungen relativierten: auch die genannten Musterbeispiele für hegemoniale Stabilität beruhten auf einer von eigenen Interessen, Zielsetzungen und Überzeugungen getragenen Kooperation der wichtigsten Partner des Hegemon. Auch ein Hegemon kann stabile Kooperation nicht erzwingen; er benötigt zumindest einen Minimalkonsens unter denjenigen Staaten, deren Mitarbeit unverzichtbar ist.[18]

Andererseits, so ergab eine nüchterne Analyse der Interessen des Hegemons, ist es keineswegs ausgemacht, daß er tatsächlich auf die Gewährleistung des öffentlichen Guts „Stabilität" aus sei. Ruggie und Conybeare zeigten, daß die Nachkriegsentscheidung der Vereinigten Staaten für ein liberales Wirtschaftssystem letztlich eine Sache politisch-ideologischer Präferenzen gewesen ist. Bei anderen Zeithorizonten – einer kurz- oder längerfristigen Kalkulation – hätten sich die USA auch für eine stärkere Abschöpfung der Hegemonialvorteile für den eigenen wirtschaftlichen Nutzen entscheiden können, für eine viel stärker protektionistisch und merkantilistische Politik. Stand also von der einen Seite in Frage, ob der Hegemon Kooperation auf Dauer gewährleisten könne, so wurden zudem Zweifel laut, ob er dies zwangsläufig auch wolle. Hinzu kam, daß Hegemonie in zwei Varianten denkbar war, als „wohlwollende“ Produktion öffentlicher Güter für die kooperierende internationale Gemeinschaft und als Ausbeutung der schwächeren Partner.[19]

Die Entstehung des Regimeansatzes

Die Zweifel an der Theorie hegemonialer Stabilität motivierten die Wissenschaft verstärkt zur Anwendung der Regimeanalyse. Der Regimebegriff entstammt dem Völkerrecht, in dem er spätestens seit den zwanziger Jahren angewandt wird.[20] Erst in den siebziger Jahren etablierte sich der Begriff in der Politischen Wissenschaft von den Internationalen Beziehungen.[21]

In “Power and Interdependence” sahen Nye und Keohane das Konzept der Internationalen Regime als institutionelle Antwort auf die durch die Interdependenz gestellten Probleme. Sie spielen daher bereits die Rolle, die beiden Schlüsselbegriffe dieses Werkes miteinander zu verknüpfen. In den Regimen findet eine geregelte Fortsetzung der Konflikte mit „zivilisierteren“ Anwendungen der Macht statt.

Nye/Keohane waren freilich, wie schon erwähnt, nicht die ersten und schon gar nicht die einzigen, die mit dem Regimekonzept zu arbeiten begannen. John Ruggie (für den Bereich der Wirtschaft) und Oran Young (für Umwelt und Ressourcenpolitik) spürten der Wirkungsweise von um internationale Verträge und Organisationen gelagerter Kooperation nach. Zwei wichtige Feststellungen konnten sie dabei treffen: Erstens: Es gab eine Mischung von formellen und informellen Bestandteilen der Kooperation auch dort, wo sie an sich in einem rechtlich verregelten Kontext stattfand. Zweitens: Staaten, die institutionalisierte Kooperation mit anderen eingegangen waren, änderten mit der Zeit nicht nur ihr Verhalten, sondern auch Aspekte ihrer inneren Struktur im jeweiligen Politikfeld. Es fand eine Anpassung an die spezifische Umwelt des Regimes statt, die als Wirkung des Regimes auf die Teilnehmerstaaten gedeutet werden mußte. In dieser Phase war der Gebrauch des Regimebegriffs noch vorwiegend deskriptiv und theorielos.[22]

Motive der Regimeanalytiker

Die sich in den späten siebziger Jahren rapide erweiternde Regimeanalyse war von vier Motivationen geleitet[23]:

1. Unübersehbar war die Ära der „Pax Americana“ zu Ende gegangen. Sicher waren die Vereinigten Staaten noch die wirtschaftlich, wahrscheinlich auch die militärisch stärkste Macht der Welt. Die relative Abnahme ihrer Überlegenheit machte es jedoch unmöglich, Regeln für die einzelnen Politikbereiche unilateral zu definieren, durchzusetzen und über Zeit aufrechtzuerhalten. Die Regelwerke internationalen Verhaltens konnten sich also nicht mehr auf die Sicherung durch hegemoniale Stabilität verlassen. Dennoch brachen sie nicht zusammen. Sie gerieten in Turbulenzen, aber in vielen Bereichen beharrten alte Ordnungsmuster, neue bildeten sich heraus. Weltwirtschaftsgipfel, Koordination der Notenbanken, Erweiterung der Flexibilität von Internationalem Währungsfond und Weltbank schafften neue Möglichkeiten währungs- und finanzpolitischer Abstimmung; die Vereinigten Staaten verloren ihr Monopol als nukleares Ausfuhrland, aber Absprachen der Lieferländer untereinander schufen neue Regelungen; erste, rudimentäre Regelungen entstanden in dem neuen Politikfeld Umweltpolitik unter amerikanischer Beteiligung, aber überwiegend ohne amerikanische Dominanz. In der Rüstungskontrollpolitik stellte der Verlust amerikanischer Superiorität geradezu die Vorbedingung realer Erfolgsaussichten dar. Wenn die Stabilität weltpolitischer Ordnungselemente nicht allein von amerikanischer Vorherrschaft abhing, mußten über „Hegemoniale Stabilität“ hinaus neue Deutungsmuster gefunden werden.

2. Die Durchwirkung funktionalistischer Theorie mit realistischen Analyseelementen in der Interdependenzdiskussion hatte das Spannungsverhältnis zwischen souveräner Interessendurchsetzung und dringendem Koordinierungsbedarf aufgezeigt. Der Regimeansatz knüpfte hier an und gab eine Antwort auf die Frage, wie es den Staaten gelingen kann, diese Spannung temporär oder dauerhaft zu bewältigen. Die Entdeckung der internationalen Institution (nicht: Organisation) als einer Zwischenstufe zwischen ungeregelter Anarchie und unaufhaltsamem Trend zum Weltstaat stellte also die konsequente Weiterentwicklung der Interdependenzdiskussion dar. Daß hier zwischen den Theorien von Funktionalismus und Realismus eine Brücke gebaut wurde, ist um so bemerkenswerter, als unter dem Eindruck der weltpolitischen Ereignisse der orthodoxe Realismus eine ungeahnte Renaissance erlebte.[24]

3. In der zweiten Hälfte der siebziger Jahre spitzte sich in den USA der Disput zwischen einer liberal-universalistischen und einer konser-

vativ-machtpolitischen Orientierung der Außenpolitik dramatisch zu. Dieser Disput fand seinen Ausdruck im Wahlkampf Carters gegen Reagan. Beide Politiklinien versuchten eine Antwort auf den relativen Machtverlust der Vereinigten Staaten zu geben. Die Liberalen sahen in globaler Kooperation, vor allem auf neuen Politikfeldern wie Umweltpolitik, Energiepolitik, Nichtverbreitung, Entwicklungspolitik und Menschenrechte die Lösung des Problems. Für die Konservativen war der Verlust amerikanischer Dominanz gleichbedeutend mit der Zerstörung von Ordnung. Nur die rigorose Restauration der Überlegenheit der USA würde die Welt der Anarchie oder der sowjetischen Vorherrschaft entreißen. Die Konservativen konnten sich in dieser Haltung auf Versatzstücke realistischer Politiktheorie stützen. Die Entwicklung des Regimeansatzes muß auch als der Versuch liberaler Wissenschaftler gesehen werden, der universalistischen Gegenposition einen theoretischen Unterbau zur Verfügung zu stellen.[25]

4. Dem Regimegedanken liegt die normative Vorentscheidung zugrunde, daß internationale Ordnung der Anarchie vorzuziehen sei und daß die Wissenschaft nach Möglichkeiten suchen muß, solche Ordnung zu stiften und zu erhalten. Vor diesem Verständnis liegt eine Entscheidung für die Norm des Friedens. Die amerikanische Machtposition hatte in der Nachkriegszeit scheinbar die Suche nach institutionellen Mitteln der Friedenspolitik überflüssig gemacht, da in ihr selbst die Wurzeln der Ordnung begründet lagen. Der relative Machtverlust, in den Augen vieler liberaler Kritiker aber auch die Unzulänglichkeiten, ja das Versagen amerikanischer Ordnungspolitik (Vietnamkrieg, Verelendung der Dritten Welt), geboten die Neuaufnahme der Suche nach Instrumenten, um nun nicht mehr hegemonial, sondern partnerschaftlich Weltordnung zu fördern.

Der Regimeansatz ist also nicht, wie manche Kritiker gemeint haben, der besonders raffinierte Versuch der USA, eine neue Ideologie zur Befestigung des eigenen Hegemonialanspruchs zu propagieren.[26] Er stellt ganz im Gegenteil den einsichtigen Versuch dar, aus der Erkenntnis des unwiderbringlichen Verlusts von Superiorität nach Erklärungen zu suchen, wie internationale Kooperation zwischen souveränen Staaten möglich sei, und die Ergebnisse dieser Suche jenen kritisch vorzuhalten, die den Machtverlust mit gewaltsamen Restaurationsversuchen rückgängig zu machen suchten.

Die Entfaltung des Regimeansatzes

Die Entwicklung des Regimeansatzes erreichte das Stadium der Standardisierung mit einem von der Zeitschrift ›International Organization‹ veranstalteten Symposium 1982.[27] Hier wurde zum ersten Mal der noch weitgehend deskriptive Charakter der Regimeanalyse überwunden: Keohane untersuchte, wie die „Nachfrage“ nach Regimen zu erklären sei und spürte die Situationstypen und Interessenkonstellationen auf, die auch in Konkurrenz- und Konfliktlagen zwischen Staaten Kooperation hervorbringen könnten. Der gleichen Frage ging Arthur Stein mit Hilfe der Spieltheorie nach.[28] Diese Arbeiten ermöglichten der Regimeanalyse die Untersuchung der Dynamik von Regimen jenseits der engen Vorgaben der Theorie hegemonialer Stabilität; sie banden so unterschiedliche Modelle wie Mikroökonomie und Spieltheorie – bislang überwiegend von der „realistischen“ Strategieanalyse genutzt – in die Regimeanalyse ein. Sie zeigten schließlich, daß Annahmen des Realismus in den Ansatz zu integrieren waren, zugleich der Realismus aber nur einen Teil der in den internationalen Beziehungen auffindbaren Prozesse und Strukturen erfassen könnte – Annahmen aus "Power and Interdependence" waren damit auf eine theoretisch bündige Basis gestellt worden. Zugleich hatte Keohane theoretisch gerechtfertigt, warum die Anwendung der Regimeanalyse nicht nur im Bereich weltwirtschaftlicher Kooperation, sondern auch in der Sicherheitspolitik angewandt werden konnte. Erhellend war auch Krasners Diskussion der verschiedenen Möglichkeiten der Theoriebildung über Regime: Sie könnten als abhängige Variablen der Interessenkonstellationen behandelt werden, die der Regimeentstehung vorangehen. Man kann sie als intervenierende Variablen zwischen der fortbestehenden Interessenkoalition und dem kooperativen Verhalten der Akteure betrachten; dies würde die Zeitverzögerung erklären, die zwischen Interessenveränderungen und Verhaltensänderungen von Staaten entsteht. Schließlich ist auch die Verortung von Regimen als unabhängige Variable denkbar, die, einmal begründet, unabhängig von Interessen aufgrund ihrer normativen Kraft fortbestehen.[29]

Der Band machte zugleich jedoch auch die Schwächen jedes Modeansatzes in der amerikanischen Politikwissenschaft deutlich: Viele Autoren hängten sich an die laufende Diskussion an, ohne sich ernsthaft auf die Begriffe und die empirische Überprüfung des „Neuen“ einzulassen.[30] Völlig zu Recht merkte die regimeskeptische Susan Strange[31] spitz die begriffliche Verwirrung unter den selbsternannten Adepten des Regimekonzepts an. Ihr Skeptizismus konnte freilich nicht darüber hinwegtäuschen, daß der Sammelband die Fruchtbarkeit und die theoretischen Möglichkeiten des Konzeptes deutlich vor Augen geführt hatte: Der Regimeansatz enthielt plausible Erklärungsansätze für die Entstehung, die Persistenz und den Zerfall von Regimen und demonstrierte die Anwendung des Konzepts in einer Vielfalt von Politikbereichen, einschließlich der Sicherheitspolitik.

Wichtige Weiterentwicklungen erlebte die Regimediskussion durch Keohanes ›After Hegemony‹[32] sowie durch den von Nye herausgegebenen Sammelband von World Politics ›Cooperation under Anarchy‹.[33] Beide Bände stellten die Regime in den allgemeineren Zusammenhang internationaler Kooperation. Regime fungierten als ein Schlüsselelement kooperativer Beziehungen, die als generelles Theorieproblem in den universalen Zusammenhang internationaler Beziehungen gestellt wurden. Zugleich fand in beiden Bänden – in Fortsetzung der Überlegungen Keohanes – ein Rückgriff auf Elemente der realistischen Debatte statt. Es wurde gezeigt, wie Kooperation auch dann zustandekommen kann, wenn die Akteure konfligierende Interessen verfolgen und ihre eigene Interessenverwirklichung optimieren wollen. Die Rolle der Institution „Regime“ bei der Verstetigung solcher Beziehungen erklärt dann, warum der Rückfall in die „Anarchie“ auch ohne Hegemon unter bestimmten Umständen verzögert, gebremst oder sogar verhindert werden kann.

Dieser „neorealistische Schlenker“ ist der Regimeanalyse gelegentlich verübelt worden.[34] Jedoch ist aus der Perspektive der internationalen Kooperation das Konstrukt rein egoistisch motivierter Akteure der “worst case”. Daß auch in diesem Konstrukt Kooperation möglich ist, wenn die Situationsstruktur dies fördert, macht die weitere Frage nach fundamentalen Möglichkeiten der Kooperation zwischen Akteuren mit gemischt normativ-interessenbezogenen Orientierungen – wie sie in der Realität tatsächlich vorliegen – überflüssig, da diese Fälle durch die Analyse des „schlimmsten Falles“ schon abgedeckt sind.

Der neorealistische Gegenschlag

Die Integration realistischer Theorieelemente rief den Protest orthodoxer „Realisten“ hervor. Bislang war der Vorteil ihrer eigenen Theorie deren Sparsamkeit und deren Übereinstimmung mit den Instinkten und Weltanschauungen der „Realpolitiker“ gewesen. Nun trat ein Konkurrent auf, der in einer gedanklich einleuchtenden Konstruktion realistische Theorieelemente mit Elementen des „feindlichen“ Funktionalismus integrierte, sich aber auch mit Phänomenen der internationalen Beziehungen befassen konnte, die der Realismus aus Gründen seiner inneren Konsistenz vernachlässigen muß. Die realistische Kritik an der Regimeanalyse trug vor: im Vergleich zu den klaren Begriffen realistischer Macht- und Interessenanalyse seien die Kategorien der Regimeanalyse uneinheitlich und schwammig; überdies sei das Geheimnis der Kooperation das ihr unterliegende Interesse der jeweils mächtigsten Staaten. Schwinde das Interesse oder schwinde die Macht, so werde dem Regime folgerichtig der Garaus gemacht – das klassische Argument der „hegemonialen Stabilität", das von der Wirklichkeit bereits widerlegt war.[35]

Diese Einwände übersahen jedoch, daß gerade die Grundkategorien des Realismus, Interesse und Macht, alles andere als einfach oder eindeutig waren und dem jeweiligen Interpreten enorme Spielräume ließen. Infolgedessen müssen Staatsführungen vereinfachenden Entscheidungsregeln folgen, um Interessen in jeweiligen Kontexten zu koordinieren. Regime liefern solche Entscheidungsregeln in vereinbarter Form. Sie – so eine wesentliche Hypothese der Regimetheorie – führen zu einer Umdefinition von Interessen. Diese komplexere Deutung haben realistische Kritiker nicht empirisch widerlegt, sondern nur kategorisch verneint.

Joseph Grieco hat einen anderen, theoretisch feineren Einwand erhoben[36]: Nach seiner Deutung unterliegt der „liberale Institutionalismus" des Regimeansatzes dem Fehlschluß, das Problem der internationalen Anarchie im Fehlen einer zentralen Institution zu sehen, die die Versprechen von Staaten eintreiben könnte; in der falschen Annahme, daß Staaten in erster Linie nach Wohlfahrt strebten; und in der unrichtigen Behauptung, daß die Befürchtungen der Staaten in den internationalen Beziehungen sich auf eigene Verluste oder zu niedrige Gewinne richteten. Als Realist hielt er dagegen, das Fehlen einer zentralen Autorität beraube die Staaten vor allem des existentiellen Schutzes, ihr Hauptinteresse richte sich auf Überleben, nicht auf Wohlfahrt, und ihre wesentliche Sorge seien nicht „absolute" Gewinn- und Verlustrechnungen, sondern „relative" Gewinne ihrer Gegner/Partner, die zu einer unumkehrbaren Verschiebung der Machtverhältnisse zu eigenen Ungunsten führen und damit langfristig das Überleben des Staates bedrohen könnten. Selbst eine kooperative Regelung, die allen Beteiligten Gewinne verspreche, sei daher in vielen Fällen aus dem Überlebenskalkül der Staaten heraus unmöglich.

Grieco unterliefen einige Fehler bei der Darstellung der gegnerischen Position. Die Kooperationstheorie würdigt durchaus das zentrale Interesse der Staaten am „Überleben". Sie stellt aber fest, daß das Überleben im Nuklearzeitalter nur durch die zumindest begrenzte Kooperation mit dem Gegner zu gewährleisten ist. Sie berücksichtigt ferner, daß es Konfliktsituationen geben kann, in denen die Staaten mehr auf die relativen Vorteile achten, die eine Kooperation beiden Seiten bringt. In solchen Lagen muß die Verteilungsleistung streng symmetrisch sein, andernfalls kann Kooperation nicht zustande kommen. Allerdings hält die Regimeanalyse dies für eine empirische Frage, nicht für ein a priori festsetzbares Axiom. Da die Regimeanalyse für die vom Realismus ausgeschlossenen Wirklichkeitsbereiche offen ist, kann sie erklären, was Grieco selbst nicht erklären kann: warum, trotz der von ihm postulierten Umstände, Staaten eben doch kooperieren, und zwar über längere Dauer.[37] Letzten Endes liegt der Unterschied zwischen Realismus und Regimeanalyse in der entgegengesetzten Perspektive: der Realismus sieht die internationale Struktur als Schranke der Kooperation, die Regimeanalyse die institutionelle Struktur als Schranke der Machtpolitik.

Interpretative Schule und Regimeanalyse

Die Regimeanalyse lief zeitweise Gefahr, von einer Richtung vereinnahmt zu werden, deren Interesse sich auf den Geltungsbereich des Normativen in den Internationalen Beziehungen insgesamt richtet. Sie drohte, die von der Regimeanalyse angestrebte Erkenntnis als nebensächliche Trivialität abzutun.[38]

Diese Richtung kann sich auf die „Grotianische" Tradition stützen, die in der Regimedebatte durch Wissenschaftler wie Young, Puchala, Kratochwil, aber auch Ruggie oder Haas vertreten wird. Sie betonen die traditionelle Durchdringung der internationalen Beziehungen durch Regeln und Normen, nicht nur in Gestalt des internationalen Privat- und Völkerrechts, sondern auch von Rollenzuweisungen und gewohnheitsbedingten Ritualen. Von diesem Standpunkt aus haben Ruggie, Kratochwil und Dessler die Diskussion unter Rückgriff auf grundlegende soziologische und sprachtheoretische Überlegungen zu einer neuen „interpretativen" Richtung weitergetrieben. Verhalten in sozialen Zusammenhängen sei immer regelgeleitet. Dies sei bereits durch die Tatsache bedingt, daß soziale Handlungen auf Sprache beruhen und Kommunikation nur durch wechselseitige Verständigungsregeln möglich gemacht werden. Internationale Beziehungen stünden also immer unter der Herrschaft von Normen, unter denen zwei Klassen zu unterscheiden seien: konstitutive Normen, die die kontextspezifische Bedeutung bestimmter sprachlicher Symbole oder sozialer Handlungen festlege: was eine Drohung, ein Versprechen, ein Ultimatum, ein Angriff seien und bedeuteten, ergebe sich nicht aus der Natur der internationalen Beziehungen, sondern aus Konventionen der Akteure. Auch antagonistisches Konfliktverhalten sei insoweit normgeleitet, als nur gemeinsame konstitutive Referenzsysteme Kontexte für Drohungen, Versprechen, Kompromisse etc. etablieren könnten. Selbst die wichtigsten Akteure des Internationalen Systems, die Staaten, würden erst durch die Norm der Souveränität konstituiert. Die zweite Klasse, regulative Normen, schrieben im jeweiligen Kontext das angemessene Verhalten vor. Das Interesse dieser Richtung gilt nun vielmehr der Klassifizierung, den Entstehungsbedingungen, der Wirkungsweise des Universums von Normen.[39]

Dabei ist es Kratochwil gelungen, die universale Existenz beider Typen von Normen festzuhalten. Er hat damit zur Erhellung der Tatsache beigetragen, daß Gewalt eben die „ultima ratio", nicht die „prima ratio" der Nationalstaaten ist. Das Völkerrecht wirkt zwar nicht durch generell wirksame Sanktion, aber als normatives Referenzsystem für Ansprüche, Korrektheit von diplomatischem Verhalten und Maßstäbe für „gerechte" Streitschlichtung. Kratochwil hat damit die neorealistische Variante der Regimetheorie zurechtgerückt: Regime konstituieren sich nicht in problemfeldspezifischen „Hobbesianischen" Situationen, d.h. völlig normfreien Räumen, sondern in einem bereits durch Normen vorstrukturierten Kontext.[40]

Das allgemeinere sozialwissenschaftliche Interesse, was Normen sind und wie sie wirken, verdrängt bei dieser Richtung jedoch die viel spezifischeren kooperationstheoretischen Fragestellungen, die die Wirkungsweise von Normen ja an einer bestimmten Klasse von Wirkungen, nämlich an kooperativem Verhalten von Staaten, untersuchen möchte. Die – kooperationstheoretisch – interessante Frage ist doch, warum Staaten über den generellen konstitutiven Normrahmen, in den sie nun einmal gestellt sind und den sie ständig reproduzieren, hinaus spezifische regulative Normen für bestimmte Politikbereiche zu vereinbaren suchen. Eine allgemeine Normtheorie kann diese Frage nicht beantworten. Sie kann zur Klärung der Normwirkung in Regimen beitragen. Insbesondere öffnet die Unterscheidung konstitutiver und regulativer Normen einen Zugang zu der Frage, inwieweit Wirkungsmängel von Regimen durch die Unvereinbarkeit von Interessen oder vielmehr durch die mangelnde Verständigung über die Bedeutung der Regime-Normen und -Regeln oder aber durch abweichende Interpretationen der Bedeutung von Handlungen im Rahmen von Regimen verursacht werden.[41] Sie kann aber den Regimeansatz nicht ersetzen, insoweit er sich um die spezifischen kooperationstheoretischen Fragestellungen bemüht.

Neuere Entwicklungen

Seit Mitte der achtziger Jahre ist die Regimeanalyse in eine noch intensivere Arbeitsphase eingetreten. Seither beteiligt sich auch die deutsche Politikwissenschaft intensiv an der Debatte. Für ihren Beitrag ist 1989 eine Zwischenbilanz vorgelegt worden.[42]

Die Regimeanalyse hat sich in diesen Jahren vor allem in die folgenden Fragestellungen vertieft:

- Die eingehendere Untersuchung der Entstehungsbedingungen von Regimen, wie sie vor allem vom Tübinger Regimeprojekt unter Leitung von Volker Rittberger vorangetrieben wird.[43]
- Das eingehende empirische Studium von Regimen auf verschiedenen Politikfeldern zu heuristischen Zwecken.[44]
- Die Untersuchung der Entwicklungsdynamik von Regimen, vor allem des „Lernens" der Regimeteilnehmer.[45]
- Die Analyse der Wirkungen von Regimen, insbesondere auf die Politik und Entscheidungsstrukturen von Staaten.

Die Beschäftigung mit Regimen hat wesentlich zur Ausarbeitung und Konsolidierung des „liberalen Institutionalismus" als einer Theorie internationaler Kooperation beigetragen. Er unterscheidet sich von seinem Gegenpol, dem strukturellen Realismus, in folgenden Punkten:

- Er betont die Allgegenwart kooperativer Beziehungen
- Er spricht internationalen Institutionen eine wichtige Rolle bei der Gestaltung internationaler Beziehungen zu, die sich nicht in der Ausführung systemisch bedingter Handlungen von Staaten erschöpfen.
- Er hält Fortschritt bei der Gestaltung zwischenstaatlicher Beziehungen für möglich, sieht die Staaten also nicht in einen ewigen Teufelskreis zwischen Gewalt, Erschöpfung, Erholung und Machtkonkurrenz gebannt.

Der theoretische Einzug des liberalen Institutionalismus umfaßt an einem Pol die Beschäftigung mit der Entstehung und der Wirkungsweise von Normen, am anderen Pol integriert er Elemente des Realismus, wenn es um die Kooperation konstitutierenden oder verhindernden Interessen geht. Mit der Einordnung der Regimeanalyse in dieses theoretische Gerüst ist die vergleichende empirische Forschung als gegenwärtige Aufgabe der Wissenschaft ermöglicht worden.

3. DER REGIMEANSATZ: DARSTELLUNG UND ANALYSE

Definition und Abgrenzung: Was ist ein Regime?

Regime sind Muster geregelten Verhaltens. Sie sind jedoch mehr als das. Daher müssen sie von Allgemeinbegriffen wie „System" oder „geregeltes Verhalten" durch eine geeignete „Differentia Specifica" abgegrenzt werden. Die hier angewandte Definition lautet: Regime sind kooperative Institutionen, die durch informelle und formelle, rechtliche und nichtverrechtlichte Strukturen – Prinzipien, Normen, Regeln und Prozeduren – gekennzeichnet werden und Konflikte zwischen konkurrierenden Nationalstaaten (gelegentlich unter Einbeziehung anderer Akteure) bearbeiten.

Sie unterscheiden sich von allgemeineren internationalen Ordnungen durch die Beschränkung auf eine begrenzte Zahl von Politikfeldern. Man spricht nicht von einem „Weltregime", sondern allenfalls von einer „Weltordnung". Man redet von einem Nichtverbreitungsregime, einem Weltwährungsregime, einem Regime zur Reinhaltung des Rheins. Ein Markt ist eine Ordnung; er produziert regelmäßiges Verhalten und ein Muster prognostizierbarer Resultate. Ein Markt ist jedoch kein Regime; er kann Bestandteil eines Regimes werden, wenn sich die Teilnehmer darauf verständigen, die Gesetze des Marktes wirken zu lassen. Der Regimecharakter besteht dann in den Vereinbarungen, die das Funktionieren des Marktes möglich machen. Der Markt ist nur ein Element des Regimes, nicht das Regime selbst.

Regime sind Institutionen, d.h. dauerhafte Ordnungen für interpersonales Handeln und Kommunikation; sie bestehen aus einem Geflecht von Rollen, die durch Regelungen oder Konventionen zusammengehalten werden. Politiker, die im Rahmen von Regimen handeln, haben feste Erwartungen an das Verhalten ihrer Gegenüber. Diese Erwartungen beruhen auf der Existenz einer Ordnung, die zwischen den Regimemitgliedern vereinbart worden ist. Diese Ordnung enthält Klassen von Rechten und Ansprüchen und Klassen von Verhaltensvorschriften. Dadurch soll das erwünschte Verhalten der Teilnehmer auf Dauer gestellt, sollen Verstöße mit Sanktionen belegt werden. Diese Merkmale – Rollengeflecht; konvergierende Erwartungen; über Zeit bestehende

Elemente von Ordnung; Sanktionen – machen die Merkmale einer Institution aus.[1]

Regime sind internationale Institutionen. Sie stiften Ordnungen zwischen Akteuren in internationalen Beziehungen. Die Akteure reproduzieren diese Ordnungen durch ihre Interaktionen. Unter den drei Analyseebenen internationaler Politik – Gesellschaft, politisches System, internationale Beziehungen – sind sie der Ebene internationaler Beziehungen zuzurechnen. Die Akteure, die an Regimen beteiligt sind, sind ganz überwiegend Staaten. Jedoch können je nach Politikfeld auch andere Akteure – z. B. Multinationale Unternehmen oder Internationale Organisationen – beteiligt sein.

Nicht alle Institutionen in den internationalen Beziehungen sind jedoch Regime. Die Institutionen in den internationalen Beziehungen werden nicht zwischen individuellen, sondern zwischen kollektiven Akteuren gestiftet. Staaten haben in ihren Regierungsorganen und ihren Bürokratien eingebaute Organe der Selbstreflexion. Was immer sie tun, wird von Kabinetten, Ministerien, Fachabteilungen auf Zweckmäßigkeit und Stimmigkeit geprüft. Ganz besonders Handlungen gegenüber anderen Staaten unterliegen in der Welt souveräner Staaten einem ständigen Selbstrechtfertigungszwang. Dieser ständige Reflexions- und Selbstrechtfertigungsprozeß setzt dem Entstehen nichtintentionaler Ordnungen zwischen Staaten engste Grenzen. Regime sind zumindest in Teilaspekten „geschaffene", nicht bloß „gewachsene" Institutionen. Sie unterscheiden sich daher von „spontanen" oder „primitiven" Institutionen wie Konventionen, d. h. erlernten, regelmäßigen Verhaltensweisen.[2] Regime sind spezifische Institutionen; sie regeln Verhalten und Erwartungen in einem bestimmten Politikfeld oder einer Klasse miteinander verknüpfter Politikfelder. Sie unterscheiden sich damit von den allgemeineren „Praktiken", d. h. denjenigen Institutionen, die dem gesamten internationalen Verkehr zugrundeliegen wie Souveränität oder Diplomatie.[3]

Nicht alle geschaffenen Institutionen sind Regime. Regime besitzen eine besondere Zwecksetzung: sie sind kooperative Institutionen. Sie dienen der Erleichterung oder der Ermöglichung von Koordination und/oder Zusammenarbeit zwischen konkurrierenden Akteuren. Das System des Machtgleichgewichts ist daher kein Regime. Es weist zweifellos regelmäßige Muster auf; seine Funktion ist aber nicht die Kooperation auf einem Politikgebiet, sondern die Erhaltung einer bestimmten Struktur des internationalen Systems, auch um den Preis gewaltsamer Auseinandersetzung. Der Krieg ist ebenfalls kein Regime, auch wenn er Verhaltensregelmäßigkeiten aufweist. Er ist das Gegenteil eines Regimes, nämlich die ultima ratio der Selbsthilfe souveräner Akteure jenseits aller Kooperation. Das Kriegsvölkerrecht hingegen weist Regimecharakter auf. Es legt Normen und Regeln für das Verhalten im Kriege fest; das Kriegsvölkerrecht ist jedoch vom Krieg unterschieden. Es regelt einen Teil des Verhaltens im Kriege durch Kooperationsvorschriften. Der Krieg selbst bleibt als nicht-kooperatives Phänomen außerhalb der Reichweite des Völkerrechts.

Nicht jede internationale Kooperation ist aber institutionalisiert. Auch Ad-hoc-Abkommen, Krisenmanagement, Katastrophenhilfe stellen Typen von Zusammenarbeit dar. Ihr Zweck ist aber nur an einen bestimmten Zeitraum gebunden, nach dessen Ablauf die Zusammenarbeit erlischt. Da Regime Institutionen sind, muß ihnen das Merkmal der Dauerhaftigkeit zukommen.[4]

Weil Regime kooperative Institutionen sind, darf zwischen den Regimeteilnehmern kein reines Zwangsverhältnis herrschen: Die Drohung mit Gewalt oder anderen Sanktionen darf nicht das vorherrschende Mittel der Herstellung von Regimen sein. Damit fallen Imperien nicht in die Klasse der Regime. Auch Kolonialismus stiftet kein Regime zwischen der Kolonialmacht und den unterdrückten Einheiten; es ist denkbar, daß zwischen Kolonialmächten ein Regime entsteht, das die allseitigen territorialen Ansprüche und deren Duldung durch die anderen Mächte regelt. Wenn von „Kolonialismus als Regime“ die Rede ist, kann also nur das Verhältnis der Herrschenden untereinander, nicht die Beziehung zwischen Herrschenden und Beherrschten gemeint sein.[5]

Hegemonien hingegen können Regime ausbilden. Sie beruhen auf der freiwilligen Einordnung der schwächeren Staaten aufgrund ihrer eigenen Interessenkalkulation. Auch die Errichtung hegemonialer Regime in der Nachkriegszeit – der Prototyp einer hegemonialen Ordnung – bedurfte der Zustimmung und aktiven Mitarbeit einer Reihe mittlerer Mächte. Die Vereinigten Staaten, der Hegemon, konnten diese Regime nicht im Alleingang bauen.[6]

Regime sind Institutionen mit einer differenzierten Struktur. Sie gliedern sich in vier Ebenen: Prinzpien, Normen, Regeln und Entscheidungsprozeduren (Verfahren).[7] Diese differenzierte Struktur bedingt, daß die Regimeelemente im allgemeinen auf expliziten Vereinbarungen beruhen. Institutionen können ihre Ordnungen auch anders stabilisieren, etwa durch Sitte, durch Gewohnheit. Theoretisch ist es nicht auszuschließen, daß auch internationale Regime durch Gewohnheit und wechselseitige Anpassung zustande kommen und bestehen können. In der Praxis wird man wohl selten auf Regime dieser Art stoßen. Für den „intentionalen Charakter" der Regimekonstruktion gibt es mehrere Gründe. Daß staatliches Außenverhalten selbstreflexiv ist, ist bereits angeführt worden. Zweitens verlangen die Entstehungsbedingungen von Regimen einen „Sprung" über die Schwelle staatlichen Unilateralismus. Dieser Sprung wird nur dann zustande kommen, wenn bei den Akteuren ein hinreichendes Vertrauen dazu besteht, daß die Partner das betreffende Politikfeld in ähnlicher Weise verstehen, gemeinsame Ziele verfolgen und sich den Regeln unterwerfen werden. Ein solches Vertrauen kommt gemeinhin nur durch Verhandlungen und explizite Vereinbarungen zustande.

Regime sind aber nicht gleichzusetzen mit Verträgen.[8] Ihr Einzugsbereich schließt Verträge ein, beschränkt sich aber nicht darauf. Die Ordnungselemente, Prinzipien, Normen, Regeln und Prozeduren sind in internationalen Regimen ganz überwiegend explizit vereinbart. Diese Vereinbarungen haben häufig, aber nicht zwangsläufig Rechtscharakter. So existiert ein Regime für die technische Sicherheit der Kernenergie. Ein wesentlicher Bestandteil dieses Regimes sind Standards für die technische und operative Sicherheit kerntechnischer Anlagen. Diese Standards sind aber nur Empfehlungen, also rechtlich unverbindlich. Dennoch sind sie als Quelle von Normen und Regeln wirksam. Während man in vielen Fällen – und in zunehmendem Maße – verrechtlichten Regimen begegnet, ist ihr Rechtscharakter kein notwendiger Bestandteil der Definition. Regime beinhalten verrechtlichte und nicht verrechtlichte, geschriebene und ungeschriebene Elemente.[9] Sie können mehrere Rechtsinstrumente umfassen, oder ein Vertrag kann mehreren Regimen dienen: die Ordnungselemente, die im Vertrag oder im Abkommen festgeschrieben sind, können den Rahmen bilden, in dem sich einzelne Regime weiter ausdifferenzieren. Die Wiener Konvention über den diplomatischen Verkehr beispielsweise legt wesentliche Grundsätze für die formellen Aspekte von Entscheidungsprozeduren fest, die quer durch alle Regime Geltung haben. Während in Einzelfällen der Einzugsbereich von Verträgen und Regimen deckungsgleich sein kann, ist dies nicht die Regel. Vielmehr sind gerade die konzeptuell und empirisch interessantesten Fälle die, in denen wir normengeleitetes Verhalten in einem (noch) rechtsfreien Politikbereich beobachten.

Regime sind auch nicht identisch mit internationalen Organisationen. Organisationen sind eine Unterkategorie von Institutionen, die sich durch physische Strukturen, „gesatzte" Arbeitsteilung und Rechtspersönlichkeit auszeichnen. Sie besitzen Gebäude, Angestellte, Konten usw.[10] Regime sind Institutionen auf einem Grad geringerer Materialität. Es gibt sogar Regime, die gänzlich ohne Organisation auskommen. In vielen Fällen bleibt jedoch ein Regime auf die besonderen Vorteile der internationalen Organisation angewiesen, soll seine Aufgabe erfüllt werden:

- Die internationale Organisation schafft stabile Kommunikationskanäle, die auch dann Bestand haben, wenn der bilaterale Austausch zum Erliegen gekommen ist.
- Die internationale Organisation ermöglicht die Beschaffung und den Fluß von Information.
- Entscheidungsprozeduren werden durch Internationale Organisationen wesentlich erleichtert.
- Ist ein internationaler Stab mit der Überwachung der Regeleinhaltung betraut, so wird sich auch das Vertrauen in das Regime steigern, die Ordnung gewinnt mehr Stabilität.
- Organisationen erleichtern die Überwachung des regimekonformen Verhaltens der Teilnehmer.[11]

Aus diesen Gründen ist die Regimeevolution häufig mit dem Aufbau und Ausbau internationaler Organisationen verbunden. Die internationale Organisation ist jedoch nur ein Bestandteil des Regimes, nicht das Ganze. Internationale Organisationen können auch für mehrere Regime zugleich Leistungen erbringen. Umgekehrt kann ein Regime Leistungen aus verschiedenen Organisationen beanspruchen: dem weltwirtschaftlichen „Entwicklungsregime“ arbeiten zahlreiche Unterorganisationen der Vereinten Nationen zu.

Regimeanalyse, Völkerrecht und Organisationssoziologie nehmen einen unterschiedlichen Zugang zu ihren Gegenständen. Das Völkerrecht nähert sich ihnen positiv: es sieht auf die vorhandenen Rechtsinstrumente, analysiert ihren Inhalt, die zu erschließenden Zwecke, die resultierenden Rechte und Pflichten, gegebenenfalls ihre Implementation. Die Organisationssoziologie befaßt sich mit den physischen Strukturen „gesatzter“ Ordnungen, ihren Rollendefinitionen, ihren Hierarchien. Die Regimeanalyse begreift ihren Gegenstand funktional: Sie fragt zunächst nach dem Regelungsbedarf in einem bestimmten, abgegrenzten Politikfeld und sucht sodann nach den Regimeelementen, deren Zusammenspiel den Regelungsbedarf befriedigen sollen. Sie tut sich dabei schwerer als die rechts- und die organisationswissenschaftliche Analyse, da die Realität, die sie zu besehen hat, nicht so eindeutig definiert und strukturiert ist. Von ihrem funktionalen Blickwinkel her hat sie die Regimeelemente aus heterogenen Bestandteilen der Wirklichkeit zu rekonstruieren: aus rechtlichen und nichtrechtlichen Elementen, aus organisatorischen und organisationsfreien Bereichen, aus Dokumentiertem und aus bloßem Verhalten. Überwindet sie diese größeren Schwierigkeiten erfolgreich, so ist auch ihr Ertrag reicher: statt der rein rechtlichen und der rein organisatorischen Wirklichkeitssegmente eines Politikfeldes wird die Gesamtheit des Politischen sichtbar, das sich auf die kooperative Erfüllung des gegebenen Regelungsbedarfs bezieht.

Regimebedarf

Warum überhaupt kooperieren Staaten miteinander? Warum sind es oft gerade die Mächtigeren unter ihnen, die sich am eifrigsten um den Aufbau kooperativer Strukturen bemühen? Ausgangspunkt von Kooperation ist eine interdependente Struktur im betreffenden Konfliktfeld. Die Verwirklichung der Ziele der Staaten hängen von den Entscheidungen aller Konkurrenten ab. Die Steuerungsmöglichkeiten der einzelnen Staaten reichen nicht aus, um ihre eigenen Wünsche zu erfüllen, weder durch völlige Isolation noch durch Druck oder Gewaltanwendung. In solchen Lagen bleibt die Erzeugung der erstrebten Güter, sei es wirtschaftlicher Reichtum, Sicherheit oder Umweltschutz, für alle Staaten unter dem Optimum. Die Summe der unkoordinierten Aktionen, die aus dem System der Selbsthilfe resultieren, ergibt ein unbefriedigendes Resultat für alle. Zur näheren Beleuchtung dieses Problems geht die Regimeanalyse von idealtypischen Grundmodellen internationalen politischen Verhaltens aus.

Das erste Grundmodell, das verwendet worden ist, stammt aus der Spieltheorie.[12] Sie modelliert vereinfachte Entscheidungsdilemmata zwischen zwei Spielern, denen es nicht gelingt, gemeinsam optimale Ergebnisse zu erzielen, da sie über die gegenseitigen Absichten nicht Bescheid wissen und/oder sich nicht vertrauen. Ein einseitiges Kooperationsangebot läuft Gefahr, vom Mitspieler ausgenutzt zu werden, so daß der kooperierende Spieler mit leeren Händen dasteht, während der andere triumphiert. Je nach Spielsituation führt die Verweigerung von Kooperation nicht nur zu suboptimalen Spielergebnissen, sondern zu einer Katastrophe ("Chicken Game"). Zwischen diesen beiden unerwünschten Spielausgängen – als Verlierer dazustehen oder in das Patt bzw. das Unheil wechselseitiger Verweigerung zu laufen – halten Konkurrenz und Ungewißheit die Spieler gefangen; beides sind Kennzeichen auch des „realistischen" Modells der internationalen Politik.[13] Aufgrund dieser strukturellen Ähnlichkeiten sieht die strukturalistisch-funktionale Theorie der „Regimenachfrage"[14] in Anlehnung an die Spieltheorie Regimebedarf in Konfliktstrukturen, die Nicht-Nullsummenspielen gleichen, wenn

- Unilateralismus bzw. unkoordiniertes Verhalten für die „Spieler" keine optimalen Spielergebnisse erbringen oder
- Unilateralismus die „Spieler" in eine Katastrophe führt.

Im ersten Falle steht die Verminderung von Kosten bzw. die Erhöhung von Gewinnen an. Im zweiten Fall geht es darum, unakzeptablen Schaden zu verhindern.[15]

Das zweite Grundmodell ist der Mikroökonomie entnommen. Nach der Theorie der öffentlichen Güter wird der Markt Güter, von deren Nutzung keiner ausgeschlossen werden kann – z. B. öffentliche Sicherheit – nicht zur Verfügung stellen. Niemand hat einen Anreiz, das Gut anzubieten, obwohl ein Bedarf danach besteht.[16]

Umgekehrt gilt, daß Güter, deren Angebot öffentlich, deren Nutzung aber privat erfolgt, in kurzer Zeit übernutzt werden; dies ist die „Tragödie der Allmende", d. h. die Überweidung der Gemeindewiese durch das Interesse aller Viehhalter, möglichst viel Vieh auf dieser Wiese weiden zu lassen.[17] Auch hier führt das spontane, interessengeleitete Verhalten der Akteure zu einem Ergebnis, das für alle nachteilig ist. Als öffentliche Güter im engen oder im übertragenen Sinne können in der internationalen Politik stabile weltwirtschaftliche Rahmenbedingungen, eine gesunde Umwelt oder Sicherheit betrachtet werden. Da ihre Herstellung nicht spontan aus den Motivationslagen der beteiligten Staaten erfolgt, muß sie durch Institutionen herbeigeführt werden, die die Anreizsituationen verändern, Kosten verteilen, Sanktionen bereithalten. Auch dieses Modell führt uns auf die kooperativen Institutionen als Lösung für viele Probleme der Staatenwelt.

Die Kooperationstheorie benutzt die Vorstellungswelt der Spieltheorie und der Mikroökonomie, um Kooperationsbedarf und -hindernisse deutlich zu machen. Manche Vertreter waren dabei voreilig genug, die Spieltheorie zur Universaltheorie internationaler Beziehungen auszurufen.[18] Gerade dieser Anspruch hat alte Kritiken an der Spieltheorie wieder auf den Plan gerufen. Die bedachtsameren Kooperationstheoretiker haben auf die Spieltheorie zurückgegriffen, um an einem denkbar einfachen Modell Grundkonstellationen zu illustrieren: Entstehung kooperativer Motive selbst in konfliktiven Konstellationen sollte demonstriert werden. Die Modelle wurden benutzt, wie Physiker einen luftleeren Raum unterstellen, um das Phänomen des freien Falls zu demonstrieren, ohne damit die Unterstellung zu verbinden, das reale Leben würde sich im Vakuum abspielen.

Bedarfssituationen begünstigen die Regimeentstehung in ganz unterschiedlicher Weise. Es ist das Verdienst der Tübinger Forschungsgruppe, diesen wichtigen Aspekt hervorgehoben und empirisch getestet zu haben. Bei der Bedarfsstruktur sind zwei Gesichtspunkte zu unterscheiden:

- die Situationsstruktur, d.h. der Typ des Spiels, in dem sich die Staaten bewegen;
- die Problemstruktur, d.h. der Konfliktgegentand, um den sie sich streiten.

Die Tübinger Forschungsgruppe hat drei idealtypische Situationsstrukturen modelliert. In dem Spiel "Leader" hat ein Spieler den unbedingten Anreiz, die Kooperationsstrategie zu wählen. Selbst wenn die Mitspieler sich verweigern, liegt sein Gewinn immer noch über der Auszahlung, die er empfängt, wenn er die Kooperation verweigert. In solchen Situationen, so die Hypothese, stellt sich Zusammenarbeit leicht her. Im „Gefangenendilemma“ verwirklicht jeder Spieler sein bestes Ergebnis durch einseitige Verweigerung, sein schlechtestes durch einseitige Kooperation, gegenseitige Verweigerung ergibt aber eine schlechtere Auszahlung als beiderseitige Kooperation. Das „Gefangenendilemma“ nimmt eine mittlere Position ein. In „Rambo“ sind die Voraussetzungen von "Leader" spiegelbildlich verkehrt: einer der Spieler zieht auf jeden Fall den größeren Vorteil aus der Verweigerung: Kooperation herzustellen, ist hier natürlich besonders schwierig.

Hinsichtlich der Problemstruktur unterscheiden die Tübinger idealtypisch vier Konfliktgegenstandtypen:

1. Wertkonflikte: Die Parteien sind uneins, ob ein Gut erstrebenswert ist oder nicht. Man denke an den Streit zwischen Volkswirtschaftlern und Ökologen, ob wirtschaftliches Wachstum wünschenswert ist oder nicht.
2. Mittelkonflikte: Die Parteien sind sich über das Ziel einig, aber nicht über den Weg. Ob Abschreckung oder Abrüstung eher Sicherheit herstellt, war z.B. lange umstritten.
3. Konflikte über relativ bestimmte Güter: Die Parteien streben an, mehr von einer Sache zu erhalten als ihre Konkurrenten, z.B. Rüstungswettläufe, in denen die Militärapparate um Überlegenheit kämpfen.
4. Konflikte über absolut bestimmte Güter: Die Parteien konkurrieren um ein knappes Gut, messen ihren Gewinn aber nicht an dem des Konkurrenten. Ein Beispiel wären saubere Strände am Mittelmeer.

Die Hypothese lautet, daß Regime am leichtesten entstehen, wenn Konflikte über absolute Güter zu regeln sind; als nächstes kommen Mittelkonflikte. Bei Konflikten über relativ bestimmte Güter stellen sich der Kooperation größere Hindernisse in den Weg, und am schwersten sind Wertkonflikte der Zusammenarbeit zuzuführen. Diese Hypothesen sind im Sinne von Wahrscheinlichkeitsverteilungen zu verstehen. Bisher vorliegende Ergebnisse des Tübinger Projekts bestätigen die Hypothesen.[19]

Regimeentstehung

Selbst wenn man einen Bedarf für dauerhafte Zusammenarbeit konstatiert, entsteht noch nicht zwangsläufig ein Regime. Die Feststellung des Bedarfs legt eine notwendige strukturelle Voraussetzung für die Regimeentwicklung fest, aber noch keine hinreichende Bedingung. Vielmehr muß den prozessualen Voraussetzungen der Regimeentstehung gleiche Aufmerksamkeit geschenkt werden, nämlich:

1. Die Ausbildung oder Änderung von Präferenzstrukturen und Situationsdefinitionen der Akteure, so daß eine die Kooperation begünstigende Struktur entsteht.
2. Die Einsicht der Akteure in die Existenz dieser Struktur.
3. Der Aushandlungs-Prozeß, der diese Einsicht in die Regimekonstruktion umsetzt.[20]

Die strukturelle Analyse nimmt Situations- und Problemstruktur als objektiv gegebene Tatbestände. Jedoch hängt diese Struktur von subjektiven Variablen, nämlich den Einstellungen und Einschätzungen der Akteure ab: Präferenzordnungen sind nicht objektiv vorgegeben und unveränderlich, sie stellen sich vielmehr subjektiv her und sind wandelbar. Ebenso können Konfliktgegenstände von den Akteuren umdefiniert, neu bewertet, mehr oder weniger erstrebt werden als zuvor. Damit verändern sich die strukturellen Voraussetzungen der Konfliktbearbeitung jedoch entscheidend.[21] Die Analyse der Situationsstruktur bleibt also von der Untersuchung der Wahrnehmung und Situationsdefinition der Akteure abhängig. Dabei müssen kultur- und ethnozentrische Präjudizien vermieden werden. Das rational-utilitaristische Modell, das der Spieltheorie und der Mikroökonomie zugrunde liegt, fußt auf Zweck-Mittel-Rationalität. Es kann keine Aussagen über Zwecke machen. Die Herstellung von Präferenzen, die die Strategiewahl der Staaten bestimmen, erfolgt nicht zwangsläufig nach rationalen Maßstäben. Ein von rassistischer Ideologie beherrschter Staat, der im Genozid ein Staatsziel sieht, nimmt zum Einsatz von Kernwaffen möglicherweise eine von den Vorstellungen der Abschreckungsstrategie drastisch abweichende Haltung ein. Eine nach strikten islamischen Maßstäben ausgerichtete Wirtschaftspolitik, die die Verzinsung von Kapital als Verstoß gegen religiöse Verbote bewertet, wird zum internationalen Währungssystem eine andere Haltung einnehmen als eine kapitalistische Kaufmannsrepublik. Schließlich spricht auch gegen eine fixe Präferenzstruktur das Nebeneinander deutlich unterschiedlicher Wertordnungen in Gesellschaften und sogar innerhalb von Bürokratien. Die Regimeanalyse muß bei der Untersuchung der Entstehung von Präferenzen und ihrer Stabilität ansetzen, um die Situationsstruktur zu verstehen.

Dasselbe gilt abgeschwächt auch für die Problemstruktur. Die Frage, ob ein Konfliktgegenstand relativ oder absolut bestimmt wird, ist nicht objektiv festgelegt; die Antwort hängt vielmehr von der Orientierung der Akteure ab. Taylor hat dies in seiner Untersuchung über „egoistische" und „altruistische" Einstellungen nachgewiesen: Der Egoist bezieht sich auf sich selbst, er wird daher dazu neigen, Verteilungsprobleme als Konflikte über absolut bestimmte Güter wahrzunehmen: ihm ist es gleich, wie gut die anderen abschneiden, Hauptsache, er selbst erhält so viel, wie er braucht. Der negative Altruist orientiert sich an den Gewinnen der anderen: er will auf jeden Fall mehr; seine Neigung geht dahin, stets Konflikte über relativ bestimmte Güter zu sehen. Der positive Altruist wünscht sich möglichst hohe Vorteile für seine Mitmenschen (oder Mit-Staaten), unabhängig von seinem eigenen Auskommen.[22] Mit Wahrnehmungen und Präferenzordnungen variieren also Situations- und Problemstrukturen. Bei der prozessualen Untersuchung der Regimeentstehung sind sie zunächst abhängige Variablen.

Die Untersuchung von Präferenzformungsprozessen muß in eine innere und eine äußere Seite getrennt werden. Die Analyse innerstaatlicher Präferenzentwicklungen muß Phänomenen wie dem Wertwandel, der Differenzierung von gesellschaftlichen Einstellungen, der Koalitionsbildung und dem „Wissen" über die Zusammenhänge im jeweiligen Politikfeld Aufmerksamkeit schenken. Die Analyse des externen Einflusses auf Präferenzen wird sich vor allem dem institutionell-normativen Umfeld widmen müssen: wird das Politikfeld bereits von einem Netz von Kooperation umgeben, so ist damit zu rechnen, daß dies die Situationsdefinition und Präferenzordnungen der Akteure maßgeblich beeinflußt.[23] Das Vorhandensein transnationaler Interaktionszusammenhänge erleichtert die Formation von kooperationsfreundlichen „Lobbies" in den Staaten und bietet überdies einen Kanal für die schnelle und verläßliche Ausbreitung relevanter Information.[24] Auch in internationalen Beziehungen kann „Wissen" über Kausalzusammenhänge und Interdependenzstrukturen innerstaatliche Präferenzen verändern; hieraus leitet sich die wichtige Rolle Internationaler Organisationen im Prozeß des Präferenzwandels ab.[25]

Schließlich können Krisen im Politikfeld zu einer Änderung von Situationsdefinition und Präferenzen führen. Kriege als Auslöser sicherheitspolitischer Kooperation oder Katastrophen wie Tschernobyl für die technisch-umweltpolitische Kooperation sind einleuchtende Beispiele.[26]

Wie entstehen bei gegebenem Regimebedarf dauerhafte Institutionen der Zusammenarbeit, d.h. wie kommt die Einsicht in gegebene Interdependenzstrukturen und entsprechenden Kooperationsbedarf zustande und wie setzt er sich in der Interaktion, im Aushandlungsprozeß um die Form der Kooperation schließlich durch? Auch hier sind dieselben Faktoren am Werke, die auf die Präferenzen der beteiligte Staaten wirken, also: innergesellschaftliche und -bürokratische Kooperationsbefürworter und -gegner; die Veränderung von Wissen über die Zusammenhänge im Politikfeld (d.h. kognitives Lernen; transnationale Gruppierungen; katalytische Ereignisse [Krisen]; internationale Organisationen; bereits vorhandene kooperative Institutionen).[27] Durch das Zusammenwirken dieser Kräfte kann der Prozeß der Regimeentstehung verschiedene Formen annehmen: Er kann spontan verlaufen und auf der Grundlage von Gewohnheiten vonstatten gehen. Regime können sich aus den Praktiken von Staaten entwickeln.

Regime können auch aufgrund der kognitiven Einsicht oder der Interessen einiger weniger Regimeteilnehmer entstehen, die die Bedingungen schaffen, daß andere Staaten der Zusammenarbeit beitreten. Dies ist der Typ des hegemonialen oder oligopolitischen Regimes. Hegemoniale Regime haben so viel Aufmerksamkeit gefunden, daß man sie lange für den einzig möglichen Regimetyp hielt. Das ist nicht der Fall; das Engagement eines Hegemonialstaates erleichtert die Etablierung von Regimen, weil dieser Staat seine politikfeldspezifischen und allgemeinen Ressourcen zur Belohnung bzw. Bestrafung kooperationswilliger und -unwilliger Staaten einsetzen kann. Eine notwendige Bedingung für die Regimeentstehung ist dies jedoch nicht.

Nichthegemoniale Regime kommen überwiegend durch Aushandlungsprozesse zustande, bei denen der Interessenausgleich von großer Bedeutung ist. Dabei ermöglicht häufig die Kombination verschiedener Politikfelder, das „positive Linkage", asymmetrische Verteilungsstrukturen in einem Politikfeld durch Umverteilungen in einem anderen Politikfeld auszugleichen. Die Notwendigkeit des Interessenausgleichs macht es unwahrscheinlich, daß in relativ symmetrisch gearteten Politikfeldern Staaten die Regimebildung als Instrument zur Vermeidung unerwünschter interner Anpassungszwänge betreiben.[28] Denn die Notwendigkeit, Kompromisse zu finden, wirkt selbst als Anpassungszwang in das institutionelle Gefüge der Staaten und Gesellschaften zurück. Ohne eine gewisse Bereitschaft der Teilnehmerstaaten zu Anpassungsleistungen dürfte daher die Regimebildung aussichtslos sein. Gerade in komplexen Aushandlungsprozessen stellen kooperative Institutionen im Umfeld eine günstige Voraussetzung dar: Solche Institutionen wirken nicht nur als Handlungsrestriktionen für die Staaten, sondern stellen zugleich „Material“ dar, mit dem diese ihre Kooperation realisieren. Ist daher im Politikfeld schon ein dichtes Kooperationsgeflecht vorhanden, so fällt die Formation neuer Regime leichter.[29]

Der Regimebildungsprozeß kann auch „innengeleitet“ sein: Selbst wenn Staatsführungen nicht kooperationswillig sind, können Regime entstehen, wenn interner Druck in einem Hegemonialstaat oder in einer Reihe von Staaten die Regierungen dazu nötigen. Die Luftreinhalterichtlinie der EG kam durch innenpolitischen Druck in der Bundesrepublik zustande. Dieser Druck ergab sich aus Aktionen des BUND, des BBU und anderer Organisationen gegen das Waldsterben.

Schließlich können Regime auch durch die Aktivitäten regimeerzeugender Organisationen oder Prozeduren zustande kommen. So hat die KSZE, eine Konferenzprozedur mit umfassender Zuständigkeit, eine Fülle wirtschafts-, umwelt- und sicherheitspolitischer Regime hervorgebracht oder weiterentwickelt.[30]

Regimefunktionen

Regime entstehen in „Bedarfssituationen“; wie erfüllen sie diesen Bedarf, d.h. welche Funktionen nehmen sie für die Regimeteilnehmer wahr?

1. Wichtigste Regimefunktion ist es, Ungewißheit zu vermindern. Regime stabilisieren Erwartungen an das künftige Verhalten des Gegners/Partners: ein wichtiger Teil dieses Verhaltens folgt gemeinsamen Regeln. Die unendliche Zahl möglicher Verhaltensweisen wird dadurch auf eine überschaubare Menge verringert, und die Katastrophen, die aus nichtabgestimmten, konkurrierenden Verhaltensweisen erwachsen können, werden vermieden. Die Notwendigkeit, wechselseitige Erwartungen über Zeit zu stabilisieren, erklärt, warum Reziprozität kein ausreichender Garant für dauerhafte Kooperation ist. Reziprozität ist, wie Axelrod gezeigt hat, eine weitverbreitete Konvention in den internationalen Beziehungen und überdies eine brauchbare unilaterale Verhaltensstrategie in einer anarchischen Welt; sie macht das Beste aus einer ungeregelten Situation. Dem Kooperationsbedarf kann aber nur entsprochen werden, wenn Erwartungen stabilisiert werden können. Aus unilateraler Reziprozität ist ein Ausbruch immer möglich.[31] Regimebil-

dung dagegen verspricht den Teilnehmern einen dauerhaften, vorteilhaften Austausch.

2. Reziprozität verlangt präzise Maßstäbe dafür, welche Antwort auf welches Verhalten qualitativ und quantitativ angemessen ist. Gemeinsame Maßstäbe sind aber – bei den verschiedenartigen Wertsystemen der Akteure – nicht herzustellen, wenn sie nicht einvernehmlich festgelegt werden. In multilateralen Handlungsgeflechten ist eine Definition von angemessener „Reziprozität" nur in generalisierter Form erreichbar; ohne Verhandlungen und präzise Festlegung ist das nicht möglich. Regime sind daher wichtig, um verbindliche Urteilsmaßstäbe für richtiges und falsches Verhalten festzulegen, die im zwischenstaatlichen Verkehr verbindlich sind.[32]

3. Regime reduzieren Transaktionskosten im Verkehr zwischen den Staaten, z.B. „Versicherungskosten" gegen eine unendliche Zahl von Kontingenzen, die aus der Verhaltensungewißheit in einer regimefreien Welt entstehen. Außerdem öffnen Regime dauerhafte Kommunikationskanäle, die andernfalls jeweils ad hoc geschaffen werden müßten.[33] Schließlich verkürzen Regime die Aushandlungsprozesse für Ad-hoc-Abmachungen im entsprechenden Politikfeld, da deren Rahmenbedingungen bereits in der Regimestruktur vorgegeben sind.

4. Regime besitzen im allgemeinen Regelungen für den Informationsaustausch im jeweiligen Politikfeld. Staaten erhalten also mit geringer Mühe Zugang zu politikrelevanten Informationen aus allen Teilnehmerstaaten. In spontanen Ordnungen hingegen muß jeder Staat mit jedem anderen in Verbindung treten, um sich solche Informationen zu beschaffen; er muß dabei über Art, Ausmaß und Dauer der Information verhandeln, sein eigenes Recht an solcher Information geltend machen und jeweils überlegen, welche Information im Gegenzug preisgegeben wird.

5. Regierungen müssen unter den Bedingungen unvollständiger Information und knapper Zeit entscheiden. Dies entspricht nicht den idealen Ansprüchen rationaler Entscheidungstheorie, sondern fällt unter die Kategorie „eingeschränkte Rationalität" ("bounded rationality"). Die Regime geben den Regierungen Entscheidungsregeln für ein Politikfeld vor und entlasten sie damit von der aufwendigen Suche nach Alternativen.

Bei der Bewertung von Regimefunktionen dürfen absichtswidrige Fehlentwicklungen nicht übersehen werden. So wie das ungeregelte Verhalten einzelner Akteure unerwünschte Wirkungen hervorbringen kann, so ist auch die kollektive Zusammenarbeit nicht frei von Fehlresultaten. Die Ablenkung der Rüstungskonkurrenz von quantitativen auf qualitative Aspekte durch die frühen Rüstungskontrollabkommen (SALT) mag von einigen gewünscht gewesen sein, lief aber den Intentionen vieler an den Verhandlungen Beteiligter zuwider.

Regimestruktur

Die viergliedrige Struktur aus Prinzipien, Normen, Regeln und Prozeduren ist induktiv aus der Beobachtung von Regimen der internationalen Wirtschaftspolitik gewonnen worden. Leider hat sich die Regimediskussion nie darum bemüht, die besondere Leistung jeder Ebene und ihr Zusammenspiel zu untersuchen.[34] Folgerichtig haben Gegner des Ansatzes die vorgebliche Unbestimmtheit der Begriffe ohne Mühe attackieren können.

Prinzipien

Die Allgemeinheit der „Prinzipien" verführt dazu, sie für inhaltsleer zu halten. Die Prinzipien sind jedoch die Voraussetzung, detailliertere Verhaltensvorschriften abzuleiten. Zwar ist eine Ad-hoc-Koordination oder -Kooperation auch möglich, ohne sich zuvor auf Prinzipien zu verständigen. Ihr Bestand wird aber in kurzer Zeit durch Auslegungsprobleme selbst genauester Vorschriften gefährdet werden. Eine Änderung der Rahmenbedingungen, die eine Anpassung des Kooperationsgeflechts herbeiführen sollen, wird in einer prinzipienfreien Kooperation noch ungleich größere Probleme aufwerfen als in einer auf gemeinsamen Prinzipien gebauten Zusammenarbeit.

Prinzipien interpretieren die Wirklichkeit, die es kooperativ zu bearbeiten gilt. Sie enthalten Zustandsbeschreibung, Zielvorstellung und Zweck-Mittel-Relationen, über die die Akteure übereinstimmen. Richard Cooper hat am Beispiel der internationalen Kooperation im Gesundheitswesen bewiesen, daß fehlende Einigkeit über die Ursache-Wirkungs-Gesetze im Politikfeld, folglich auch über die geeigneten Instrumente, internationale Kooperation über Jahrzehnte verhindert hat; erst die Herstellung eines wissenschaftlichen und politisch akzeptierten Konsenses über Krankheitsursachen und Heilmittel hat Kooperation möglich gemacht. Prinzipien sind daher die unverzichtbare Basis von Regimen.[35] Sie enthalten einen Grundbestand an Sachaussagen, die die Einrichtung eines Regimes begründen (im Nichtverbreitungsregime: die Weiterverbreitung von Kernwaffen ist friedensgefährdend). Sie beinhalten außerdem Aussagen über den Sollzustand, der durch das fragliche Regime erreicht werden soll. Prinzipien sind die Voraussetzung jeglicher Institutionenbildung: zuallererst müssen sich die Parteien darüber klar werden, ob trotz der bestehenden Konfliktlage ein genügender Vorrat an gemeinsamen Wahrnehmungen/Überzeugungen und an Zielsetzungen vorhanden ist, um einen Politikbereich aus der Selbsthilfe auszugrenzen und der Kooperation zu überantworten.

Normen

Die Normen legen allgemeine Verhaltensrichtlinien für die Parteien fest, und zwar im Sinne von Rechten und Pflichten. Die Rechte eines Partners beinhalten die Verpflichtung der anderen, diese Rechte zuzugestehen und zu sichern und entsprechend eigene Ansprüche zurückzustellen. Insoweit stellen die Verpflichtungen ihrerseits Ansprüche der Partner an das eigene Verhalten dar. Die Regimekonstruktion kann bei dem Entwurf von Normen auf einen Vorrat von generalisierten Vorschriften zurückgreifen, die in Gewohnheiten, Praktiken und Konventionen enthalten und auf eine große Zahl von Politikfeldern anwendbar sind, beispielsweise Reziprozität.[36]

Die Normen sind ein entscheidendes Scharnier der Regimekonstruktion. Gerade weil sich Regime nicht in bindenden Rechtsinstrumenten erschöpfen, sondern eine Mixtur aus formellen und informellen Regelungen für einen Poltikbereich bilden, lagert sich um den verrechtlichten Kern ein weiterer Kreis rechtlich nicht geregelter Handlungsmöglichkeiten. Normen sollen das Verhalten der Regimeteilnehmer in diesem Bereich lenken: auf Dauer, wenn eine Verrechtlichung nicht möglich oder nicht erwünscht ist, zeitweise, wenn eine Verrechtlichung ins Auge gefaßt oder eine prozedurale Lösung möglich ist. Normen steuern also nicht nur das stärker formalisierte Regelwerk, sie halten (sofern sie beachtet werden) auch den nichtgeregelten Teil des Politikfelds mit den Prinzipien konform.

Die Normen bilden das entscheidende Bindeglied, aber auch das Schlachtfeld zwischen Kooperation und Selbsthilfe. Sie sollen das Verhalten der Staaten dort leiten, wo sie auf sich selbst verwiesen sind, außerhalb ihrer rechtlichen Verpflichtungen. Sie sollen ihre im Rahmen von Selbsthilfe getroffenen Entscheidungen solchen Einschränkungen unterwerfen, daß sie mit dem Regime kompatibel bleiben.

Regeln

Mit der Ebene der Regeln beginnt der stärker formalisierte Regimebereich. Es ist zwar auch denkbar, daß ein Teil oder gar alle Regeln eines Regimes informell gehalten werden. Im Normalfall wird jedoch danach gestrebt werden, zumindest einen beträchtlichen Teil der in einem Regime geltenden Regeln präzise zu definieren und rechtlich verbindlich zu machen. Da Regeln genaue Verhaltensvorschriften enthalten, wird an ihnen die Einhaltung oder Nichteinhaltung des Regimes deutlich. Diese Funktion, die für den Regimebestand, die Reputation der Teilnehmer, und somit für die Regimeevolution entscheidend wichtig ist, setzt eine klare Abgrenzung voraus. Gerade deshalb ist der Übergang von Prinzipien und Normen zur Festlegung von Regeln oft ein Stolperstein in der Regimeentstehung: an dieser Stelle müssen die Staaten Farbe bekennen, wie weit sie wirklich bereit sind, Souverränitätsverzichte einzugehen und die Kosten von Kooperation auf sich zu nehmen.[37] Im Nichtverbreitungsregime greifen beispielsweise Exportkontrollvorschriften empfindlich in Wirtschaftsinteressen ein.

Verfahren (Prozeduren)

Die Konstruktion eines Regimes kann nicht die gesamte Fülle der im betreffenden Poltikfeld möglichen Entwicklungen berücksichtigen. Zum einen würde der Versuch, alles zu regeln, eine Vielzahl hochkontroverser Detailprobleme auf die Tagesordnung bringen. Die einvernehmliche Regelung jedes Detailproblems würde die meisten Versuche der Regimekonstruktion von vornherein zum Scheitern bringen. Zum zweiten wird es nie vollständige Informationen über sämtliche Variablen des Politikbereichs geben. Es bleibt immer ein Teil der Realität außer acht. Es muß also möglich sein, das Regime anzupassen, sobald diese übersehenen Tatsachen sich zu Wort melden.

Drittens ist die Zukunft nicht vorhersehbar. Technologische, demographische, politische und soziale Veränderungen werden die Leistungen des Regimes beeinflussen und seine Anpassung erzwingen. Auch diese Anpassung kann nur über die Bereitstellung von Entscheidungsverfahren erfaßt werden.

Es muß möglich sein, das Regime zu ändern. Die Änderung von Regimen ist jedoch immer auch mit neuen Verteilungskämpfen verbunden. Sie bilden daher ein politisches Kampffeld, dessen Spielregeln von vornherein klar sein müssen. Viele Regime legen daher Revisionsprozeduren fest.

Nicht alle Regime sind für alle Staaten zugänglich; der Europarat, der sich mit kultureller und menschenrechtlicher Zusammenarbeit beschäftigt, verlangt von seinen Mitgliedern demokratische Verfassungen. Regionale Regime stehen nur Staaten des jeweiligen Gebietes offen. Die Prüfung der Bedingungen und die Kriterien ihrer Erfüllung sind in Teilnahmeprozeduren festgelegt.

Regime müssen gegen Abweichungen stabil bleiben. Eine gewisse Abschreckung gegen den Rekurs zum Unilateralismus ist nützlich, wenn nicht unerläßlich. Andererseits sind Repressalien gegen einen Mitgliedsstaat eine politisch sensitive Entscheidung, die nicht leichthin gefällt werden kann. Manche Regime haben deshalb Sanktionsprozeduren formuliert.

Soll das Regime nicht an allgegenwärtigen Konflikten zerbrechen, muß klar sein, wie mit ihnen umgegangen wird. Es empfehlen sich daher Konfliktregelungsprozeduren.

Für die Aufnahme neuer Mitglieder, die Wahl von Vorsitzenden, die Ernennung von Beamten, Haushalts- und Investitionsentscheidungen müssen Routineprozeduren bereitgehalten werden.

Informationsgewinn ist eine der wichtigsten Regimefunktionen. Das Ausmaß und die Wege der wechselseitigen Information der Regimemitglieder müssen bestimmt werden. Vielfach sind die Sekretariate internationaler Organisationen mit der Sammlung, Verarbeitung und Veröffentlichung von Daten betraut. Häufig werden in Konsultationsverfahren auch direkte Informationsströme zwischen den Regimemitgliedern definiert. Die wichtigsten Informationen unterrichten über die Regimetreue der Mitglieder. In allen Regimen, nicht nur bei der Rüstungskontrolle, kommt man ohne ein bestimmtes Maß an Verifikation nicht aus. Ihre Verwertung wird dann Verifikationsverfahren unterworfen.[38]

Regimeverknüpfung

Politikfelder sind sachlich (durch funktionale Interdependenzen) verschränkt. Sie sind auch auf der Akteursebene miteinander verknüpft, weil dieselben Staaten in ihnen handeln. Dieser Struktur paßt sich auch die institutionelle Kooperation an. Keohane hat darauf hingewiesen, daß Regime ineinander verschachtelt sein können, wobei das Regelwerk des hierarchisch übergeordneten Regimes die Geltung des untergeordneten Regimes und die Abschlüsse spezifischer Einzelabkommen erleichtert. Ernst Haas hat die Verknüpfung benachbarter Politikgebiete durch Regime untersucht und die Hypothese aufgestellt, daß solche Verknüpfungen die Errichtung und Stabilisierung von Regimen durch die Erweiterung der für einen Interessenausgleich der Regimeteilnehmer verfügbaren Ressourcen begünstigen.[39] Die Regimeverknüpfung kann aber höchst unterschiedliche Wirkungen hervorbringen:

- Sie kann die Stabilität von Regimen erhöhen, indem sie eine größere Masse für einen Interessenausgleich zur Verfügung stellt.
- Sie kann die Stabilität von Regimen gefährden, wenn Konflikte aus anderen Politikfeldern in das Regime eindringen und Problemlösungen verstellen.
- Sie kann die Regimeevolution verzögern, wenn sie an Fortschritte in stagnierenden Politikfeldern geknüpft ist.
- Sie kann Regimeevolution dynamisieren, wenn Fortschritte in anderen Politikbereichen entsprechende Impulse geben.

Regimewirkung, Regimeeffizienz, Regimeausstrahlung

In diesem Abschnitt werden Regime als unabhängige Variable betrachtet[40]: Entfalten Regime einen Einfluß auf die Politik und wie sieht dieser Einfluß aus? Bei der Beantwortung dieser Frage müssen drei Effekte von Regimen unterschieden werden:

- Die Regimewirkung auf das Politikfeld (z. B.: geht der Schwefeldioxydausstoß als Folge internationaler Kooperation zurück?).
- Die Regimeeffizienz, d. h. die Beeinflussung des Verhaltens der Regimeteilnehmer.
- Die Regimeausstrahlung auf die normative und institutionelle Struktur internationaler Politik (Beeinflußt eine wachsende Zahl von Regimen die Verlaufsmuster internationaler Beziehungen in Richtung auf mehr Kooperation und weniger Konfrontation?).

Regimewirkung

Aus der Sicht der Akteure ist Kooperation kein Ziel an sich, sondern Mittel zum Zweck: Sie soll den internationalen Handel steigern und die Wohlfahrt der Nationen fördern, die Währungsbeziehungen stabilisieren und die Rüstung vermindern, den Krieg vermeiden und die Schadstoffe reduzieren helfen. Selbst wenn die Kooperation nach Wunsch verläuft, sind diese Zielsetzungen nicht gesichert. Die Kooperation kann auf falschen Prinzipien – d. h. einer falschen Einschätzung der Kausalverhältnisse im Politikfeld – beruhen oder untaugliche Instrumente einsetzen, also für die Erreichung der Ziele ungeeignete Regeln enthalten. In diesen Fällen kann die zwischenstaatliche Kooperation erreicht, ihr eigentlicher Zweck aber verfehlt werden. Es ist deshalb sinnvoll, zwischen der („physischen") Wirkung der Regime in der Wirklichkeit und ihrer (politischen) Effizienz bei der Verhaltenskonditionierung der Regimemitglieder zu unterscheiden.[41]

Regimeeffizienz

Die Regimeanalyse steht und fällt mit der nachweisbaren Wirkung der Institution auf das Verhalten der Regimeteilnehmer, d.h. ihrer Durchsetzungsfähigkeit gegenüber den Imperativen der unbeschränkten Souveränität. Regimekonformität der Staaten ist daher sogar zu einem Definitionsmerkmal des Regimebegriffs erhoben worden: nur wo sich die Staaten regelgerecht verhalten, könne von der Existenz eines Regimes gesprochen werden.[42]

Zunächst ist festzustellen, ob die Normen des Regimes akzeptiert werden. Zweitens muß untersucht werden, ob die Regeln des Regimes eingehalten worden sind; sodann ist abzuschätzen, ob die Staaten sich nach menschlichem Ermessen auch ohne das Regime so verhalten hätten oder ob das Regime eine Modifikation ihres Verhaltens bewirkt hat.

Die Internalisierung der Prinzipien und Normen läßt sich an der Übernahme der „Regimeterminologie" in die politische Sprache der Mitgliedsländer ablesen. Ein besonders interessanter Indikator ist etwa die Verbeugung, die selbst Nichtmitglieder des Nuklearen Nichtverbreitungsvertrages vor dem Prinzip der Nichtverbreitung von Kernwaffen machen. Die Prinzipien- und Normeninternalisierung geht jedoch oft über reine Rhetorik hinaus. Das zeigt sich, wenn die innenpolitische Verwendung der „Regimesprache" Kontroversen auslöst. Die Verkündung der Nicht-Gewinnbarkeit des Atomkrieges durch Breschnew in seiner Tula-Rede von 1977, mit der die Prinzipien und Normen der SALT-Verträge umgesetzt wurden, hat im sowjetischen Militär heftige Kontroversen ausgelöst, obwohl sie sich zunächst nicht sichtbar in der Rüstungspolitik niederschlug; sie lief der geltenden sowjetischen Militärdoktrin zuwider. Die Effizienz des Regimes zeigt sich also auf dieser Ebene daran, inwieweit Prinzipien und Normen neue Legitimations- und Referenzmuster für die inneren Debatten der Mitgliedsländer schaffen.

Jedoch muß sich auch das Verhalten der Staaten an den Regeln des Regimes orientieren. Verhalten heißt: unmittelbare, nach innen und außen wirkende Entscheidungen von Regierungen sowie die Umsetzung von Regimeregeln in innerstaatliche Regeln. Gesetzes- und Verordnungsänderungen aufgrund von Regimeregeln sind der verläßlichste Indikator für Regimeeffizienz.

Im Unterschied zu innerstaatlichen Ordnungen ist der Implementationsprozeß von Regimen zweistufig: Es muß nicht nur die Regierung sich konform zu den Regimeregeln verhalten; der Staat muß auch diejenigen seiner Subjekte, die einen Einfluß auf die Regimefunktionen ausüben können, zu regimekonformen Verhalten zwingen. Zum Beispiel muß ein Mitglied des Nichtverbreitungsvertrages nicht nur von der Anschaffung von Kernwaffen Abstand nehmen; es muß auch seine Maschinenbauunternehmen davon abhalten, Kernwaffentechnik an Drittstaaten zu liefern.[43] Bei der Abschätzung der Regimeeffizienz kann kein absoluter Maßstab angelegt werden. Anders als bei vielen naturwissenschaftlichen Hypothesen genügt die Feststellung von Verstößen gegen bestehende Normen und Regeln nicht, um die Existenz und die Wirksamkeit eines Regimes zu leugnen. Das gilt für internationale Institutionen genauso wie für die innerstaatlichen Gesetze: auch dort ist die Existenz von Verbrechen nicht der Beweis für die Unwirksamkeit der Rechtsordnung. Die Effizienz eines Regimes muß als Wahrscheinlichkeitsverteilung aufgefaßt werden: Wenn eine Mehrzahl von Teilnehmerstaaten sich in der überwiegenden Zahl der regimerelevanten Entscheidungen an die Regimeregeln hält, wird man das Regime als effizient bezeichnen können.[44]

Regimekonformität ist so wichtig, da sie auf der freiwilligen Folgeleistung der Regimeteilnehmer beruht. Der überwiegenden Zahl der Regime mangelt es an supranationalen Sanktionsmechanismen. Implementationskontrolle vollzieht sich informell, durch Protest, Mahnung, Interessenkalkulation und Rekurs auf Selbsthilfe oder Drohung damit.[45] Regierungen, die Verstöße gegen Regimeregeln erwägen, müssen mögliche Kosten in Betracht ziehen: direkte Vergeltungsaktionen ihrer Partner; Nachteile, die aus einer Nachahmung des eigenen Verstoßes durch andere Partner erwachsen; den Kollaps des Regimes durch eine sich wechselseitig verstärkende Serie solcher Verstöße; die Auswirkungen der Erosion oder des Zusammenbruchs eines Regimes auf benachbarte institutionelle Regelungen. Die Interdependenz von Sachbereichen wirkt in Regimen als konservative Kraft; das automatische oder gezielte Junktim von Sachfragen ist die äußerste Sanktion mit den höchsten Kosten, die aus der Vernetzung von Regimen resultiert. Die

Kosten-Nutzen-Kalkulation der Staaten wird hiervon zusätzlich zugunsten von Regimekonformität beeinflußt.[46]

Regimeausstrahlung

Schließlich besteht die Möglichkeit, daß die Summe der institutionalisierten Kooperation den Charakter internationaler Beziehungen allmählich verändern könnte. Dies entspricht den alten Prognosen der Funktionalisten, sagt aber einen sehr viel langwierigeren Wirkungsprozeß voraus, in dem sich Präferenzordnungen, Lageanalysen und Verhalten der Staaten über einen längeren Zeitabschnitt schrittweise wandeln. Dieser „Zivilisationsprozeß" könnte eine Welt mit weniger gewalthaltigen und konfrontativen Konfliktbehandlungsweisen hervorbringen.[47]

Regimekonflikte

Regime entstehen in Konfliktlagen, die durch sie behandelt, aber nicht aufgehoben werden. Aushandlungsprozesse gehen mit der Regimeentstehung nicht zu Ende, sondern setzen sich, nunmehr von der Regimestruktur kanalisiert, fort.[48] Regime können darum als ein andauernder, strukturierter Verhandlungsprozeß verstanden werden. Staaten können in solchen Konflikten vier Rollen spielen, als:

1. Loyale Mitglieder,
2. „Trittbrettfahrer", die die Regimeleistungen nutzen, Regimekonformität aber verweigern,
3. Rebellen, die das Regime von innen verändern wollen,
4. Außenseiter, die das Regime beseitigen wollen oder konkurrierenden Ordnungen angehören.[49]

Konflikte über Prinzipien

Regimekonflikte können sich bereits daraus ergeben, daß in dem geregelten Politikgebiet mehrere Ziele simultan erreicht werden sollen, beispielsweise wirtschaftliche Effizienz, Umweltschutz und soziale Gerechtigkeit. Diese Ziele können zueinander in Widerspruch geraten; verschiedene Regimepartner werden vielleicht unterschiedliche Prioritäten setzen.[50] Auch können sich Einschätzungen über die Verursachungszusammenhänge im Politikgebiet bei einigen Partnern aufgrund neuer Erkenntnise (oder vermeintlicher Einsichten) ändern. In dieser Situation sind Auseinandersetzungen über die Prinzipien eines Regimes unvermeidlich.

Normenkonflikte

Im wesentlichen handelt es sich bei den Normenkonflikten (soweit sie nicht aus Prinzipienkonflikten ableitbar sind) erstens um unterschiedliche Auffassungen über das relative Gewicht einzelner Normen. Zweitens treten Normenkonflikte in Situationen auf, für die noch kein eindeutiges Regelwerk vorhanden ist. In diesen Fällen öffnet sich die Möglichkeit für die Interpretation der Normen; ihr allgemeiner Charakter läßt verschiedene Deutungen zu, die je nach Interessenlage zur Kollision führen können. Drittens wird es bei Normen Interpretationsprobleme geben; man denke an den „Überlegenheitsverzicht" in der strategischen Rüstungskontrolle.

Regelkonflikte

Die prominenteste Art der Regelkonflikte dreht sich natürlich um die Frage, ob ein bestimmtes Verhalten einen Regelbruch darstellt. Daneben ergeben sich im Verlauf des Regimewandels Differenzen über die Notwendigkeit höherer Regeldichte, d.h. über das Ausmaß und die Form weiterer Verrechtlichung im Politikgebiet. Solche Differenzen werden häufig durch Wandel in der Umwelt des Regimes – etwa technologische Innovation oder das Auftreten neuer Akteure – ausgelöst.

Prozedurale Konflikte

Die Mehrzahl der Verfahrenskonflikte betrifft die Entscheidungsmacht im Regime, d.h. den Einfluß über Änderungen, Kostenverteilung, Personal etc. Besonders häufig prallt hier die Forderung „ein Land – eine Stimme" mit dem Verlangen nach Einflußgewichtung gemäß der gegebenen Machtverteilung (oder Beitragszahlung) zusammen. Verfahrenskonflikte sind also ganz überwiegend Konflikte über Macht und Einfluß.

Verknüpfungskonflikte

Zu den gefährlichsten Konflikten zählen Dispute über Reichweite und Intensität der Verknüpfung des Regimes mit anderen Politikfeldern. Die Regimeteilnehmer versuchen, ihre Gewinnbilanz aus dem Regime dadurch zu verbessern, daß sie Vorteile für andere Politikfelder ziehen. So versucht die Gruppe arabischer Staaten, Positionsgewinne gegenüber Israel dadurch zu erzielen, daß die PLO als reguläres Mitglied in einer Reihe von Regimen zugelassen wird. Diese Art von Konflikt hat Sprengwirkung. Die Regime sind als politikfeldspezifische Institutionen für derartige Konfrontationen nicht konstruiert. Es gelingt oft nur schwer, die Schärfe dieser Dispute aus der Alltagsarbeit wieder herauszubringen. Letztlich stellt die bewußte Verknüpfung auch ein Signal dar, daß die Kooperationsergebnisse im Politikfeld, für sich genommen, den „Herausforderern" nicht genügen.

Regimeverfall, Regimeerhalt, Regimeevolution

Regime stehen, einmal begründet, vor vielfältigen Herausforderungen:

- Technologische Veränderungen, die die Regeln und Prozeduren des Regimes obsolet erscheinen lassen oder die Formulierung neuer Regeln erfordern.
- Die Einsicht in neue Problemlagen durch neue Erkenntnisse (auch diese mögen technologieabhängig sein) oder durch die kumulierten Folgen früherer Aktivitäten (z. B. im Umweltbereich).
- Macht- und Ressourcenverschiebungen zwischen den Staaten (Erdölregime in den siebziger Jahren).
- Bevölkerungswachstum.
- Innenpolitischer Prioritätenverschiebung (die Entwicklung der Wohlfahrtsstaaten untergrub die festen Wechselkurse des Weltwährungsregimes).

Nicht zwangsläufig überlebt die Kooperation: Regime können zerfallen. Häufiger aber ist die Weiterentwicklung des Regimes, die ständige Anpassung an sich verändernde Umweltbedingungen.

Regimeverfall

Der Niedergang von Regimen zeigt sich im allmählichen Verlust der Kohärenz ihrer inneren Struktur an. Konflikte über alle Teile der Struktur werden häufiger. Die Staaten erliegen immer mehr der Versuchung, das Regime für externe Positionsgewinne zu mißbrauchen und seine Regeln zu mißachten.[51] Regime können untergehen, wenn die Interessengrundlage entfällt, derentwegen sie einst ins Leben gerufen wurden. Der Machtverlust einer hegemonialen Macht, die den Regimebestand garantierte, kann auch die Ursache des Regimeverfalls sein, wenn sich unter den Regimeteilnehmern nicht der politische Wille findet, die Kooperation auf egalitärer Basis fortzusetzen. Die Schwäche des Weltwährungsregimes in den zwanziger und dreißiger Jahren – nach dem Niedergang der englischen Weltstellung – illustriert diesen Vorgang. Schließlich kann ein Regime nicht fortbestehen, in dem Interessen- und Wahrnehmungsunterschiede der Teilnehmer es verhindern, daß sich seine Strukturen an den Wandel in der Umwelt des Regime anpassen.[52]

Regimeerhalt

Selbst bei Wegfall der ursprünglichen regimebegründenden Interessengrundlage können Regime weiterbestehen. Beharrungsgründe sind Tradition, Gewohnheit, die Abneigung, sich in die Ungewißheit ungeregelter Beziehungen zurückzubegeben sowie eine Neuinterpretation der Interessen aufgrund der Erfahrungen im Regime.[53] Manche Regime sind deshalb gegen kurzfristige Interessenschwankungen durchaus robust. Teilnehmende Staaten rechnen mit einem dauerhaften politischen Verkehr mit ihren Partnern. Der vorteilhafte Erhalt dieser Beziehungen verlangt die Festigung der eigenen Reputation. Ständige Abweichungen von den Regeln, durch kurzfristige Interessen motiviert, würde auf die Dauer das Regime zerstören und auf andere politische Beziehungen durchschlagen. Die Aussicht auf dauerhafte Interdependenz motiviert zu weitgehender Einhaltung der Regimeregeln und trägt entscheidend zum Erhalt der Institution bei.[54] Und selbst wenn eine ständige Unzufriedenheit mit einzelnen Leistungen des Regimes fortbesteht, hat das Regime eine gute Chance zu überleben. Dies wird von den Vertretern der realistischen Schule in Abrede gestellt mit der Begründung, Regime gäben immer nur die überwölbende Machtstruktur des internationalen Systems wieder. Ändere sich diese Struktur oder auch nur die Interessenlage der dominierenden Mitglieder, so werde das Regime schnell umgekrempelt oder abgeschafft. Dem ist entgegenzuhalten, daß diese Auffassung die Standhaftigkeit institutioneller Strukturen gewaltig unterschätzt. Es ist außerordentlich schwierig, etablierte Institutionen mit einem Federstrich zu ändern oder zu beenden. Institutionen stellen Investitionen dar; ihre Beseitigung meint daher die „Abschreibung" solcher Investitionen. Die Schaffung neuer Institutionen ist kostenreich. Regime wirken daher als Beschränkungen der Handlungsfreiheit ihrer Mitglieder, weil inhärente Nachteile nicht gegen Idealvorstellungen abgewogen werden, sondern gegen die realen Kosten und Chancen, das bestehende durch ein neues Arrangement zu ersetzen.[55]

Regimeevolution

Regime können und müssen sich dynamisch an veränderte Bedingungen anpassen. Wandel ist aus mehreren Gründen notwendig: erstens wird kaum ein Regime nach seiner „Fertigstellung" den betreffenden Politikbereich voll befriedigend abdecken; Konstruktionsfehler sind nahezu unvermeidlich, der Regimebau ist ein Experiment, das nur durch einen Prozeß von Versuch und Irrtum sein Leistungsvermögen voll entfalten kann. Zweitens wird sich in vielen Fällen ergeben, daß durch die Einrichtung des Regimes Rand- und Seitenbereiche betroffen sind, für die Regelungen nachgeliefert werden müssen. Drittens werden technologischer Wandel oder Verschiebungen im globalen Machtgleichgewicht Anpassungen notwendig machen. Viertens stehen Regimeevolution und die Ambivalenz von Regimebestimmungen in einem Wechselverhältnis. Da Regime durch einen kontroversen Verhandlungsprozeß zustande kommen, stellen sie häufig prekäre Interessenkompromisse dar. Dies erfordert es oft, die Ambivalenz von Prinzipien, Normen, oder sogar Regeln zu erhalten, um zunächst einer großen Anzahl von Parteien die Zustimmung zu ermöglichen. Ein gewichtiger Antrieb der Regimeevolution ist daher häufig die Ausmerzung von Ambivalenzen, das „Kleinarbeiten" ursprünglich vertagter Interessenkonflikte. Auch schafft die Regimeevolution selbst häufig Ambivalenzen: Treten neue Probleme auf, die in der ursprünglichen Form des Regimes nicht bewältigt werden können, so werden gelegentlich die alten, obsoleten Regelungen nicht beseitigt, um Konflikte zu vermeiden. Vielmehr werden neue, den Verhältnissen angemessenere Regeln hinzugefügt, die dann freilich im Einzelfall mit dem alten Regelbestand kollidieren können. „Alte" Regime mit einer intensiven Evolutionsgeschichte können sich daher durch ein hohes

Maß an innerer Unstimmigkeit auszeichnen, die ihrerseits wieder zum Wandel treibt.[56]

Der Regimewandel, der auf solche Herausforderungen antwortet, kann in zahlreichen Formen vor sich gehen:

- Der Wandel kann einfach auf notwendige Anpassungen zurückzuführen sein: Prinzipien, Normen, Regeln und Verfahren werden neuen Anforderungen angeglichen.
- Das Regime kann sein Einzugsgebiet erweitern, indem es Randgebiete des Politikfeldes einbezieht oder sich mit anderen Regimen benachbarter Politikgebiete verknüpft.
- Die Regeldichte des Regimes kann wachsen und seine Institutionalisierung kann fortschreiten: seine Anpassungsfähigkeit und Flexibilität wächst; seine Komplexität nimmt zu, seine Autonomie gegenüber den Staaten wird gestärkt, und seine Struktur gewinnt Einheitlichkeit und Kohärenz.[57]
- Das Regime verbessert seine instrumentelle Wirksamkeit.
- Das Regime verändert seine Verteilungsleistung in Richtung auf mehr (oder auch weniger) Gerechtigkeit.
- Auch die Steigerung der Regimeeffizienz, wie oben diskutiert, ist als Evolution des Regimes zu begreifen.

Wie bei der Regimeentstehung ist zu unterscheiden zwischen den Bedingungen, die die Regimeevolution ermöglichen und dem Prozeß des Wandels. Diese Bedingungen sind notwendig, aber nicht hinreichend. Sie müssen von den Akteuren wahrgenommen und genutzt werden. Bei den Bedingungen und prozessualen Faktoren, die die Regimeevolution bewirken und vorantreiben, handelt es sich um dieselben Kräfte und Vorgänge, die in der Entstehung von Regimen wirksam sind und dort ausführlich behandelt wurden.

Die Evolution von Regimen läßt sich von den Akteuren her ebenso als „Lernvorgang" verstehen wie ihre Entstehung[58]:
Regime entstehen, wenn die Staaten „gelernt" haben, daß die von den Regimefunktionen zu erfüllenden Ziele nicht auf unilateralem Wege erreicht werden können. Sie „lernen" innerhalb des Regimes, diese Funktionen noch besser und kostengünstiger auszufüllen und die Regimestruktur veränderten Umweltbedingungen anzupassen – nicht zuletzt diesem Ziel dienen sowohl Informationsgewinnung im Regime als auch seine Änderungsprozeduren, die in ein Regime bereits eingebaut sein können. Der Lernvorgang der Akteure enthält kognitive und affektive Komponenten. Die kognitive Komponente treibt die instrumentelle Vervollkommnung der Regelstruktur des Regimes voran; die Erfahrungen mit dem Regime lehren, an welchen Stellen und aus welchen

Gründen es die ihm zugeschriebenen Funktionen nicht oder nur unzureichend erfüllt. Die affektive Komponente stärkt die Identifizierung der Akteure mit dem Regime. Die Regimeevolution wird somit zu „normgeleitetem Wandel“[59].

Regimegerechtigkeit

Regime bieten noch keine Gewähr für die gerechte Verteilung der Regimeleistungen unter den Teilnehmerstaaten. Sie reflektieren in gewisser Weise immer die ungleiche Verhandlungsstärke der Teilnehmer. Ihre Verteilungsleistungen sind daher auch in der Regel ungleich. Regime der realen Welt weichen daher von idealistischen Konstruktionen ab, und Regime inkorporieren häufig sogar ausgeprochene „Ungleichheits-Normen“, wie etwa der Nichtverbreitungsvertrag.[60]

In Fällen ausgeprägter Ungleichheit ist es daher möglich, daß Regime von den stärkeren Teilnehmern benutzt werden, um schmerzhafte interne Anpassungen zu vermeiden und die Kosten nach außen zu verlagern. So unterblieb in den USA in den siebziger Jahren aufgrund ihrer starken Stellung im Weltwährungssystem eine rigorose Politik der Energieeinsparung. Leidtragende waren die ärmsten Länder, die sich das dringend benötigte Erdöl zu den von der US-Nachfrage hochgetriebenen Preisen nicht mehr leisten konnten.

Bei der Evaluation von Regimen muß zunächst darauf geachtet werden, daß nicht jede ungleiche Werteverteilung, die im Rahmen von regimegeleiteten Handlungen entsteht, dem Regime zugeschrieben wird. Die Stabilisierungsprogramme, die der Internationale Währungsfond seinen Kreditnehmern abgefordert hat, haben gelegentlich katastrophale soziale Folgen hervorgebracht. Die tieferen Ursachen lagen jedoch in den extrem ungleichen internen Verteilungsstrukturen der betroffenen Länder, nicht in den vom IWF durchgesetzten Regeln. Diese stellten nur das auslösende Moment dar. Zwischen Regimeeffekten und internen Ursachen muß also bei der Analyse von Verteilungsfolgen unterschieden werden.

Regimegerechtigkeit läßt sich durch drei verschiedene Maßstäbe bewerten: erstens den Maßstab idealer Verteilungsgerechtigkeit, zweitens den Maßstab des Vergleichs mit der hypothetischen Verteilungsgerechtigkeit in einem regelungsfreien Zustand, drittens den Maßstab der Wohlfahrtssteigerung durch das Regime für jeden einzelnen Teilnehmer, unabhängig von der Verteilung. Vor allem der zweite Maßstab wird oft zu dem Schluß führen, daß die schwächeren Teilnehmer im Regime trotz fortgesetzter Ungerechtigkeit in einer besseren Lage sind als in einem „anarchisch" strukturierten Politikfeld. Regeln binden auch die Stärkeren, die in einer regelfreien Welt größere Durchsetzungschancen besäßen. Kooperation beruht auf Kompromiß, und der Kompromiß wird auch den Ansprüchen der Schwachen abgefordert.[61]

4. DIE REGIME DER WELTWIRTSCHAFT

Die gemeinsame Suche nach weltwirtschaftlichen Regeln zwischen Staaten, deren Industrien sich im heftigen Konkurrenzkampf um Märkte, günstige Produktionsfaktoren und vorteilhafte Erträge befinden, ist auf den ersten Blick ein Mysterium. Folgt man der klassischen liberalen Wirtschaftstheorie, so ist das staatliche Handeln auf dem Weltmarkt eigentlich überflüssig. Das Gesetz des „komparativen Vorteils" wird dazu führen, daß der Austausch Gewinn für alle Seiten bringen wird. Die Gesetze des Marktes werden dafür sorgen, daß vorübergehende Ungleichgewichte sich auf lange Sicht ausgleichen: der Wert der Währung des erfolgreichen Ausfuhrlandes wird steigen, seine Exporte werden also teurer und daher zurückgehen, was seine Währung schwächen wird, usw. Der Staat ist auf die Rolle des wohlwollenden Beobachters reduziert, es erübrigt sich der politische Eingriff, aber auch die grenzüberschreitende Zusammenarbeit.[1]

Aus der Sicht des Merkantilismus gilt das Gegenteil: Der Staat muß die einheimische Industrie begünstigen und fremde Wirtschaftsakteure benachteiligen, Rohstoffbeschaffung verbilligen, den Import von Fertigprodukten durch Zollschranken erschweren und eigene Exporte durch Subventionen, gegebenenfalls auch durch Währungsmanipulationen unterstützen. Staatliches Handeln steht im Zentrum der außen- und binnenwirtschaftlichen Beziehungen, jedoch nicht zur Förderung internationaler Kooperation, sondern zur Verwirklichung eines hemmungslosen wirtschaftlichen Unilateralismus.[2] Die Ursache waren die schlimmen Erfahrungen der Weltwirtschaftskrise.

Regimebedarf

Vor dem Ersten Weltkrieg hatte ein auf Goldstandard und starkem Pfund Sterling fußendes Weltwährungssystem ohne Koordination gut funktioniert. Die Zentralbanken der wichtigsten Handelsländer handelten aus gleichen Überzeugungen – „Prinzipien" –, so daß Koordination automatisch gegeben war, freilich auf Kosten der schwächeren Teilnehmer des Systems.[3] Dieses System wurde nach dem Ersten Weltkrieg durch fluktuierende Wechselkurse abgelöst. Britische Anstrengungen, eine zentrale Währungskonferenz unter Beteiligung der Hauptwährungsländer zustandezubringen, scheiterten. So gingen die Staaten aus fluktuierenden Wechselkursen ohne Rücksichten auf veränderte Austauschrelationen zum Goldstandard zurück. Die resultierenden Verzerrungen verschlimmerten die nachfolgende Wirtschaftskrise; der Mangel an kooperativen Institutionen erschwerte ihre Lösung. Auch zu einer Regelung der Handelsbeziehungen kam es nicht. Der Weltwirtschaftskrise war also eine Periode fehlender Koordination vorausgegangen, in der die Politik sich zwar halbherzig bemühte, die durch Krieg und Versailler Vertrag bedingten weltwirtschaftlichen Störungen zu beheben, in der von einer weitergehenden weltwirtschaftspolitischen Zusammenarbeit aber keine Rede war.

Statt dessen gingen die einzelnen Staaten 1929 zu einem hemmungslosen Protektionismus über. Mangels internationaler Kooperation versuchte jede Regierung zu retten, was zu retten war – auf Kosten der Handelspartner. Künstliche Abwertungen und die Einrichtung von Importquoten und Schutzzöllen andererseits sollten die eigene Wirtschaft schützen und Exporte fördern. Wo alle die nationalen Märkte abschotten, muß der Welthandel zusammenbrechen, und wo der Welthandel stagniert, gibt es kein wirtschaftliches Wachstum: aus der akuten Krise wurde die lastende Depression. Die politischen Folgen führten zum Zweiten Weltkrieg.[4] Kein Wunder also, daß die Wirtschaftspolitik in Krise und Depression für die westlichen Industrieländer eine traumatische Erfahrung darstellte. Eine Präferenz für liberale Weltwirtschaftsstrukturen wurde zwischen den westlichen Eliten zum Konsens.[5]

Worin bestand nun im Kern der „Regimebedarf" in der Weltwirtschaft?[6] Wenn alle Länder merkantilistischen Verhaltensmustern folgten – so hatte die Erfahrung der dreißiger Jahre gezeigt –, wäre das Ergebnis katastrophal. Verhielten sich aber einzelne Länder kooperativ, so würden sie von den protektionistisch orientierten Konkurrenten gnadenlos ausgebeutet werden. Kooperatives Verhalten war also nur zu rechtfertigen, wenn Vertrauen in gleichgeartetes Verhalten seitens der Konkurrenten bestand.

Erwartungsstabilität war noch aus einem zweiten Grund notwendig. In der Wirtschaftspolitik spielen nichtstaatliche Akteure eine wesentliche Rolle. Aus der Sicht der Unternehmen war grenzüberschreitender Handelsverkehr mit einem um so höheren Risiko belastet, je ungwisser die wirtschafts- und währungspolitische Entwicklung im Ausland war. Internationaler Handel war nur möglich, wenn ein stabiler währungspolitischer Rahmen den Unternehmen verläßliche Auskunft über künftige Austauschrelationen gab.[7]

Dabei mußte man mit einem unvermeidlichen Faktor internationaler Wirtschaftsbeziehungen fertigwerden, nämlich mit der ungleichen Entwicklung. Die liberale Wirtschaftstheorie sieht darüber hinweg, daß der langfristige Ausgleich der wirtschaftlichen Interessen mit zwischenzeitlichen Ungleichgewichten erkauft wird, und daß diese Ungleichgewichte sich in massive Wohlstandsverluste für soziale und wirtschaftliche Gruppen und Staaten umsetzen. Theorie läßt sich daher in der politischen Welt nicht ohne Einschränkungen umsetzen. Schon gar nicht in Demokratien, in denen die benachteiligten sozialen Schichten ihre Interessen politisch artikulieren können. Ein weiteres Problem sind ungleiche politisch-wirtschaftliche Ausgangsbedingungen: Asymmetrien der wirtschaftlichen Stärke müssen sich nicht zwangsläufig ausgleichen; sie können sich auch, falls keine besonderen Maßnahmen ergriffen werden, in Form „positiver Rückkoppelung" zu immer größeren Ungleichheiten aufschaukeln. Ein politisch akzeptables Weltwirtschaftssystem für die Nachkriegszeit mußte also Mechanismen enthalten, die die Folgen ungleicher wirtschaftlicher Entwicklungen wenn nicht beseitigen, so doch zumindest dämpfen und abfedern, so daß der Anreiz auch für die schwächeren Spieler erhalten bleibt, den kooperativen Spielregeln zu folgen. Aus dieser Bedarfslage entwickelten sich drei Regime als Gerüst kooperativer internationaler Wirtschaftsbeziehungen: das Weltwährungsregime mit dem Internationalen Währungsfonds (IWF) an der Spitze, das Handelsregime mit dem GATT als Zentrum und das Regime wirtschaftlicher Entwicklung, das sich um die Weltbank gruppiert. Sollen die beiden ersten das Funktionieren des Marktes gewährleisten („Regeln für den Markt"), so geht es dem letzteren gerade um Korrekturen unvermeidlicher Nebenfolgen einer Weltmarktwirtschaft („Regeln gegen den Markt").[8]

Daneben existierten eine Reihe von Regimen, die die infrastrukturellen Rahmenbedingungen der internationalen Wirtschaftsbedingungen gewährleisten. Diese Regime für internationale Kommunikation, Transport und Verkehr sind z. T. erheblich älter als die weltwirtschaftlichen Nachkriegsordnungen. Die International Civil Aviation Organization legt Sicherheitstandards und Operationsgrundsätze des Luftverkehrs fest; ihr privatwirtschaftliches Pendant, die IATA, behandelt Flugpreise und Frachtraten. Die Internationale Maritime Organization (IMO, früher IMCO) erläßt Sicherheitsnormen für den Schiffsverkehr und regelt die Rechte von Flaggenstaat und Hafenstaat. Die altehrwürdige Universal Postal Union koordiniert Grundpreise, Gewichts- und Größenklassen für grenzüberschreitenden Postverkehr. Die International Telecommunication Union (ITU) fixiert durch ihre World Administrative Radio Conference (WARC) Nutzungsregeln für Radiofrequenzen und Satellitenumlaufbahnen.[9]

Regimestrukturen

Das Weltwährungsregime[10]

Zunächst galt es, Ordnung in die Weltwährungsbeziehungen zu bringen. Die Vereinigten Staaten, bei Kriegsende mit Abstand die stärkste Wirtschaftsmacht, übernahmen die Rolle des Hegemons. Der Dollar wurde zum Rückgrat des „Systems von Bretton Woods", denn nur der Dollar war in der Lage, die Liquidität der Tausch- und Reservewährung zu garantieren, deren ein expandierender internationaler Handel bedurfte.

Das Weltwährungssystem ging von dem Prinzip aus, daß geregelte Währungsbeziehungen die nötige Erwartungsstabilität für einen expandierenden Welthandel schaffen mußten; auch wurde die Abhängigkeit weltwirtschaftlichen Wachstums von ausreichender internationaler Liquidität erkannt.

Die wichtigsten Normen des Weltwährungssystems waren die Orientierung am Dollar als Leitwährung und die Bewahrung fixer Wechselkurse der nationalen Währungen im Verhältnis zum Dollar innerhalb einer gewissen Bandbreite. Währungspolitik sollte nicht genutzt werden, um der eigenen Volkswirtschaft Wettbewerbsvorteile zu verschaffen, sondern sollte sich auf währungspolitische Stabilität ausrichten. Ungleichgewichte sollten als vorübergehende Störungen behandelt werden.

Die Regeln des Regimes verpflichteten die USA dazu, Dollars, die von auswärtigen Notenbanken gehalten wurden, auf Anforderung in Gold zu tauschen; die Dollar-Gold-Relation war fixiert. Die übrigen Teilnehmerstaaten waren verpflichtet, auf die Wahrung der fixierten Wechselkurse zum Dollar hinzuarbeiten, d. h. die Schwankungen innerhalb von plus/minus 2% zu halten. Kauf und Verkauf von Dollar waren das gängige Instrument, um diese Regel zu befolgen. Auf- und Abwertungen waren nur dann zulässig und geboten, wenn der Wechselkurs über längere Zeit mit zumutbaren Mitteln nicht zu halten war. Zum Ausgleich kurzfristiger Zahlungsbilanzungleichgewichte richtete der Internationale Währungsfonds eine Kreditmöglichkeit ein. Die Regel verlangte von allen Mitgliedsländern, nach Maßgabe ihrer volkswirtschaftlichen Stärke eine Einlage zu leisten. Proportional zu dieser Einlage hatten die Staaten das Recht, auf den IWF kurzfristig Tranchen in der gesuchten Währung gegen eigene Währung zu nehmen. Sie waren dann verpflichtet, diesen „Kredit" in drei bis fünf Jahren zurückzuzahlen. Abwertungen konnten dadurch häufig vermieden werden. Schließlich verpflichteten sich die Länder, bei Kreditnahmen von über 125% ihrer Einlagequote die Konditionen auszuführen, die der IWF mit seiner Zusage verband, im allgemeinen Maßnahmen zur Reduzierung des Leistungsdefizits.

Die Prozeduren des Weltwährungssystems wurden vor allem in der Charta des IWF festgelegt. Sie gewichteten die Abstimmungsrechte der Staaten nach ihren Einlagen und verlangten qualifizierte Mehrheiten für Entscheidungen über Kredite, die 125% der Einlage überschritten. Die Vereinigten Staaten erhielten über lange Zeit eine Vetorolle für die kritischsten Entscheidungen im Regime (was sie, etwa während der Suezkrise, zur Durchsetzung regimefremder politischer Ziele ausnutzen konnten).

Das internationale Handelsregime[11]

Die Handelsbeziehungen konnten nicht auf einen Schlag geregelt werden. Dazu war die Ausgangsstärke der Konkurrenten am Ende des Zweiten Weltkrieges zu ungleich: die durch den Krieg schrecklich geschwächten europäischen Staaten und natürlich auch Japan stimmten zwar einer liberalen Handelsphilosophie zu, glaubten aber, auf flankierende protektionistische Maßnahmen in der Wiederaufbauphase nicht verzichten zu können; der amerikanische Kongreß seinerseits wünschte größere Handlungsfreiheit zu bewahren und verweigerte die Ratifizierung des Vertrages, der die Gründung der Internationalen Handelsorganisation (ITO) mit weitreichenden Befugnissen beinhaltete. Der Ersatz, das Allgemeine Zoll- und Handelsabkommen GATT, blieb ein bescheidener Rahmen; doch immerhin gelang es, damit die Umrisse eines Regimes festzulegen.

Das GATT-Regime beruhte auf dem Prinzip, daß nur ein liberalisierter Welthandel die allgemeine Wohlfahrt fördern würde; daraus folgte das zweite Prinzip, daß das GATT-Regime dem langfristigen Abbau aller Handelshemmnisse zu dienen habe. Das dritte Prinzip besagte, daß multilaterale Foren am besten geeignet seien, die Regeln für ein liberales Handelssystem zu entwickeln. Ein wichtiges Prinzip ist, daß unter ungewöhnlichen Umständen Abweichungen erlaubt sind. Dies trug den innenpolitischen Zwängen der Mitgliedsländer unter den Bedingungen ungleicher Entwicklung Rechnung.[12] Beherrschende Norm war und ist die Anforderung an die Staaten, im Konflikt zwischen liberalen und merkantilistischen Verhaltensmöglichkeiten den ersteren den Vorrang zu geben. Eine zweite Norm ist der Vorrang des Multilateralismus sowohl vor dem Unilateralismus wie vor bilateralen Vereinbarungen. Dies wird auch von der Norm „Nichtdiskriminierung“ reflektiert. Die letzte Norm ist die Reziprozität, d.h. multilaterale Vereinbarungen müssen im Geben und Nehmen von Vorteilen bestehen, die sich in etwa ausgleichen.

Die Hauptregeln sind die Begrenzung von Zollschranken, der Verzicht auf Kontingentierung und Exportsubventionen; die Meistbegünstigungsregel, die es verbietet, GATT-Mitglieder unterschiedlich zu behandeln, sowie die Pflicht, vorübergehende Verschärfungen der Handelshemmnisse nur nach vorherigen Konsultationen vorzunehmen. Die GATT-Regeln legen präzise die erlaubten Ausnahmen in Notlagen fest, in denen protektionistisches Verhalten aus der Sicht der betroffenen Staaten unvermeidlich ist. Diese Geschmeidigkeit macht das Regime robuster gegen vorübergehende Abweichungen, als ein völlig starrer, orthodoxer liberaler Rahmen dies erlauben würde. Solche im Rahmen des Regimes gestatteten Ausnahmen sind erstens vorübergehende Zahlungsbilanzungleichgewichte, die den zeitweiligen Einsatz von Importquoten erlauben; zweitens Zollunionen, Freihandelszonen und Handel mit früheren Kolonien, die ein Abweichen von der Meistbegünstigung gestatten; sowie drittens die ungeregelten Handelssektoren (wie die Landwirtschaft), in denen Abweichungen von den Normen unter der Maßgabe geduldet werden, daß zu einem späteren Zeitpunkt normgerechte Regeln verhandelt werden. Schließlich sind die Staaten verpflichtet, über bestehende Handelshemmnisse Bericht zu erstatten und auch das Bestehen „erlaubter“ Ausnahmen in regelmäßigen Intervallen zu rechtfertigen.

Die Prozeduren des GATT umfassen die Arbeit des Sekretariates (Studien, Vorbereitung der Rats- und Vollversammlungssitzungen sowie der Verhandlungsrunden), des Rats und der Vollversammlung (Bereinigung kleinerer aktueller Unstimmigkeiten, Problemdefinition in Vorbereitung der anstehenden Verhandlungsrunden). Wichtigstes Verfahren sind die Verhandlungsrunden selbst. Sie dienen der Verdichtung und Anpassung des Regelwerkes und befassen sich jeweils mit einem im voraus fixierten Block begrenzter Themen. Dabei gilt die Maxime, daß die jeweils meistbetroffenen Staaten die Verhandlungen „stellvertretend“ führen. Von den Verhandlungsteilnehmern wird erwartet, Kompromisse anzustreben, so daß die Ergebnisse für alle Partner akzeptabel sind. Das GATT hat auch mehrere Verfahren zur Streitbeilegung bereitgestellt, die allein zwischen 1980 und 1988 in 76 Fällen genutzt wurden.[13]

Das Entwicklungsregime[14]

Daß die Fiktion wirtschaftlicher Gleichheit 1945 nicht der Wirklichkeit entsprach, war offensichtlich: dem vor Gesundheit strotzenden Amerika standen schwache Partner gegenüber. Das Interesse der Vereinigten Staaten, diese schnell wieder auf die Beine zu bringen – aus sicherheitspolitischen und aus wirtschaftlichen Gründen – ergänzte sich mit dem europäisch-japanischen Interesse am Wiederaufbau. Die Ungleichheit zwischen den Industrienationen motivierte die Anfänge eines „Entwicklungsregimes", das die vorhandenen Ungleichheiten überwinden helfen und so zur Stärkung der „eigentlichen" Weltwirtschaftsregime mit eigenem Anspruch dienen sollte. Schon traten jedoch die ersten Entwicklungsländer auf den Plan, vor allem die Staaten Lateinamerikas.

Zunächst zielte die Einrichtung der Weltbank[15] auf die Stärkung der kriegsgeschwächten Industrieländer. Sehr schnell übernahm jedoch die amerikanische Marshallplanhilfe diese Aufgabe, und die Weltbank wurde zum Angelpunkt des Entwicklungsregimes auf der Nord-Süd-Achse. Dieses Regime umfaßt heute außerdem entwicklungspolitische Aktivitäten des Weltwährungsfonds, den Entwicklungsfonds (IDF) und Einzelaktivitäten nahezu aller Unterorganisationen der Vereinten Nationen, Rohstoffabkommen, regionale Entwicklungsbanken, die Welthandels- und Entwicklungskonferenzen (UNCTAD) sowie die multi- und bilaterale Entwicklungshilfe, ja sogar einen wichtigen Bereich des GATT (s. u.).

Es ergänzte die Prinzipien der Weltwährungs- und Welthandelsregime durch den Leitsatz, daß die Entfaltung eines liberalen Weltwirtschaftssystems durch gravierende, andauernde Asymmetrien behindert und gefährdet wird. Diesen Asymmetrien, so ein weiteres Prinzip, ist nur durch kooperative Maßnahmen beizukommen. Entwicklungshilfe wird von den Ländern der Dritten Welt häufig als Wiedergutmachung für die Kolonialperiode eingefordert, von humanitär orientierten Gruppen in den Industrieländern als moralische Aufgabe definiert, von merkantilistisch gesonnenen Wirtschaftspolitikern zur Exportförderung „mißbraucht". Der Zweck des liberalen Wirtschaftssystems, die unvermeidlichen Nebenfolgen auszugleichen und es damit zu stützen, gerät dabei aus dem Blick.

Die Normen verlangen von den starken Partnern die Bereitschaft zur

Bereitstellung von Finanzmitteln ohne greifbare Gegenleistung, die Empfänger müssen externe Prüfungen der eigenen Wirtschaftspolitik und einzelner Projekte unter dem Gesichtspunkt der Wirtschaftlichkeit dulden.

Eine wichtige Regel ist die präferentielle Behandlung der Entwicklungsländer. In der Handelspolitik blieben diese Privilegien zunächst auf die Aussetzung der Meistbegünstigungsregeln für die Kolonien beschränkt; in den Assoziierungsabkommen der EG mit den früheren Kolonien kamen sie auch den nunmehr selbständig gewordenen AKP-Staaten zugute. In finanzieller Hinsicht wurde die Kreditvergabe unterhalb der Marktkonditionen an Entwicklungsländer zulässig. Eine weitere Regel war und ist die Unterwerfung der Empfängerländer unter die von der Geberorganisation ausgearbeiteten Konditionen. Die komplementäre Regel ist die Anhörung und Beteiligung des Empfängers an der Ausarbeitung dieser Bedingungen.

Unter den Prozeduren ist die Proportionalität von Stimmrecht und Mitteleinlage in den wichtigsten Hilfsorganisationen, der Weltbank und ihren Töchtern sowie dem Internationalen Währungsfonds, hervorzuheben. Wo Stimmengleichheit zwischen den Mitgliedsländern herrscht, wie in der UNCTAD, sind die Entscheidungsbefugnisse begrenzt. UNCTAD kann geradezu als eine prozedurale Einrichtung verstanden werden, die als „Ventil" dient, ohne wirklich regimeändernde Kompetenzen zu besitzen.

Regimekonflikte

Konflikte zwischen den Industrieländern[16]

Der Ost-West-Konflikt hat in den Konflikten der Weltwirtschaft kaum eine Rolle gespielt. Das Ausscheiden des Kommunismus aus dem Weltwirtschaftssystem und der gescheiterte Versuch, ein eigenes System in Konkurrenz zum kapitalistischen aufzubauen, reduzierte die Reibungsflächen auf ein Minimum. Die Economic Commission for Europe (ECE), an sich potentiell eine zentrale Institution an der Nahtstelle zwischen Ost und West, blieb für die weltwirtschaftliche Entwicklung marginal. Der Mißerfolg des RGW führte dazu, daß die vermeintliche ordnungspolitische Alternative niemals zu einer ernsten Herausforderung des marktwirtschaftlichen Weltsystems wurde.

Hingegen ergab sich ein Dauerkonflikt über die Ost-West-Wirtschaftsbeziehungen zwischen den westlichen Industrieländern: aus sicherheitspolitischen Gründen waren diese Beziehungen von den Regimeregeln freigestellt: Kontrolle, nicht Freihandel war das Leitprinzip, und in Gestalt der COCOM-Regeln (später ergänzt durch Vereinbarungen über Kreditkonditionen) entwickelten die westlichen Industriestaaten untereinander ein eigenes Regime zum Umgang mit dem RGW, das festlegte, in welchem Rahmen sicherheitspolitische Kriterien zu beachten waren und unterhalb welcher Schwellen eine freie Konkurrenz um die Exportmärkte im RGW zulässig war. Das Verhältnis von Sicherheit und Wirtschaftsinteressen gab wiederholt Anlaß zu Konflikten wie dem Gas-Röhren-Streit zwischen der Regierung Reagan und ihren europäischen Verbündeten 1983.[17]

Bestimmender für die Entwicklung der Wirtschaftsregime war jedoch der Konkurrenzkampf zwischen den USA, der EG und Japan. Dieser Konkurrenzkampf findet einerseits im Regime statt: das Regime will diese Konkurrenz. Andererseits enthält sie ordnungspolitische Divergenzen und verteilungspolitische Ansprüche, die das Regime sogar gefährden können.

Die Vereinigten Staaten haben ein gutes Stück ihrer weltmarktbeherrschenden Stellung eingebüßt. Dieser Verlust resultierte aus einem strukturellen Handelsbilanzdefizit der USA gegenüber Japan und der Bundesrepublik, wenn auch nicht gegenüber Westeuropa als Ganzem. Dies erschwert den USA die erforderliche Anpassung und schafft die Gefahr, daß das Flaggschiff des weltwirtschaftlichen Liberalismus zum protektionistischen Torpedoboot werden könnte. Ähnliche Gefahren sind auch im Verhältnis EG-Japan zu verzeichnen.

Der Verteilungskonflikt wird verschärft durch die unterschiedlichen innergesellschaftlichen Auswirkungen weltwirtschaftlicher Entwicklungen. Benachteiligte Sektoren, meistens traditionelle Industrien, die ihre Konkurrenzfähigkeit einbüßen (Textil, Kohle, Stahl, Landwirtschaft) rufen nach staatlicher Hilfe, um ihre Profitabilität zu erhalten. Staatlicher Schutz verstößt aber gegen das Regime. In den betroffenen Sektoren bilden sich protektionistische Komplexe aus Industrie, Gewerkschaft und regionalen Politikern. Die Demokratie gibt diesen Interessen vielfältige Anlaufstellen; insbesondere Regierungen mit knappen Mehrheiten sind anfällig.[18]

Verwoben mit den Verteilungsproblemen sind unterschiedliche ordnungspolitische Vorstellungen; sie verhindern eine übereinstimmende Interpretation der Regimeprinzipien. So sehen die Vereinigten Staaten die EG im wesentlichen als Club von zwölf Nationalstaaten, denen im wechselseitigen Marktzugang kein Vorrang gegenüber amerikanischen Firmen zustehe. Die EG sieht sich bereits als besondere politische Einheit, die berechtigterweise engere wirtschaftspolitische Beziehungen untereinander als zu Außenstehenden unterhalten. Darüber hinaus vertreten zumindest einige EG-Staaten (Frankreich, Italien, Spanien) die Auffassung, daß die wechselseitige wirtschaftliche Besserstellung auch ein legitimes Instrument sei, um den politischen Zusammenschluß voranzutreiben.

Ein noch ungleich größeres Problem stellt die besondere politische und wirtschaftliche Struktur Japans dar. Zunächst ist Japans wirtschaftlicher Erfolg natürlich der außergewöhnlichen Kreativität, Organisationsfähigkeit und Produktivität der japanischen Wirtschaft und ihrer Beschäftigten zu danken. Japan hat aber keine liberal-bürgerliche Phase in seiner politisch-wirtschaftlichen Entwicklung durchgemacht; es trat aus dem Feudalismus in eine Periode der autoritären Modernisierung „von oben" ein und hat vielfältige Strukturen aus dieser Epoche beibehalten. Hierzu gehört eine enge Symbiose von Großwirtschaft, Banken, Bürokratie und Politik, die auch den europäischen „Korporatismus" in den Schatten stellt.[19] Dieser Komplex hat sich als äußerst effektiv erwiesen, Produktivität und Exportfähigkeit zu steigern. Ihm stehen eine Fülle von Instrumenten zu Gebote, die – ohne direkt von den Regeln des Handelsregimes verboten zu sein – dem Geist seiner Prinzipien und Normen doch zuwiderlaufen. Daraus resultiert eine gesellschafts- und politikstrukturell bedingte Abneigung Japans, sich ohne Vorbehalt in das liberale Weltwirtschaftssystem zu integrieren und die vielfältigen Zugangshindernisse zum eigenen inneren Markt abzubauen.[20] Andererseits ist Japan der Hauptprofiteur der Weltwirtschaftsordnung; das provoziert die anderen Partner zu Gegenaktionen. Es ist kaum denkbar, daß sich ein Regime auf Dauer halten kann, wenn einer der wichtigsten und erfolgreichsten Teilnehmer als „Trittbrettfahrer" angesehen wird.

Der Nord-Süd-Konflikt

Ordnungs- und Verteilungskonflikte spitzen sich im Nord-Süd-Konflikt schärfer zu als zwischen den kapitalistischen Industrieländern.[21] Die Mehrzahl der Entwicklungsländer hat ihre Souveränität erst nach dem Zweiten Weltkrieg, vielfach sogar erst nach 1960 erlangt. Die prägende Erfahrung der Weltwirtschaftskrise und ihrer Verknüpfung mit der Katastrophe des Zweiten Weltkrieges konnte den Eliten der Dritten Welt nicht so gegenwärtig sein wie den Architekten der liberalen Weltwirtschaftsordnung. Der starke Impuls zugunsten einer liberalen Weltwirtschaft, der den westlichen Eliten aus diesen Erfahrungen zugewachsen war, fehlte ihnen; an seine Stelle traten die ganz gegensätzlichen Erfahrungen der Enttäuschung, der Entwicklungshemmung und des Massenelends, die sich mit den ersten zwanzig Jahren dieser Weltwirtschaftsordnung verbanden. Aus diesem Grund wurden die Regime der Weltwirtschaft in den Hauptstädten der Entwicklungsländer für grundlegend reformbedürftig gehalten. Raul Prebischs These, ungleiche Machtverteilung, sich verschlechternde "Terms of Trade" und „ungleicher Tausch“ lägen der Verelendung der Dritten Welt zugrunde und würden durch die geltenden Regime verewigt, gewann Popularität.[22]

Aber auch Herrschaftsinteressen der Eliten spielen bei der Ablehnung der liberalen Ideologie eine Rolle. Die Nationen- und Staatenbildung erwies sich in den zersplitterten Gesellschaften der Dritten Welt als schwierig. Inseln der Stabilität bildeten zumeist nur die Staatsbürokratie, das Militär, alte Stammeszentren und/oder die Staatspartei. Der Zusammenhalt der Nation ergab sich nicht durch horizontale Verflechtung, sondern durch Zentralisierung. Staatlicher Interventionismus und Dirigismus wurden daher vielfach zur Staatsideologie (mit oder ohne marxistische Verbrämung) und zum herrschenden Mechanismus von Produktion, Verteilung und Umverteilung. Ganz natürlich sah man in der übernationalen Anwendung ähnlicher Prinzipien eine Alternative zu den vom Westen „erzwungenen“ weltwirtschaftlichen Strukturen.[23]

Schließlich bildeten die Entwicklungsländer gegen die herrschende Weltwirtschaftsordnung eine eigene kollektive Identität aus. Diese Länder waren an der Schaffung der Regime nicht beteiligt gewesen, mußten nach von anderen gesetzten Regeln spielen. Die liberalen Regime gerieten so in den Ruch des Neokolonialismus; zu Unrecht, da der Kolonialismus gerade durch herrschaftsbestimmte Ordnungen, nämlich durch die strikte Anbindung der kolonialen Wirtschaftsräume an das „Mutterland“ gekennzeichnet war. Dieses Zwangsverhältnis wollte die liberale Weltwirtschaftsordnung auflösen. Nichtsdestoweniger erwarb die Durchsetzung alternativer Regimeelemente gegen die alten (und vermeintlich neuen) Kolonialmächte symbolischen Wert als Ausdruck kollektiver Souveränität und faktischer Gleichberechtigung der Entwicklungsländer gegenüber den Industrieländern. Diese Auffassung bildete die raison d'être der „Gruppe der 77“, der wichtigsten Interessenvertretung der Dritten Welt seit den sechziger Jahren, und verlieht ihr beträchtliche Konfliktfähigkeit.[24] Hinzu kam die ordnungspolitische Heuchelei des Nordens; wo es genehm war, stieß der Wirtschaftsliberalismus an Grenzen, so in der Landwirtschaft und im Textilsektor. Überdies vermehrten der Einsatz von Wirtschaftssanktionen und die Vergabe von Entwicklungshilfe nach geostrategischen Kriterien durch Ost und West die Zweifel des Südens am Nutzen der Wirtschaftsregime.[25]

Seine Brisanz gewann dieser ordnungspolitische Gegensatz durch Verteilungsprobleme. Die „Entwicklung" fand nicht in der erhofften Weise statt. Die Terms of Trade der Entwicklungsländer verschlechterten sich in einer Weltwirtschaft, deren Schwerpunkte sich von der Primärproduktion weg auf die High-Tech-Produktion und Dienstleistungen hin bewegte. Am meisten schadete den Entwicklungsländern jedoch der Verstoß der Industrieländer gegen die Prinzipien des Liberalismus, nämlich die hemmungslose Protektion des Agrarsektors, in dem die Dritte Welt beträchtliche Wettbewerbsvorteile aufweisen konnte. Ihre Monokulturen waren hochgradig von Marktschwankungen abhängig und konnten innerhalb eines Jahres in den finanziellen Ruin führen. Die schmale wirtschaftliche Basis machte die Entwicklungsländer auch in höherem Maße für Währungs- und Zinsschwankungen anfällig als die robusteren Systeme selbst der kleineren Industrieländer. Die Dritte Welt blieb – bis auf wenige Ausnahmen – von der Dynamik des Welthandelsregimes und von den Stabilisierungseffekten des Weltwährungsregimes weitgehend ausgeschlossen. Ihre Forderungen richteten sich seit den sechziger Jahren zunehmend darauf, das System so umzustrukturieren, daß eine direkte Umverteilung zu ihren Gunsten zustande käme.[26] Die Entwicklungsländer entfalteten ihre Umgestaltungsversuche von 1964 an in der Welthandelskonferenz UNCTAD, die als Gegenpol zum GATT gegründet worden war. Höhepunkt des Kampfes um eine „Neue Weltwirtschaftsordnung" bildete 1974 die Verabschiedung der „Charta der wirtschaftlichen Rechte und Pflichten der Staaten" durch die Generalversammlung der Vereinten Nationen gegen die Stimmen der meisten Industrieländer. Im einzelnen forderten die Entwicklungsländer[27]:

– verstärkten Ressourcentransfer, vorzugsweise multilateral, nicht projektgebunden und konditionsfrei,
– die Expansion von Sonderziehungsrechten mit erweiterten Ziehungsmöglichkeiten für die Entwicklungsländer,
– großzügigere, nichtkonditionierte Kreditbedingungen von IWF, Entwicklungsbanken und Großbanken,
– Souveränität über die natürlichen Ressourcen, einschließlich des Rechtes auf Nationalisierung,
– Anerkennung von Rohstoffkartellen als legitimer Bestand der Weltwirtschaftsordnung,
– Kontrolle der Multinationalen Unternehmen,

- Verstärkung der Stimmrechte der Dritten Welt in den Organen der Regime,
- mehr Entscheidungsbefugnisse für die UNCTAD (in der das Prinzip „ein Land – eine Stimme" galt),
- Technologietransfer zu günstigen Bedingungen.

Der Konflikt setzte also bereits bei den Prinzipien an (verstärkter Interventionismus statt Liberalismus; Vorrang der nationalen Souveränität), betraf die Normen (asymmetrische Verteilung von Rechten und Pflichten zu Lasten der Industrieländer), griff die geltenden Regeln an (kategorischer Schutz für Entwicklungsländer, automatischer Ressourcentransfer zu ihren Gunsten) und betraf schließlich die Entscheidungsprozeduren (Mehrheitsbildung zugunsten der Entwicklungsländer statt Bindung von Entscheidungsrechten an wirtschaftliche Stärke).[28] Damit stand die Struktur aller Regime der Weltwirtschaft in Frage, zugleich aber auch ihre wechselseitige Beziehung und ihr jeweiliges Gewicht.[29]

Regimeevolution

Das Gesetz ungleicher Entwicklung lag der Evolution aller drei Regime zugrunde. Das Welthandelsregime mußte sich den verschobenen Gewichten unter den Handelsnationen anpassen, dem Aufstieg der Europäischen Gemeinschaft und Japans, zuletzt der „vier kleinen Tiger" Asiens. Hinzu kamen der Abstieg klassischer Industrien wie Kohle, Stahl und Textil und der Aufstieg des Dienstleistungssektors. Das Weltwährungsregime wurde durch die Unmöglichkeit erschüttert, eine nationale Währung zum Rückgrat eines globalen Systems zu machen und dies über Jahrzehnte durchzuhalten.[30] Das Entwicklungsregime schließlich mußte mit den politischen Machtverschiebungen der Welt fertig werden. Die große Zahl neuer Nationalstaaten mit entwicklungspolitischen Ansprüchen führte zum Ausbau des Regimes, der zähe Widerstand und die geringe Opferbereitschaft vieler Industrienationen zur Verlangsamung der Evolution.

Evolution des Weltwährungsregimes[31]

In den fünfziger Jahren funktionierte das Währungssystem als „Schmiermittel" des Welthandels vorzüglich. Volle Konvertibilität der europäischen Währungen wurde 1958 erreicht. Mit Beginn der sechziger Jahre traten aber die inneren Widersprüche des Systems hervor:

um internationale Liquidität zu gewährleisten, mußten die USA ein Zahlungsbilanzdefizit aufweisen, das den realen Wechselkurs des Dollars schwächte. „Starke" Währungen wie der Yen und die D-Mark wurden unterbewertet. Dies wirkte wie eine Abwertung zur Unterstützung der deutschen und japanischen Exporte. Unter dem Bretton-Woods-System konnte die Leitwährung Dollar jedoch nicht abgewertet werden, den USA war der Ausweg verstellt, die Parität durch Exportsteigerungen zu verbessern. Japan und die Bundesrepublik dachten nicht an eine Aufwertung. Der Vietnam-Krieg erhöhte noch den Abfluß und die inflationäre Entwicklung des Dollars. Ende der sechziger Jahre installierten die Vereinigten Staaten Kapitalkontrollen und ein Exportförderungsprogramm, der Goldmarkt wurde 1968 gespalten, der staatliche Goldhandel wurde vom privaten getrennt, um die künstliche Dollar-Gold-Parität aufrechterhalten zu können. 1970 wurden zur Entlastung des Dollars und zur nicht-inflationären Steigerung der internationalen Liquidität die „Sonderziehungsrechte" (SDR) eingeführt, ein „Kunstgeld", das zunächst am Dollarwert, später am Durchschnittswert eines Korbes der Hauptwährungen bemessen wurde. 1971 brachen die Vereinigten Staaten – angesichts eines wachsenden Handelsbilanzdefizits – die Regeln von Bretton Woods. Die Konvertibilität des Dollars in Gold wurde aufgehoben, der Dollar wurde abgewertet und eine 10%ige Importabgabe erhoben, um die „starken" Währungsländer nunmehr zur Anpassung zu veranlassen.

Das ›Smithonian Agreement‹ vom Dezember 1971 schuf einen Übergang, aber keine endgültige Lösung. Die Aufhebung der Dollar-Konvertibilität in Gold wurde abgesegnet – eine wichtige Bretton-Woods-Regel war damit begraben. Die IMF-Guthaben wurden nun in SDR berechnet – die Rolle des Dollars als Leitwährung wurde somit entlastet. Die Hauptwährungen wurden gegen den Dollar aufgewertet, und die Bandbreite erlaubter Schwankungen um die neuen Kurse wurde von 2 auf 4,25% angehoben. Das Regime hatte sich ein Stück weit bewegt, war aber in seinen wesentlichen Strukturen noch intakt. Dies änderte sich bei der nächsten Dollarschwäche Anfang 1973. Nach einer vorübergehenden Schließung der Devisenbörsen stimmten die Finanzminister der wichtigsten Währungsländer darin überein, das System fester Wechselkurse aufzugeben und statt dessen die Währungen dem Markt zu überlassen. Es gab also nun ein System frei fluktuierender Wechselkurse. Vielfach ist dies als „Zusammenbruch" des Regimes gewertet worden. Jedoch blieben wesentliche Bestandteile auch jetzt noch unverändert: Die Prinzipien kooperativer Währungspolitik und die Norm, keine willkürlichen Kursfestsetzungen zur Förderung der eigenen Exporte einzusetzen, wurden weiter eingehalten. Die Regeln und Entscheidungsprozesse des IWF wurden ebenfalls beibehalten. Was sich geändert hatte, waren die auf die Fixierung der Wechselkurse zielenden Regeln: Das Regime hatte sich gewandelt, ein Weltwährungsregime bestand weiter.[32]

Flexible Wechselkurse lösten ein Problem des Währungsregimes, schufen jedoch zwei neue: zum einen trieben sie die Währungspekulation an. Die Ansammlung von „Eurodollars" bei Banken und multinationalen Unternehmen sowie in den Händen arabischer Anleger nach der Ölpreiserhöhung von 1973–75 gab der Spekulation ein von den Finanzministerien und Zentralbanken der Hauptwährungsländer nicht kontrollierbares Instrument in die Hand. Zudem war mit den festen Wechselkursrelationen ein Element von Stabilität und Berechenbarkeit in den Internationalen Wirtschaftsbeziehungen zunächst ersatzlos weggefallen.

Natürlich suchte man nach neuen Möglichkeiten, um Stabilität wiederzugewinnen. Ein erster Schritt waren *regionale* Vereinbarungen über zulässige Wechselkursbandbreiten zwischen den Währungen eines begrenzten Wirtschaftsraums. So wurde das Europäische Währungssystem (EWS) zunächst als „Schlange", ab 1979 mit festen Regeln für eine Stabilisierung der innereuropäischen Wechselkurse eingerichtet. Die europäischen Notenbanken wurden verpflichtet, die Währungsschwankungen in einer Bandbreite von plus/minus 2,25% (Italienische Lira: 6%) zu halten. Die Relation der nationalen Währung zur neuen Kunstwährung ECU, definiert als „Korb" der gewichteten Nationalwährungen, dient dabei als Warnsignal: verändert sich der Marktwert einer Währung um mehr als 7,5% der erlaubten Bandbreite gegen den ECU, so sind Maßnahmen fiskalischer oder monetärer Art oder auch eine Änderung des Wechselkurses geboten. Die Disziplin des EWS hat im ersten Jahrzehnt die Schwankungen der europäischen Währungen verringert, während die nicht angeschlossenen Hauptwährungen – Dollar, Yen und Pfund (die britische Regierung hat sich, wie Griechenland, nicht zum Abschluß an das EWS entschließen können) größer geworden sind. Dazu hat beigetragen, daß sich die EWS-Länder mehr oder weniger freiwillig einem unvermeidlichen Koordinierungsgebot unterwerfen mußten, das im Zeitalter schwankender Wechselkurse und steigender Währungsspekulation nicht zu umgehen war: einer Anpassung ihrer Geld- und Fiskalpolitiken. Außerhalb des EWS streben 55 Länder nach der Einhaltung stabiler Austauschrelationen mit einer der Hauptwährungen (Dollar, Pfund, Franc, Yen). Weitere 35 Währungen orientieren sich am Wert der Sonderziehungsrechte. Auf diese Weise wirkt die Norm der stabilitätsgerechten Währungspolitik weiter, wenn auch die Ergebnisse sehr unterschiedlich ausfallen.

In einem System fester Wechselkurse kommt Stabilität durch die Interventionen der Notenbanken auf dem Währungsmarkt zustande. In einem System flexibler Wechselkurse sind derartige Interventionen nur kurzfristige, flankierende Maßnahmen, die Stabilität mittelfristig nicht gewährleisten können. Auch der IWF kann hier wenig weiterhelfen, seine Charta wurde 1978 angepaßt, indem das System flexibler Wechselkurse legitimiert, die Bedeutung des Goldes vermindert, die der SDR vermehrt und die Quoten ausgedehnt wurden. Der offizielle Goldpreis wurde außer Kraft gesetzt, aus der „Goldtranche" in den Quoten der Mitgliedsländer wurde die „Reservetranche". Der IWF hilft dem neuen Regime, indem er Interventionen überwacht: nach wie vor sollen Währungsmanipulationen zur Erlangung von Wettbewerbsvorteilen vereitelt werden. Es sind Richtlinien für Interventionen geschaffen worden (zulässig sind Interventionen, um scharfe Fluktuationen auszugleichen sowie kurzfristige Faktoren zu neutralisieren; verboten sind aggressive und „prozyklische" Interventionen).

Damit sind brauchbare Regeln für die neuen Verhältnisse geschaffen, aber es ist keine Stabilität erreicht worden.[33] Die Wechselkursschwankungen sind Ausdruck unterschiedlichen Wachstums, aber vor allem unterschiedlicher Geld- und Fiskalpolitiken der einzelnen Länder. Diese Unterschiede rufen nicht nur „natürliche" Bewegungen der Wechselkurse hervor, sie ermutigen auch währungspolitische Spekulation, die die Kursausschläge in teilweise groteskem Ausmaß verzerrt. Soll ein Mindestmaß an Stabilität erreicht werden, so müssen sich die makroökonomischen Maßnahmen der wichtigsten Industriestaaten einander angleichen. Im alten Regime war die Anpassung der makroökonomischen Politik nur auf der Ebene der Regeln „konditional" enthalten gewesen: als Pflicht, entsprechenden Auflagen des IWF zu folgen, falls die eigene Währungsschwäche die Überschreitung der „Ziehungsquote" erforderlich macht. Ansonsten besaßen die Staaten die Alternative zwischen einer Änderung der Wechselkursrelation und währungspolitischer Intervention. Das Bretton-Woods-Regime war bewußt so konstruiert worden, um makroökonomische Koordination überflüssig zu machen.[34]

Eine Weiterentwicklung des Währungsregimes – unter Beibehaltung seiner Prinzipien – ließe nun also die Einführung einer neuen Norm erwarten: der Verpflichtung, im Regelfall makroökonomische Politik international zu koordinieren sowie schrittweise ein entsprechendes Regelwerk zu entwickeln. Tatsächlich läßt sich seit Mitte der siebziger

Jahre die allmähliche Entwicklung einer solchen Norm und neuer Entscheidungsprozesse beobachten.[35] Die Einrichtung auf die Krise des Weltwährungssystems und ihre beträchtliche Verschärfung durch die Ölpreissteigerungen. Hauptthema der Gipfel sind bis heute makroökonomische Maßnahmen. Die internationale Abstimmung stieß freilich auf beträchtliche Probleme, nicht zuletzt durch die Auffassungsunterschiede über die richtigen Instrumente makroökonomischer Steuerung.[36] Auch verfolgt die Politik verschiedene Ziele; eine sozialdemokratische Regierung neigte eher zum Ausbau von Sozialprogrammen, eine konservative zu Steueranreizen für Unternehmen.

Die größten Koordinationsschwierigkeiten ergaben sich immer beim Amtsantritt neuer Regierungen. Carter betrieb 1977 eine kräftige Expansionspolitik und verlangte von Japan und der Bundesrepublik das gleiche; beide Länder legten aber größeren Wert auf Geldstabilität und betrieben eine zurückhaltende Zins- und Fiskalpolitik. Als Folge verfiel der Dollar trotz einer guten amerikanischen Konjunktur, bevor sich die Industrieländer auf dem Weltwirtschaftsgipfel von 1978 zusammenrauften. Auch der Sozialist Mitterrand ging nach der Regierungsübernahme auf Expansionskurs. Da seine Nachbarn nicht mitmachten, geriet der Franc unter Durck, und die französische Regierung sah sich schließlich zu einer Anpassung an die konservativere Politik der Bundesbank und -regierung genötigt. Unter Reagan schließlich führte die Kombination von hohem Zins und expansiver Steuer- und Ausgabenpolitik (Steuersenkungen bei Steigerung des Rüstungshaushalts) zu der Dollaraufwertung 1983–1985; 1985 endlich einigten sich die Finanzminister der fünf wichtigsten Währungsnationen im ›Plaza-Agreement‹ auf eine gemeinsame Intervention. Die Vereinigten Staaten begannen, die weitere Ausweitung ihres Budgetdefizits einzudämmen, und die Geldpolitiken rückten einander näher. Die „Louvre-Vereinbarung" von 1987 legte versuchsweise und nicht obligatorisch „Zielzonen" für die Austauschverhältnisse der Währungen fest. Es gab allerdings keine feste Vereinbarung über die allfällige makroökonomische Abstimmung.[37] Seither haben sich die Ausschläge der Währungsrelationen nicht völlig beruhigt, aber in Grenzen gehalten.

Es ist noch zu früh, zu entscheiden, ob sich die Norm makroökonomischer Abstimmung durchsetzen wird. Anpassungen fanden statt, wenn Alleingänge auf Dauer unvertretbare binnenwirtschaftliche Folgen zeitigten oder der Koordinationsmangel allen Beteiligten Nachteile einbrachte. Jedesmal dauerte es jedoch zwei bis drei Jahre, bis die Regierungen innenpolitische Prioritäten zugunsten internationaler Stabilität hintansetzten. Tatsächlich ist der hier eingeforderte Souveränitätsverzicht schmerzlich, makroökonomische Steuerung ist eine wesentliche Prärogative des Souveräns, und die Ausgabenpolitik pflegte Bestandteil der parteipolitischen Unterscheidung und damit des innenpolitischen Wettbewerbs zu sein. Der Zwang, internationalen Aspekten im Konfliktfall den Vorrang vor innenpolitischen Erwägungen zu geben, fordert den Regierungen einen doppelten Interessenverzicht ab: Über den Konflikt zwischen kurzfristiger nationaler Interessenmaximierung und langfristiger gemeinsamer Interessenoptimierung hinaus wird den Regierungsparteien auch abverlangt, Nachteile im Parteienkampf in Kauf zu nehmen. Es kann daher nicht überraschen, daß die Norm makrowirtschaftlicher Anpassungsbereitschaft viel Zeit braucht, sich durchzusetzen und gelegentlich bei Regierungswechseln schwere Rückschläge erleidet.[38] Immerhin ist festzustelllen, daß seit 1974 in zwölf Jahren die Koordination überwiegend gelungen ist, während in fünf Jahren Dissonanzen herrschten.

Stabilisierend wirkten die Weltwirtschaftsgipfel.[39] Freilich mußte auch dieses neue Entscheidungsverfahren gelegentlich neu eingeübt werden; die Praxis der Reagan-Regierung, die Gipfel als Schaueffekte zu inszenieren und makroökonomisch nach eigenem Gusto zu verfahren, die neugeschaffene Norm also zu ignorieren, bedeutete einen Rückschlag. Ein zusätzliches Verfahren entstand durch die regelmäßigen Tagungen der Präsidenten der Notenbanken der zehn wichtigsten Industrieländer („Pariser Club"), die – neben dem internationalen Schuldenproblem – ihre jeweiligen Geldpolitiken besprechen.[40] Weltwirtschaftsgipfel und Pariser Club erwiesen ihre Nützlichkeit zuletzt bei der Diskussion und Koordinierung der Finanzhilfe für die zerfallende Sowjetunion.[41]

Das Regime ist also angepaßt und ausgebaut worden, bleibt aber unvollständig. Denn obgleich neue Normen und Entscheidungsverfahren eingerichtet wurden, besteht Unklarheit, wie das neue *Regel*werk aussehen soll, nicht zuletzt wegen der Meinungsunterschiede über die zweckmäßigsten Instrumente.

Die Evolution des Handelsregimes[42]

Die Evolution des Handelsregimes vollzog sich in den Verhandlungsrunden des GATT, deren bekannteste, die „Kennedy-Runde", eine durchschnittliche Zollsenkung von 35% auf Industrieprodukte erreichte. In den fünfundzwanzig Jahren des Welthandelsregimes wurde die Norm des Zollabbaus verwirklicht, bei Berücksichtigung der zulässigen Ausnahmen, von denen vor allem die Europäische Wirtschaftsgemeinschaft profitierte. Die Evolution des Regimes brachte jedoch überwiegend den Industrieländern Vorteile; die Interessen der Entwicklungsländer blieben außer acht. Landwirtschaftliche Produkte wurden von der Liberalisierung ausgeschlossen. Der Textilsektor, in dem die Entwicklungsländer ebenfalls konkurrenzfähig waren, wurde durch ein besonderes Abkommen geregelt, das zunächst nur Baumwollprodukte betraf, 1974 jedoch als ›Multifiber Agreement‹ auf Wolle und Chemiefasern ausgeweitet wurde. Das Abkommen liegt quer zu den Prinzipien und Normen des GATT. Es berechtigt Importeure, die Einfuhr der Faserprodukte im Falle von Marktstörungen zu begrenzen. Solche Beschränkungen sollen nur in Ausnahmefällen eingesetzt und durch ein neues GATT-Gremium überwacht werden; nur diese Regeln erinnern noch entfernt an die Regeln des Handelsregimes.

Das Regime wurde weiter ausgehöhlt durch eine Reihe bilateraler Abkommen der USA und der EG mit Textil-Lieferländern, in denen letztere zu „freiwilligen" Beschränkungen ihrer Exporte verpflichtet wurden. Das Multifiber-Agreement ist ein deutlicher Beleg dafür, daß die Entwicklungsländer nicht nur das Welthandelsregime nicht zu ihren Gunsten zu ändern vermochten, sondern daß im Gegenteil interventionistische Abweichungen gerade die Industrieländer begünstigten.[43]

Half eine florierende Weltwirtschaft und ein expandierender Welthandel den Verhandlungsrunden bis zur Kennedy-Runde, so mußte sich in den siebziger Jahren die „Tokio-Runde" einer Reihe schwieriger Probleme stellen[44]:

- den Folgen der Schwächung der amerikanischen Wirtschaftsmacht und den daraus resultierenden protektionistischen Impulsen,
- den Erschütterungen durch Weltwährungskrise und Ölpreisexplosion, die weitere protektionistische Neigungen in allen Industrieländern provozierten,
- den nun nachdrücklich vorgebrachten Forderungen der Entwicklungsländer.

Dennoch entwickelte die Tokio-Runde das Regime beträchtlich weiter: Eine weitere Zollsenkung von 33–38% wurde vereinbart; die Benachteiligung der Entwicklungsländer drückte sich jedoch darin aus, daß bei den sie besonders interessierenden Exporten die Verringerung der Zölle lediglich 26–37% betrug. Die Tokio-Runde erreichte einen Durchbruch, indem die liberale Norm in ein neues Bündel von Regeln umgesetzt wurde, das nichttarifäre Handelshindernisse verringerte oder beseitigte. Bislang war der Liberalismus des Regimes in Zollsenkungen zum Ausdruck gekommen, hatte dabei jedoch andere regimewidrige Schranken unbehelligt gelassen, deren Bedeutung im Maße der bisherigen Zollsenkungen gestiegen war. Geregelt wurde nunmehr die Zollbewertung (im Unterschied zur Zollhöhe), die Präferenz für einheimische Anbieter bei Regierungsaufträgen; die Vereinfachung von Importverfahren; die handelspolitische Neutralisierung von innerwirtschaftlichen Subventionen sowie von Gesundheits-, Sicherheits,- Verbraucher- und Umweltschutzbestimmungen. Zur Absicherung dieser Fortschritte wurden die GATT-Verfahren ergänzt. Spezielle multilaterale Ausschüsse haben Meinungsverschiedenheiten und Klagen zu entscheiden.

Den Entwicklungsländern gelang hier eine Verknüpfung des Handelsregimes mit dem Entwicklungsregime, die in neuen Normen und Regeln verankert wurde. Die Abweichung von der Meistbegünstigungsklausel zur ihren Gunsten, seit den sechziger Jahren Praxis der Industrieländer, wurde als „Allgemeines Präferenzsystem" kodifiziert. Die wichtigste Norm des Entwicklungsregimes wurde damit ins Handelsregime integriert. Privilegien wurden den Entwicklungsländer auch bei den nichttarifären Handelshemmnissen und bei regionaler Zusammenarbeit zwischen Entwicklungsländern gewährt. Die Norm der Reziprozität, ein Eckpfeiler des Regimes, wurde zugunsten der Dritten Welt außer Kraft gesetzt, und die am wenigsten entwickelten Länder (LDCs) erhielten Sonderrechte zum Einsatz von handelspolitischen Instrumenten für ihre wirtschaftliche Entwicklung. Die Mißbrauchsgefahren aus diesen Privilegien wurden durch die Einrichtung multilateraler Mechanismen zur Überwachung und zur Streitschlichtung vermindert. Konsulationen sind nun erforderlich, wenn ein Land Importbeschränkungen zur Regelung kurzfristiger Zahlungsbilanzschwierigkeiten einsetzt, und bei Exportbeschränkungen, die anderen Länder den Zugang zu wichtigen Ressourcen verstellen könnten. Dies war eine Forderung der Industrieländer nach den Erfahrungen mit der OPEC.[45]

Die Evolution des Handelsregimes war jedoch begleitet von Versuchen, die Folgen der weltwirtschaftlichen Erschütterungen der siebziger Jahre durch einen „neuen Protektionismus" auf andere abzuwälzen. Das Multifiber-Agreement ist schon erwähnt worden; ein weiteres Marktordnungsabkommen (Orderly Market Agreement) entstand für Stahl; die Stahlindustrien einiger Entwicklungsländer (Südkorea, Taiwan, Brasilien, Argentinien, Mexiko) hatten sich – nicht zuletzt aufgrund von Niedriglöhnen – die Konkurrenzfähigkeit erkämpft. In denjenigen Industrieländern, in denen die Modernisierung der Stahlbranche vernachlässigt worden war (USA, Belgien z.B.), entstand der Ruf nach Protektion. Zunächst wurde der US-Stahlmarkt durch eine

Reihe von „Freiwilligen Exportbeschränkungen“ (Voluntary Export Restrictions, VER) in Quoten aufgeteilt. Mittlerweile ist der Stahlmarkt der Industrieländer kartelliert. Diese „Marktordnung“ friert die Quoten der genannten Entwicklungsländer weit unter ihrer wachsenden Exportleistungsfähigkeit ein.[46]

Solche VER sind zum gängigen Instrument der protektionistischen Abweichung vom Regime geworden; hierbei zwingt das Importland den Exporteur bilateral zur Zurückhaltung. Diese Praxis verstößt nicht gegen die Regeln des GATT-Regimes, verletzt jedoch seine Prinzipien und Normen. Der Multilateralismus wird durch Bilateralismus verdrängt und die Dynamik des Marktes bewußt begrenzt. Die VER stehen damit in einer Tendenz, die allgemeine Reziprozität des Regimes durch bilaterale Reziprozität abzulösen. Dazu besteht vor allem in den USA Neigung. Die Vereinigten Staaten haben bislang kein Mittel gefunden, um der industriepolitischen Stützung der Exportinteressen – die nicht gegen GATT-Regeln verstößt – Gleichwertiges entgegenzusetzen. Industriepolitik ist in Japan der Schlüssel zu erfolgreicher Exportpolitik, ebenso in der Europäischen Gemeinschaft ein wichtiges Instrument. In den USA findet Industriepolitik nahezu ausschließlich über die Rüstungsforschung und -beschaffung statt. Deren "Spillovers" in den zivilen Sektor bleiben bescheiden. Vor diesem Hintergrund neigen Kongreß, Industrie und Teile der amerikanischen Regierung zu bilateraler Reziprozität. Alarmierendster Ausdruck dieser Haltung ist die „Super 301“-Klausel im Handelsgesetz von 1989, nach der die US-Regierung auf alle amerikanische Interessen schädigenden Entwicklungen mit Vergeltungsmaßnahmen reagieren kann, auch auf solche, die durch marktgerechte Wettbewerbsvorteile der Konkurrenten zustande kommen.

Exportkreditsubventionen sind ein weiteres Instrument, die Regimeregeln zu unterlaufen; hier hat eine Vereinbarung zwischen den OECD-Ländern, die übrigens auch die besten Konditionen für die Entwicklungsländer reserviert, ein Sicherheitsnetz eingezogen. Sie regelt Zinshöhe, Laufzeit, Rückzahlungsbedingungen und verlangt die automatische Anpassung an Kapitalmarktbedingungen und Wechselkursänderungen. Über eine Berichtspflicht der Länder ist Kontrolle gewährleistet.[47] Es wird aber darüber geklagt, daß jetzt Vergünstigungen in der Entwicklungshilfe zur Werbung neuer Kunden mißbraucht werden. Das GATT-konforme Recht, Importquoten während kurzfristiger Zahlungsbilanzprobleme einzurichten, hat ebenfalls zum Mißbrauch verleitet. Auch haben vielfach Subventionen Zollbarrieren ersetzt. Schließlich – das gilt vor allem für die USA – hat es eine Inflation von Klagen wegen „unfairen Handels“ und entsprechende Vergeltungsmaßnahmen gegeben – diese „Ausnahmen“ sind nur bei behutsamer Nutzung ungefährlich für das Regime.

Das schärfere protektionistische Klima läßt sich zurückführen auf die innenpolitischen Auswirkungen weltwirtschaftlicher Verschiebungen. Das strukturelle Handelsdefizit der Vereinigten Staaten gegenüber Ostasien ist die stärkste Triebkraft, die die weitere Liberalisierung des Welthandels in Frage stellt. Hinzu kommt, daß technologische Innovationen sich schneller verbreiten, die Mobilität multinationaler Unternehmen aber in den Ländern, die von dieser Diffusion Nutzen ziehen („vier Tiger“: Südkorea, Taiwan, Hongkong, Singapur und Japan), durch Regierungseingriffe behindert wird. Teile der an sich freihändlerischen Multis wenden sich daher einer bilateralen, „strategischen“ Handelspolitik zu.[48] Der Kongreß als Agent regionalwirtschaftlicher Schutzinteressen läßt sich durch den Verweis der amerikanischen Regierungen auf Regimeverpflichtungen immer schwerer im Zaum halten. Um Schlimmeres zu verhüten, mußte die Administration zumindest in Teilbereichen dem Protektionismus Konzessionen machen.[49] Die Agrarpolitik der europäischen Gemeinschaft und ihre Privilegierungsbestrebungen für die regionale High-Tech-Industrie werden ebenfalls als Gegenwehr gegen die „japanische Invasion“ gerechtfertigt, provozieren aber ihrerseits amerikanische Gegenmaßnahmen. Die langwierige Verzögerung der „Uruguay-Runde“ dokumentiert die Zähigkeit und den regimeschädlichen Einfluß dieser Interessen.[50]

Diesen protektionistischen Instinkten wirken auf Handelsexpansion gerichtete Interessen entgegen, die sich auf die etablierten Strukturen des Regimes stützen könnten; so könnte es in der laufenden Uruguay-Runde doch noch zu einer Ausweitung des Liberalismusprinzips auf neue Sektoren kommen; vor allem der Dienstleistungsbereich soll einbezogen werden (z. B. Banken, Verkehr, Datenübermittlung). Einige größere Entwicklungsländer würden es vorziehen, den Dienstleistungssektor dem Entwicklungsregime zu unterstellen. Sie wehren sich gegen die Aufgabe ihrer Kontrollbefugnisse gegenüber auswärtigen Dienstleistungsunternehmen und stellen nationale Souveränität und forcierten Technologietransfer in den Vordergrund. Als Kompromißlösung wurde eine getrennte Arbeitsgruppe für diesen Sektor eingerichtet, die zwar GATT-Prinzipien folgt, aber rechtlich nicht Teil von GATT ist.[51] Es besteht auch die Hoffnung, daß die Landwirtschaft, bei der der Tokio-Runde nur beschränkte Liberalisierung gelang, zu guter Letzt unter die Ägide des Regimes gebracht werden kann, und daß der Textilhandel, der gegenwärtig dem GATT-widrigen Multifiber Agreement unterliegt, im Gefolge der Uruguay-Runde ebenfalls schrittweise liberalisiert wird. Beide Schritte kämen den Entwicklungsländern zugute.[52]

In jüngster Zeit ist eine verstärkte Regionalisierung mit der Bildung von Freihandelsräumen (Europäischer Wirtschaftsraum, Nordamerikanische Freihandelszone, ASEAN und APEC in Asien) zu verzeichnen. Noch ist nicht deutlich, ob diese Entwicklung das globale Handelsregime untergraben oder entlasten wird.[53]

Die Evolution des Entwicklungsregimes[54]

Die Entwicklungsländer wollten die Einrichtung von neuen Regimeelementen außerhalb der etablierten Institutionen. Dazu trug vor allem ihr Wunsch nach mehr Partizipationsrechten bei. Zentrum ihrer Bemühungen wurde die „Welthandels- und Entwicklungskonferenz" UNCTAD, die 1964 gegründet worden war. Die Bestrebungen der UNCTAD gewannen durch den vorübergehenden Erfolg des OPEC-Kartells viel Schwung. OPEC erzwang unter günstigen politischen und sektoral-wirtschaftlichen Bedingungen nicht nur einen phänomenalen Anstieg der Ölpreise, sondern auch eine völlige Umgestaltung des geltenden Erdölregimes. Dieses Regime hatte einen Sonderfall in der Weltwirtschaft dargestellt. Ein privates Kartell, unterstützt von den Mutterländern der Ölgesellschaften, stand an den Schalthebeln. Die OPEC krempelte das Regime innerhalb weniger Monate völlig um. Waren zuvor die Souveränität der Multis über Fördermengen und Preise und die vertikale Integration der Ölwirtschaft als Prinzipien unbestritten, so herrschte nach 1973 die Souveränität der Förderländer über alle Aspekte der Produktion. Förderung, Weiterverarbeitung und Verteilung wurden getrennt. Bestanden die Prozeduren im alten Regime in der Abstimmung der Ölgesellschaften untereinander und in getrennten Verhandlungen der Multis mit den Ländern der verschiedenen Förderregionen, so setzte nun die OPEC Preise und Förderquoten ohne Beteiligung der Ölgesellschaften fest.[55]

Die Dritte Welt übersah zunächst, daß die Folgen der Ölpreiserhöhung für die ölarmen Entwicklungsländer katastrophal sein würden. Vielmehr glaubte sie, im Erfolg der OPEC die Chance zur Reform der Weltwirtschaft, ja zur Ersetzung des geltenden Welthandelsregimes durch das Entwicklungsregime vor Augen zu haben. Schlüssel dazu sollten Rohstoffabkommen sein.

Rohstoffabkommen sind älter als das moderne Handelsregime. Sie stellen normalerweie Regime für einen bestimmten Rohstoff dar (Kaffee, Zucker, Kautschuk, Zinn, Kakao). Sie sollen zum Interessenausgleich zwischen Exporteuren (Erlösstabilisierung) und Importeuren (Zufuhrgarantie, stabile Preiserwartungen) führen. Im allgemeinen richten sie sich nicht frontal gegen das Handelsregime, sondern ergänzen es, indem sie die unerwünschten Folgen einer völligen Liberalisierung des Rohstoffhandels für Produzenten und Abnehmer dämpfen. Ihr Regel- und Prozedurapparat beinhaltet zumeist eine Quotenregelung für Export- und Importmengen der Teilnehmerstaaten, eine Festlegung der Bandbreite für den Preis, einen Ausgleichsvorrat als Interventionsinstrument, einen Schlüssel für die finanziellen Beiträge und einen Modus qualifizierter Abstimmungsmehrheiten. Rohstoffabkommen haben sich selten als dauerhaft erfolgreich erwiesen. Sie scheiterten oft an der mangelnden Universalität der Abkommen sowie der Existenz von „Trittbrettfahrern" (z.B. der EG im Zuckerabkommen). Sie scheiterten auch an Interessengegensätzen bei Marktstörungen, an politischen Konflikten zwischen den Teilnehmerstaaten, an der Innenpolitik wichtiger Teilnehmerländer sowie an Substitutionsprozessen, die die Gleichgewichtsidee, welche den Abkommen zugrundeliegt, dadurch untergraben, daß sie die Nachfrage nach dem Rohstoff schwächen.[56]

Die Neu- und Umgestaltung von Rohstoffabkommen im Sinne der OPEC versprach in den Augen der Entwicklungsländer, ein Hauptübel der Weltwirtschaft zu beseitigen – nämlich die Schwankungen der Rohstoffpreise –, und statt dessen eine stetige Einnahmesteigerung zu garantieren. Zu diesem Zweck entwickelte UNCTAD das ehrgeizige „Integrierte Rohstoffprogramm". Es sollte die Prinzipien des Handelsregimes für den Rohstoffsektor außer Kraft setzen. Ein kompliziertes Regelwerk sollte für die Stabilisierung der Rohstoffpreise sorgen. Für achtzehn Rohstoffe sollten „Pufferlager" gehalten werden. Verkäufe aus diesen Lagern und Käufe für diese Lager sollten Preisschwankungen innerhalb einer bestimmten Bandbreite halten. Sollten die Mittel eines der 18 Rohstoffonds erschöpft sein, so war der Rückgriff auf den mit einer Anfangssumme von 6 Mrd. US-Dollar ausgestatteten „gemeinsamen Fonds" möglich. Abflüsse aus dem Fonds sollten durch Überschußeinnahmen der Einzelfonds ausgeglichen werden. Ein komplexes Entscheidungsgeflecht sollte Produzenten- und Konsumenteninteressen ausgleichen helfen. Natürlich stieß dieses dirigistische Schema bei den Industrieländern auf wenig Gegenliebe. Sie verhandelten die Gesamtsumme des Fonds auf 800 Mio. US-Dollar herunter; anschließend zögerten die wichtigsten Länder die Ratifizierung hinaus, die USA bis heute. Wieder war ein Versuch, das Welthandelssystem aus der Perspektive der Entwicklungsländer zu verändern, an der Macht der Industrieländer gescheitert. Durch den Zerfall der meisten Rohstoffkartelle und den Zusammenbruch des Ölpreises in den achtziger Jahren erwies sich das Rezept „Regimebildung durch Kartellbildung" als Sackgasse. Der einzig wirkliche Erfolg blieb die Aufstockung des 1963 eingerichteten Sonderfonds beim IWF, der „Kompensatorischen Fazilität", die zum Ausgleich von Währungsschwächen aufgrund von rückläufigen Exporterlösen in Anspruch genommen werden kann.[57]

Einen weiteren Anlauf haben die Entwicklungsländer im Seerecht unternommen. Nach langjährigen, zähen Verhandlungen einigte man sich auf eine Arbeitsteilung beim Rohstoffbergbau auf dem Meeresboden. Ein Teil des Meeresbodens würde von einer neuen Meeresbehörde in Konzessionsform an Privatunternehmen vergeben werden; diese Unternehmen wären verpflichtet, ihre Bergbautechnologie an das "Enterprise" weiterzugeben, eine öffentliche Behörde im VN-Besitz, die den übrigen Teil des Meeresbodens zum Nutzen der „gesamten Menschheit" bearbeiten würde. Die erfolgreiche Etablierung des "Enterprise" hätte ein neues Prinzip in die internationalen Wirtschaftsbeziehungen eingeführt, das sich in der Präambel zum Seerechtsvertrag und in den Ausgangsbestimmungen für die Meeresbodennutzung fand: der Meeresboden als „gemeinsames Erbe der Menschheit": ein Prinzip gemeindlicher Nutzung öffentlicher Güter, für die es in den bisherigen Weltwirtschaftsregimen keine Präzedenz gibt. Dieser Kompromiß zwischen Dirigismus und Markt scheiterte an der Weigerung wichtiger Industriestaaten (USA, Großbritannien, Bundesrepublik), die Konvention zu ratifizieren. Da die wichtigsten Technologieinhaber außerhalb des Regimes blieben, konnten die Regeln nicht greifen.[58]

Aus diesen Mißerfolgen könnte man schließen, daß die Anstrengungen der Entwicklungsländer, dem Entwicklungsregime einen höheren Rang einzuräumen, völlig erfolglos geblieben seien. Davon kann jedoch keine Rede sein, nicht einmal in der Rohstoffpolitik. Während die Industrieländer Maßnahmen zur Preisstabilisierung abblockten, wurde für die Stabilisierung der Erlöse bei schweren Marktschwankungen die Kompensatorische Finanzierungsfazilität beim IWF eingerichtet. Die AKP-Staaten – 66 Entwicklungsländer – einigten sich im Rahmen des Lomé-Abkommens mit den EG-Staaten auf die STABEX- und SYSMIN-Fonds, die Einnahmeausfälle bei einer Reihe von organischen und mineralischen Rohstoffen ausgleichen und bei der Modernisierung der Rohstoff- und Bergbauindustrien in den Entwicklungsländern helfen. Im Rohstoffbereich wurde das Eigentumsprinzip gelockert und durch die wechselseitige Verantwortlichkeit von Gastland und multinationalen Bergbauunternehmen ergänzt. Damit wurde ein Kompromiß zwischen orthodoxem Liberalismus und unbegrenzter Souveränität gefunden.[59] Auch im Handelsregime wurden Zugeständnisse gemacht. Das System allgemeiner Präferenzen und die Aufgabe der Reziprozitätspflicht für Entwicklungsländer bedeuteten eine Korrektur der Normen. Das reicht allerdings nicht aus, um die Wirkungsweise des Regimes symmetrisch zu gestalten.

Bescheidene Erfolge sind auch in Randbereichen erzielt worden. So kam die Verabschiedung eines Verhaltenskodexes für Multinationale Unternehmen durch die OECD-Länder den Wünschen der Entwicklungsländer entgegen. Das Fernmeldesatellitenregime hat seine ursprüngliche Regel „Wer zuerst kommt, mahlt zuerst" für bestimmte, gegenwärtig nur schwach genutzte Radiofrequenzen aufgehoben und jedem Land einen „Standplatz" in der geostationären Umlaufbahn reserviert, während für die übrigen Frequenzen multilaterale Konsultationen vorgesehen wurden. Auch hier sind Prinzipien und Normen des Entwicklungsregimes in ein ursprünglich völlig liberales Regime integriert worden.[60]

Der Positionsgewinn des Entwicklungsregimes läßt sich auch an der Durchdringung der VN-Organisationsfamilie mit seinen Prinzipien ablesen. Aus der Weltbank, dem organisatorischen Herz des Entwicklungsregimes, sind zwei wichtige Tochterorganisationen, die International Finance Cooperation (IFC, 1954) und die International Development Association (IDA, 1965) ausgegliedert worden. Die IFC ermöglicht die Unterstützung und die Investition in private Unternehmen ohne Regierungsgarantien (was der Weltbank nicht möglich ist). Die IDA vergibt zinslose Kredite an die ärmsten Länder (die Weltbank verleiht zu Marktkonditionen). Regionale Entwicklungsbanken mit eigenen Mitteln ergänzen die Arbeit der Weltbank. Verdeutlichen läßt sich die prinzipielle und normative Durchsetzung des Entwickungsregimes an der Entwicklung der VN-Familie. Die bis Mitte der fünfziger Jahre gegründeten Organisationen sind in ihrer Zielsetzung generell universell, d.h. ihre Satzungen enthalten keine Sonderbestimmungen zugunsten der Entwicklungsländer, sie betreiben mittlerweile jedoch alle Sonderprogramme zu deren Gunsten. Die Satzungen der von Mitte der fünfziger Jahre bis Ende der sechziger Jahre gegründeten Organisationen benennen überwiegend entweder besondere Aufgaben für die Entwicklungspolitik, oder die Organisationen sind sogar speziell zu Entwicklungszwecken eingerichtet worden. Die seit 1970 neugegründeten Organisationen nehmen nahezu ausschließlich besondere Aufgaben zugunsten der Entwicklungsländer wahr. Mittlerweile geben sämtliche Sonderorganisationen der Vereinten Nationen der Förderung der Entwicklungsländer Vorrang.[61]

Weiterhin ist auf die Vernetzung von Entwicklungs- und Währungsregime im Rahmen des Schuldenproblems zu verweisen. Die Kombination von Ölpreisexplosion und Wechselkursschwankungen hatte für die ölimportierenden Entwicklungsländer schlimmere Folgen als für die Industriestaaten. Das wirtschaftliche Wachstum stagnierte oder ging sogar zurück. Die protektionistische Reaktion der Industrieländer erschwerte den Marktzugang für Güter aus der Dritten Welt zusätzlich. Zur Begleichung der Ölimportbilanz wurde die Aufnahme von Krediten notwendig, die überwiegend aus privaten Quellen – den internationalen Banken – finanziert wurden. Die Banken „verwandelten" dabei – unter erheblichem Risiko – kurzfristige Einlagen der arabischen Überschußländer in langfristige Kredite an zweifelhafte Schuldner.[62] Die amerikanische Hochzinspolitik der achtziger Jahre schließlich wirkte sich auf die Schuldnerländer als Katastrophe aus: die Importpreise – ganz überwiegend in Dollar fakturiert – stiegen ins Unermeßliche, und die ständig steigenden Zinsen trieben die Schuldendienste in astronomische Höhen. Mitte der achtziger Jahre war der Punkt erreicht, an dem die Überschuldung bedeutender Entwicklungsländer – Mexiko, Brasilien, Argentinien, Philippinen – am Gefüge des internationalen Finanzsystems rüttelte. Ein Ausbau des internationalen Währungsregimes in Richtung auf das Entwicklungsregime wurde notwendig, um die Finanzierung der Defizite der Entwicklungsländer sicherzustellen, denn die bislang angesprochenen Reformen des Währungsregimes hatten zwar die Ordnungs- und Verteilungskonflikte unter den Industrieländern in Grenzen gehalten, den Nord-Süd-Konflikt aber gar nicht tangiert.[63] Das in den siebziger Jahren entstandene Schuldenproblem forderte Entwicklungs- und Währungsregime in doppelter Hinsicht heraus. Zum einen überstieg die Liquiditätslücke der Schuldnerländer die Refinanzierungsfähigkeit des dafür an sich zuständigen IWF, zum anderen war der Finanzierungsbedarf dieser Länder über Jahre in wachsendem Maße von den internationalen Banken gedeckt worden, die nach eigenen Interessen handelten, außerhalb des Regimes standen und von dessen Akteuren auch nicht zu kontrollieren und zur Raison zu bringen waren.[64]

Die Anpassungsversuche bewegten sich zunächst innerhalb des Regimes. Die Quoten des IWF wurden mehrmals aufgestockt, um mit dem wachsenden Liquiditätsbedarf Schritt zu halten (Ölfazilität, Erweiterte Fazilität, Witteveen-Fazilität mit einer Gesamtsteigerung der

Quote auf 467,5%). Dies war aber nur ein Herumdoktern an Symptomen. Die Lage änderte sich, als die Geschäftsbanken des gesteigerten Risikos gewahr wurden, das die enorme Verschuldung ihrer Klienten mit sich brachte. Ihre Versuche, auf eigene Faust Anpassungsregeln für ihre Schuldnerländer aufzustellen, scheiterten, hatten diese doch gerade die Banken bemüht, um den wirtschaftspolitischen Auflagen des IWF zu entgehen. Die Banken sahen sich deshalb genötigt, ihre Kooperation untereinander zu regulieren und zu verstärken. Im „Pariser Club" tauschen sie seitdem Informationen über die Schuldnerländer aus und legen die Konditionen für Umschuldungen fest. Dieser Austausch wurde durch die Gründung des Institute of International Finance organisatorisch abgesichert. Über 350 Geschäftsbanken beteiligen sich daran. Außerdem nehmen es die Großbanken als Konsortialführer auf sich, ihren kleineren Partnern unter den Banken die vereinbarten Schritte aufzunötigen. Darüber hinaus sahen sich die Banken aber gezwungen, mit dem Währungsregime zu kooperieren. Sie machten in zunehmendem Maße Umschuldungen und neue Kredite von einem Bereitschaftsabkommen des Schuldnerlandes mit dem IWF abhängig. Der Internationale Währungsfonds gewann damit Handlungsspielraum und Verhandlungsmacht gegenüber den Geschäftsbanken zurück. Der Fonds konnte nun die Banken mit dem Instrument Bereitschaftsabkommen zwingen, neue Kredite zu vergeben, bzw. einen Teil der Kosten (Zinssenkung, Schuldenerlaß) der Verschuldungsproblematik zu absorbieren. Der Fonds spielte dabei seinerseits mit dem Pariser Club und den über die Bank für Internationalen Zahlungsausgleich operierenden Zentralbanken der Industrieländer zusammen, die sich um Umschuldung und Schuldenminderung bei bilateralen öffentlichen Schulden bemühten. Das Schuldenregime wurde institutionalisiert und routinisiert. Die Regierungen der Industrieländer ergänzten das Regelwerk 1987 durch eine Einigung auf Mindestkapitalbestimmungen für ihre einheimischen Banken: Kreditvergabe, Eigenkapital und Einlagen müssen jetzt in einem bestimmten Verhältnis stehen, so daß das Geschäftsrisiko bei Kreditvergaben an schwache Schuldner sich in Grenzen hält.[65]

Zugleich wehrten sich jedoch die Industrieländer gegen die von den Entwicklungsländern geforderten automatischen Instrumente (Moratorium bzw. allgemeiner Schuldenerlaß). Das „Schuldenregime" beinhaltet spezifische Abwicklungen mit jeweils einem Schuldner. Die Umschuldungsregeln des „Clubs" setzen die Anerkennung des Schuldendienstes durch die Schuldner voraus, verlangen die Gleichbehandlung der Schuldner und einen unbeeinträchtigten Informationsfluß über ihre privaten Schuldenregelungen. Die Gläubigerländer gestehen im Gegenzug Zahlungsaufschub in Sonderfällen und Umschuldungen mit Jahresfrist zu. Die Tätigkeit des Pariser Clubs entlastet den IWF von der Notwendigkeit, Liquiditätsmittel in Höhe der gesamten öffentlichen Schulden seiner Mitgliedsländer bereitzustellen.

Der IWF sah sich dennoch nicht in der Lage, im Rahmen seines strengen Mandats für kurzfristigen Zahlungsbilanzausgleich, mit den Problemen fertig zu werden. Es wurde nötig, das Währungs- und Entwicklungsregime miteinander zu verzahnen. Das geschah einmal dadurch, daß der IWF nun selbst auch längerfristig auf die makroökonomischen Bedingungen wirtschaftlicher Entwicklung ausgerichtete Kredite vergibt. Der Quotenaufstockung um 47,5% 1983 folgte die Einrichtung der Strukturanpassungsfazilität (1986, 9 Mrd. US-Dollar), die umfassende Programme wirtschaftlicher Anpassung finanzieren soll und eindeutig dem Entwicklungsregime zuzurechnen ist. 1987 wurden 8,4 Mrd. US-Dollar an Einkommenshilfe für Länder mit niedrigem Einkommen bereitgestellt. 1988 wurde die erweiterte Fazilität reaktiviert und eine Eventualfazilität eingerichtet, die eingreifen soll, wenn vom IWF verlangte Anpassungsprogramme zu unerwarteten Wirtschaftsproblemen führen. Seit 1979 ist der Fonds gehalten, soziale Aspekte bei seinen Konditionen zu berücksichtigen; seit 1985 zeichnet sich eine Flexibilisierung der Konditionen ab: auf die Wünsche, Bedürfnisse und realen Möglichkeiten der Schuldnerländer wird größere Rücksicht genommen.

Im Gegenzug stieg die Weltbank in die Finanzierung von Zahlungsbilanzdefiziten ein und erhöhte damit die den internationalen Finanzinstitutionen zur Verfügung stehende Masse. Die Wendemarke wurde durch die Einrichtung der strukturellen Anpassungskredite (1979) markiert, mit denen die strukturellen Ursachen von Zahlungsbilanzdefiziten in den Schuldnerländern mittelfristig angegangen werden sollen. Damit hat die Weltbank ihr Augenmerk erstmals auf das Betätigungsfeld des IWF, die Zahlungsbilanzen ihrer Mitgliedsländer gerichtet. Die klare Arbeitsteilung der ursprünglichen Regime wich der Überlappung ihrer Aufgaben, mit der jeweils pragmatisch umgegangen wurde. Die Kontakte zwischen den Arbeitsstäben von Weltbank und IWF steigerten sich, Arbeitspapiere wurden regelmäßig ausgetauscht, schließlich erfolgte 1986 die formelle Einrichtung eines Konsultationsverfahrens für die strukturelle Anpassungsfazilität (SAF) des IWF. Der IWF bittet heute den Exekutivrat der Weltbank um eine Stellungnahme zu „Politischen Rahmenpapieren“, die der Vergabe von Geldern aus der SAF zugrundeliegen und gemeinsam vom Empfängerland, IWF- und Weltbankpersonal ausgearbeitet werden.[66]

Mit der Verzahnung der beiden Regime wurde die liberale Orthodoxie des Währungsregimes aufgeweicht. Diese Flexibilisierung ermöglichte den „Einstieg“ in den Schuldenerlaß (einschließlich Zinssenkung), der, zunächst von einzelnen Industrieländern aufgenommen und auf die ärmsten Schuldner angewandt, mittlerweile ins Regelgeflecht integriert wird. Die Richtlinien des IWF verlangen jetzt, bei der Konditionierung von Darlehen darauf zu achten, daß Niedrigeinkommensgruppen in den Empfängerländern nicht benachteiligt werden, daß der landwirtschaftliche Sektor (vor allem die Kleinbauern) berücksichtigt wird und daß Schulungsprogramme für Arbeitslose entwickelt werden.[67] Andererseits hat die Weltbank sich stärker an die Konditionalisierungspolitik des IWF angepaßt, was besonders in den ärmeren Empfängerländern gelegentlich zur Verschärfung sozialer Probleme beigetragen hat.[68]

Ergebnisse der Evolution der Weltwirtschaftsregime

Besieht man die Evolution in den drei Regimen, so ist zu konstatieren, daß der Versuch der Entwicklungsländer, die Prinzipien zu ändern, gescheitert ist. Das Entwicklungsprinzip ist durch das Wachstum des Entwicklungsregimes und seine Vernetzung mit den beiden anderen Regimes verstärkt worden, koexistiert jedoch mit dem Liberalismusprinzip, hat es aber weder aufgehoben noch durch den Dirigismus verdrängt. Dieser Versuch mißlang nicht nur wegen der wirtschaftlichen Machtposition der Industrieländer, sondern auch wegen der Unmöglichkeit, sich über Sachfragen – etwa den Tatbestand der Verschlechterung der Terms of Trade – unter den Entwicklungsländern selbst zu verständigen. Auch sehen sich die Entwicklungsländer dem logischen Dilemma gegenüber, einerseits auf ihre nationale Souveränität als Leitprinzip jedes Regimes zu pochen, andererseits aber eine internationale Kooperation anzustreben (und auf diese angewiesen zu sein), die dieses Prinzip zumindest teilweise in Frage stellen soll, soll sie erfolgreich sein.

Bei den Normen waren sich die Entwicklungsländer zwar einig über die Indexierung der Rohstoffpreise, wegen der unterschiedlichen Betroffenheit als Produzent und/oder Konsument konnten sie aber keine Verständigung darüber erzielen, welche Regeln aus dieser Norm abzuleiten seien. Die Tabuisierung interner Verteilungsstrukturen hat überdies die Unterstützung für weltwirtschaftliche Reformansprüche geschwächt.[69]

Hingegen gelang es, innerhalb der Normen die Gewichte zugunsten der Entwicklungsländer zu verschieben. Die Vernetzung des Entwicklungsregimes mit dem Handels- und dem Weltwährungsregime hat die Bedeutung der Entwicklungsregimenormen erhöht.

Das gilt bedingt auch für die Regeln. Die Meistbegünstigung wurde durch die Allgemeine Präferenz zugunsten der Entwicklungsländer durchbrochen, die reine Marktorientierung des IWF wurde aufgeweicht und die – nicht bindende – Regel, 0,7% des Bruttosozialprodukts für die Entwicklungshilfe einzusetzen, wurde für die Industrieländer etabliert.[70]

Wenig erfolgreich waren die Entwicklungsländer in der Umformung von Entscheidungsprozeduren. Der Versuch, die Entscheidungsprozesse in GATT und IWF durch die Kompetenzerweiterung der UNCTAD auszuhebeln, ist gescheitert. Gerade in der Weltwirtschaft spiegeln Entscheidungsverfahren die Machtverteilung im Politikfeld wider. Da im großen und ganzen die Industrieländer die Geber und die Entwicklungsländer die Empfänger sind, haben sich sachbereichsfremde Entscheidungsregeln (ein Land, eine Stimme) nicht durchsetzen lassen. Auch die Fraktionsbildung, am deutlichsten in der Gruppe der 77, führte nur zu entscheidungsmächtigeren Gegenfraktionsbildungen in den Regimen. Das verdeutlichte der Pariser Club. Die Gruppe der zehn Industriestaaten, die IWF-Verhandlungen vorstrukturieren, besitzt mehr Durchsetzungsmacht als die Gruppe der 24 Entwicklungsländer, die ihr gegenübersteht. Allerdings kam es im Rahmen der alten Regeln zu einer Adjustierung, wo immer Entwicklungsländer auf gewachsene wirtschaftliche Macht verweisen konnten, etwa Saudi-Arabien im IWF.

Regimeeffizienz, Regimefunktionen, Regimewirkung

Regimeeffizienz

Das Handelsregime hat die Politik seiner Mitglieder beeinflußt. In der goldenen Zeit der Nachkriegskonjunktur veränderten die Vereinigten Staaten im Vorgriff auf die Dillon- und die Kennedy-Runden ihre interne Handelsgesetzgebung, und zwar unter Aufgabe der bilateralen Reziprozität zugunsten von Liberalismusprinzip und generalisierter Meistbegünstigungsnorm. Ohne das GATT hätte die Europäische Gemeinschaft vermutlich instinktiv weit mehr Importschranken aufgerichtet, um den Integrationsprozeß zu schützen. Das Regime war auch ein wichtiges Instrument der Streitschlichtung in Disputen, die sich zu unkontrollierten Protektionswettläufen hätten aufschaukeln können. Ein Beispiel ist der „Hähnchenkrieg“ zwischen EG und USA in den sechziger Jahren.[71]

Trotz der Turbulenzen der siebziger und achtziger Jahre sind die Prinzipien und Normen des Regimes intakt geblieben, und Regelverletzungen werden nach wie vor als Abweichungen gekennzeichnet. Bei den handelspolitischen Debatten in den Mitgliedsländern, vor allem den Vereinigten Staaten, dienen die Regimeelemente als Referenzsystem, mit denen die Gegner des Protektionismus in den Regierungen die viel weitergehenden Forderungen aus schutzbedürftigen Industrien abwehren. Das Regime ist hier teilweise bereits internalisiert.[72] Selbst deutliche Abweichungen von den Regeln des Regimes werden nach Möglichkeit noch mit seinen Kategorien verbrämt; dies macht es leichter, wieder zu regelgerechtem Verhalten zurückzukehren, ohne durch direkte Konfrontation den Bestand des Handelsregimes zu erschüttern. Schließlich muß zwar der Bedeutungsgewinn von Marktordnungsabkommen und freiwilligen Exportbeschränkungen als Schwächung des multilateralen Ansatzes erkannt werden. Andererseits unterscheidet sich diese Weise der Interessenabgleichung noch wesentlich von unilateralem Konfliktaustrag. Das Prinzip, solche Konflikte durch Vereinbarung zu lösen statt durch Kampf, bleibt gewahrt. Auch die Prinzipien und Normen des Währungsregimes sind wirksam geblieben, selbst wenn die Regeln außer Krat gesetzt wurden. Daß Währungspolitik kein nationales Wettbewerbsinstrument ist, sondern der Förderung des internationalen Austauschs dient, ist inzwischen so weitgehend internalisiert, daß der Zusammenbruch des alten Regelwerks nicht zur Rückkehr zum Unilateralismus, sondern zur (mühsamen) Suche nach neuen Koordinierungsintrumenten führte. Die Ergänzung und Umgestaltung der Normen, Regeln und Entscheidungsprozesse des Regimes verlangte einen weitergehenden Souveränitätsverzicht als die vorherige Phase. Daß die Regierungen der Industrieländer diese schwierige Aufgabe in Angriff nahmen, wenn auch zögernd und mit Rückschlägen, zeigt ihre Überzeugung, daß es ohne währungspolitische Koordination nicht geht.

Diese gemeinsame Überzeugung ist keineswegs selbstverständlich. Mehr als sechzig Jahre nach dem Börsenkrach von 1929 ist die weltwirtschaftliche Katastrophe der dreißiger Jahre Geschichte. Die ursprüngliche Erfahrung, die der Gründung der Weltwirtschaftsregime zugrunde lag, ist für die heutige Führungsgeneration keine Lebenserfahrung mehr. Dennoch haben sich die Prinzipien und Normen beider Regime weitgehend durchgesetzt. Abweichungen sind eben Abweichungen und keine gleichberechtigten Alternativen. Selbst die meisten Entwicklungsländer, aber auch die Staaten des frühen RGW, scheinen sich resignierend oder willig in das Regelgefüge der beiden Regime einordnen zu wollen. Während das Handelsregime 1947 von 23 Staaten verhandelt wurde, hat das GATT heute an die 100 Mitglieder, die über 90% des Welthandels repräsentieren; der IWF ist mit über 150 Mitgliedern nahezu universal. Teils ist dies die erzwungene Unterwerfung unter die Wirtschaftsmacht der Länder, die hinter den Regimen stehen, teils aber auch Einsicht in die anerkannte Überlegenheit der Strukturen des Handels- und Währungsregimes.[73]

Regimefunktionen, Regimewirkung

Die Regime haben ihre Funktionen hinreichend befriedigend wahrgenommen. Sie haben die gegenseitigen Erwartungen stabilisiert: Abweichungen bleiben Abweichungen. Nur so konnte die Expansion des Welthandels erreicht werden, die nicht nur den Wohlstand in den Industrieländern, sondern auch den Aufstieg der „kleinen Tiger" und den bescheidenen Ressourcentransfer in den „Süden" ermöglicht hat. Im Durchschnitt ist stets das Wachstum des Handels stärker gestiegen als die Produktion, und zwar in den sechziger Jahren um 3%, in den frühen achtziger Jahren um nurmehr 1,5% – ein Zeichen der drohenden protektionistischen Gefahr. Mitte der achtziger Jahre stieg die Differenz auf 2%, im Jahre 1988 betrug sie dann wieder 3,5%.[74] Daß „nichttarifäre Barrieren" das Drei- bis Vierfache des Zollschutzes bieten, ist in erster Linie nicht ein Ergebnis des wachsenden Protektionismus, sondern des durchschlagenden Erfolgs des Regimes beim Zollabbau.[75] Schließlich hatte das Regime die Aufnahme neuer Mitglieder und die Entfaltung neuer Sektoren zu verkraften. Das Regime hat sich als geeigneter Rahmen für die Steigerung des internationalen Wirtschaftsaustauschs erwiesen. Seine gegenwärtigen Probleme sind zu einem guten Teil die Folgen eines technologischen Wandels, dessen Dynamik selbst durch das Handelsregime gefördert wurde. Die politischen Folgen dieser Probleme hilft das Regime mildern, indem es Konfliktregelungsverfahren bereitstellt.[76]

Der weltwirtschaftliche Erfolg ist nicht dem Handelsregime allein zuzuschreiben. IWF und Weltbank haben häufig sanften Druck auf ihre Kreditnehmer ausgeübt, Märkte zu öffnen. Ihre Streitschlichtungstätigkeit hat es Konfliktparteien ermöglicht, mit geringen Reibungsverlusten Auseinandersetzungen ad hoc zu regeln. Schließlich haben die

Prinzipien und Normen der Weltwirtschaftsregime die Ausweitung institutionalisierter Kooperation auf noch ungeregelte Bereiche erleichtert. Zwar kann man beim Technologietransfer, bei der Entwicklung eines Regelgeflechts für Multinationale Konzerne und beim Investitionsschutz von entwickelten Regimen noch nicht sprechen. Ansätze sind jedoch vorhanden.

Die Regime haben Organisationen, z.B. Direktorat und Gouverneursrat des IWF, Zehnerklub, Wirtschaftsgipfel, OECD, Sekretariat und Runden des GATT etc. und Informationen bereitgestellt, die andernfalls mühsam hätten ad hoc geschaffen bzw. gesammelt werden müssen. Sie haben auf diese Weise Transparenz und stabilere Zukunftschancen geschaffen.[77] Dies machte die Teilnahme auch für die Entwicklungsländer wertvoll, selbst wenn deren Erwartungen sonst nicht in vollem Umfang erfüllt wurden.[78]

Das Entwicklungsregime hat die Hoffnungen der Dritten Welt nur zum kleinen Teil eingelöst und ungleiche Verteilungsleistungen von Handels- und Währungsregime nicht nachhaltig korrigieren können. Die Durchsetzung seiner Prinzipien und Normen, sein Einwirken auf das Regelwerk der beiden anderen Weltwirtschaftsregime ist dennoch bemerkenswert. Der freiwillige Ressourcentransfer von einer Staatengruppe zur anderen (zwischen 1968 und 1988 stieg allein das Kreditvolumen der Weltbank um das 20fache[79]) und die Privilegierung der Entwicklungsländer in einer Reihe von Regeln des Handels- und Währungsregimes, die Ausrichtung zahlreicher internationaler Organisationen auf Entwicklungsförderung sind keine Selbstverständlichkeit. Selbst wenn man einräumt, daß dieser Ressourcentransfer auch zum eigenen Nutzen der Industrieländer betrieben wird (sehr deutlich bei der Umschuldung), muß man die Folgen der Alternative bedenken, diese Interessen ohne jede Zusammenarbeit wahrzunehmen. Gerade demokratische Staaten neigen „instinktiv" eher zur Mehrung des Wohlstands ihrer eigenen Bürger als zur Hilfe für andere. Die Durchdringung der weltwirtschaftlichen Ordnung mit Elementen des Entwicklungsregimes ist daher ein Erweis für seine – wenn auch begrenzte – Effizienz: Es ist gelungen, „westliche Selbstsüchtigkeit" einzugrenzen und in bescheidenem Maße „Solidaritätsnormen" in Randbereiche der Weltwirtschaft einzuführen.[80] Die 0,7%-Regel wird nur von wenigen Industriestaaten eingelöst; sie dient aber als Meßlatte für die erreichten Leistungen und kann von Befürwortern stärkerer Entwicklungshilfe als Referenzpunkt genutzt werden, um einem stärkeren Absinken der Hilfe zu wehren oder bescheidene Steigerungen durchzusetzen. Am erfolglosesten muß das Entwicklungsregime im Handelssektor angesehen werden. Die allgemeinen Präferenzen verlieren an Gewicht, je unbedeutender die Zollschranken im Welthandel sind. Und der fortgesetzte, ja sogar wachsende Protektionismus in Sektoren, in denen Entwicklungsländer konkurrenzfähig geworden sind, oft sogar als Antwort auf diese neue Wettbewerbsfähigkeit, stellt ein drastisches Beispiel für Regimeversagen dar. Hier erweist sich allerdings nicht nur die Zurückhaltung der Industriestaaten als Hemmnis, bindende Verpflichtungen einzugehen. Die Verregelung verlangt auch von den Entwicklungsländern eine größere Bereitschaft, Einschnitte in ihre nationale Souveränität hinzunehmen.

Regimegerechtigkeit

Es wäre falsch zu behaupten, die Verteilungsleistungen der Regime seien „gerecht". Partizipationschancen sind unterschiedlich verteilt, dementsprechend auch die Möglichkeiten, eigene Interessen durchzusetzen. Hier neigt sich die Waage eindeutig zugunsten der Industrieländer. Dies führt dazu, daß auch die Regelgestaltung die Industrieländer begünstigt. Die höheren Zollsenkungen bei Industriegütern im Vergleich zu Agrarprodukten, die freihändlerische Gestaltung der meisten Industriegütermärkte im Gegensatz zu den regulierten Märkten im Textil- und Stahlhandel sprechen Bände: Die Opfer des Protektionismus sind für die Entwicklungsländer überproportional hoch.[81] Gleiches läßt sich vom Währungsregime sagen. Es hat eine Reihe von Sonderregeln geschaffen, die die Belange der Entwicklungsländer speziell berücksichtigen (die Entscheidungskompetenzen bleiben aber nach wie vor in den Händen der Industriestaaten). Das Währungsregime verteilt aber die Folgen von Störungen höchst nachteilig zuungunsten der wirtschaftlich Schwächeren, was aber eher an einer zu geringen Regeldichte liegt als an der prinzipiellen Konstruktion des Regimes.

Selbst das Entwicklungsregime weist dieses Element der Willkür auf. Beispielsweise sind die Beitragszahler für die Internationalen Organisationen kaum gebunden; Sanktionen können nicht verhängt werden, wenn sie sich ihren Zahlungsverpflichtungen entziehen. So waren die USA über Jahre hinweg skandalöserweise mit ihren Zahlungsverpflichtungen gegenüber den Vereinten Nationen säumig.

Andererseits läßt sich fragen: Würde die Welt ohne die Regime gerechter aussehen? Die Verteilung wirtschaftlicher Schwäche und Stärke folgt den weltwirtschaftlichen Regimen nicht, sie geht ihnen voran und spiegelt sich in ihnen wider. Das Währungssystem des ausgehenden neunzehnten Jahrhunderts liefert uns den Maßstab einer funktionierenden, zwar nicht auf einem durchstrukturierten Regime, aber auf „parallelem Unilateralismus" beruhenden Koordination: die Zentralbanken der Industrieländer hielten an fixen Wechselkursen gegenüber dem Gold fest. Leidtragende waren die schwächeren Länder. Sie erlitten die Folgen von wirtschaftlichen Erschütterungen ohne die Chance einer Kompensation, denn es gab keine Regimestrukturen, in die dieser Anspruch hätte eingebracht werden können.[82] Auch haben die schwächeren Länder von der Abwesenheit internationaler Kooperation in den dreißiger Jahren keinesfalls profitiert. Wirtschaftliche Stärke wurde ohne jede Rücksicht durchgesetzt.

Dagegen ist heute davon auszugehen, daß wirtschaftliche Macht durch die Regime gebunden und mediatisiert wird. Sie verschwindet nicht, sie drückt sich in den Verteilungsleistungen des Regimes auch aus. Aber sie unterwirft sich bis zu einem gewissen Grad Regeln, die den Schwächeren nützen. Angesichts der immer weiter ausdifferenzierenden Interessenunterschiede zwischen den Staaten der Dritten Welt ist es höchst fraglich, ob ihre eigenen Organisationen wie die G-77 ohne die von den Weltwirtschaftsregimen bereitgehaltenen Kanäle überhaupt irgendeinen nennenswerten Einfluß hätten ausüben können.[83]

Deshalb ist eine Kritik verfehlt, die den Institutionen des Regimes vorwirft, aktiv zur Verschlimmerung der Lage in den Entwicklungsländern beizutragen und Herrschaftsinstrument der Industrieländer (oder auch des „Amerikanischen Imperialismus") zu sein.[84] Hier wird die Regimeleistung an einer Zukunft gemessen, für deren Verwirklichbarkeit deren Erfinder nicht einstehen müssen. Festzuhalten ist, daß etwa der Internationale Währungsfonds Schuldner aus den Industrieländern (etwa Frankreich, Großbritannien oder Italien) mit denselben Auflagen bedacht hat wie Schuldner aus der Dritten Welt. Die IWF-Kreditnehmer der Dritten Welt haben langfristig eine bessere wirtschaftliche Entwicklung aufzuweisen als Entwicklungsländer, die den Fonds nicht in Anspruch genommen haben: ihre Inflationsrate liegt niedriger, ihre Zahlungsbilanz ist deutlich günstiger, und (im Unterschied zu oft schlimmen kurzfristigen Konsequenzen) ihr langfristiges Wirtschaftswachstum ist ebenfalls höher. Schließlich hat sich die IWF-Politik auch als korrekturfähig erwiesen; die orthodox-liberalistischen Anpassungsforderungen weichen allmählich einer Konditionalität von Krediten, die soziale Gesichtspunkte berücksichtigt. Dieser Trend ist naturgemäß bei der Weltbank noch stärker.[85]

Eine umfassende Studie über das GATT und die Dritte Welt hat eine insgesamt positive Bilanz gezogen, ebenso Teilnehmer von Ländern aus dem RGW. Infolgedessen steigt das Ansehen des GATT in den Entwicklungsländern, und die ehemals sozialistischen Länder, einschließlich der Sowjetunion, bemühen sich um völlige Eingliederung in die Regime der Weltwirtschaft.[86]

Daher haben die Anhänger von weltwirtschaftlichen Dissoziationsstrategien an Boden verloren. Die revolutionären Versuche, die Weltwirtschaftsregime an Kopf und Gliedern zu verändern, haben nichts gefruchtet, auch deshalb nicht, weil die dirigistische Alternative selbst unter den Rebellen nicht unumstritten war. Anfang der neunziger Jahre hat der Dirigismus noch weniger Kredit. Es macht wenig Sinn, um der Gerechtigkeit willen das Huhn zu schlachten, das Eier legt, auch wenn die Eier nicht golden sind. Auch im Sinne der Regimegerechtigkeit ist es vermutlich zweckmäßiger, die stabilisierenden Wirkungen des Währungsregimes erhöhen zu helfen, die liberalen Prinzipien des Handelsregimes – bei Beibehaltung des Präferenzsystems – in weiteren Sektoren, vor allem in der Landwirtschaft und im Textilhandel durchzusetzen und die Transferleistungen des Entwicklungsregimes bei der Weltbank, dem Umweltprogramm, der FAO usw. zu erhöhen. In derart komplexen Interaktionsgeflechten wie den Weltwirtschaftsbeziehungen sind die Kosten eines revolutionären Schnitts für alle Beteiligten höher als der Nutzen. Reform in vielen kleinen Schritten ist angesagt.

5. UMWELTREGIME

Einleitung

In der internationalen Umweltpolitik überwiegen regionale Abkommen. Zwar besteht eine Interdependenz von Umweltproblemen auf dem gesamten Globus, doch ihre ungleiche Konzentration legt geographisch begrenzte Regelungen nahe. Weltweite Regime sind noch selten, zu nennen sind das Ozonschutzabkommen und das Artenschutzabkommen CITES. Anders als bei den Wirtschaftsbeziehungen existiert also keine eindeutige Hierarchie von ineinander verknüpften Regimen. In der internationalen Umweltpolitik werden Regime auf zweierlei Weise miteinander verbunden. Einmal durch das allmähliche Zusammenwachsen vieler regionaler und bereichsspezifischer Regime „von unten" und zum anderen durch die gemeinsame Anerkennung weltweit verabschiedeter Prinzipien und Normen für eine große Zahl von Sachbereichen „von oben".

Internationale Umweltpolitik läßt sich in die folgenden Einzelgebiete aufteilen:

Artenschutz. Hier bestehen globale Regime für den Handel mit seltenen Tierarten (CITES) und für den Walfang. Außerdem gibt es zahlreiche regionale Regime (Schutzabkommen für Eisbären, Pelzrobbenschutzabkommen, Zugvögelschutz in Europa etc.). Von wirtschaftlicher Bedeutung sind Fischereischutzabkommen, die häufig mit regionalem Meeresschutz gekoppelt sind (z. B. Interamerikanische Tropische Thunfischkommission, Internationale Kommission für die Erhaltung des Atlantischen Thunfisch, Fischereikommission für den Indischen Ozean, Indo-Pazifischer Fischereirat).[1]

Gewässerschutz für Seen und Flußläufe. Mehr als 200 Flußläufe haben zwei oder mehr Anliegerstaaten. Zusammenarbeit ist also gefragt. Bei zwei Drittel dieser Flußläufe gibt es kooperative Vereinbarungen jedweder Art und in dreißig Fällen auch organisatorische Strukturen.[2] Hierbei werden außer dem direkten Schutz der betroffenen Gewässerfauna auch die Emmissionsrechte und Rückhaltungspflichten der Anlieger festgelegt.

Meeresschutz. Hier sind die auf Initiative des United Nations Environmental Program (UNEP) eingerichteten regionalen Meeresschutzabkommen zu nennen. Außerdem rechnen dazu die Konventionen gegen Schadstoffeintrag ins Meer (London-, Oslo- und Paris-Konvention) sowie die Umweltschutzbestimmungen des Seerechts.[3]

Luftreinhaltung. Neben dem Ozonschutzabkommen ist die Konvention zur Begrenzung grenzüberschreitender weiträumiger Luftverschmutzung im Rahmen der UN-Economic Commission for Europe anzuführen.

Abfallbeseitigung. Hier gibt es neben einigen regionalen Regelungen eine Tendenz zu weltweiten Vereinbarungen, z.B. das Abkommen zur Begrenzung der Altölableitung ins Meer oder die Basler Konvention von 1989, die den grenzüberschreitenden Abfallverkehr regeln soll.[4]

Schutz bestimmter Ökosysteme, z.B. Mangrovenwälder, Vereinbarungen über die Bekämpfung des Vordringens der Wüsten.

Diese Liste gibt einen Eindruck von der wachsenden internationalen Kooperation im Umweltschutz. Fischer zählt für die vierziger Jahre 31 Abkommen mit Umweltrelevanz, für die 50er 61, für die 60er 76, für die 70er 99 und identifiziert bereits allein für die erste Hälfte der achtziger Jahre 52 Umweltabkommen.[5] Bestehende Regime werden ergänzt und differenziert, auf weiteren Gebieten finden Verhandlungen statt. Gerade in der Umweltpolitik stehen jedoch hinter wohltönenden Absichtserklärungen internationaler Abkommen häufig eine klägliche Implementation und Regimeeffizienz.

Regimebedarf

Der Regimebedarf ergibt sich aus einem entscheidenden Grundtatbestand: Die Grenzen ökologischer Systeme und die Grenzen politischer Systeme sind nicht deckungsgleich. Die großen hydrologischen Systeme Europas Arktisches Meer, Nordsee, Ostsee, Atlantik, Mittelmeer, Schwarzes Meer und Kaspisches Meer nehmen die Flußläufe und Abwässer Europas auf. Kein einziges dieser Systeme beschränkt sich auf das Gebiet eines einzigen Staates, und nur wenige Staaten gehören nur einem dieser Systeme an. Diese Subsysteme sind von Wind- und klimatischen Systemen überlagert. Auf die mehr als 200 grenzüberschreitenden Flußläufe ist bereits hingewiesen worden.

Viele natürliche Ressourcen liegen außerhalb der Jurisdiktion der Nationalstaaten oder berühren das Gebiet mehrerer Staaten.[6] So umfaßt beispielsweise die Agenda amerikanisch-kanadischer Grenzprobleme den ganzen Katalog möglicher grenzüberschreitender Umweltschäden: Ölpest an den Küstenlinien, Hochwasser in der Grenzregion, grenzüberschreitende Seenverschmutzung, Giftstoffe im grenznahen Grundwasser, Wandertierarten, grenzüberschreitende Luftverschmutzung und saurer Regen.[7]

Die folgende Liste verzeichnet Problemfelder, in denen also global oder regional Handlungsbedarf zum Teil seit langem besteht:

- Aussterben von Pflanzen und Tieren;
- Zerstörung von Ökosystemen (Mangrovenwälder, Küstenregionen);
- Abholzung von (großen) Wäldern, u.a. der tropischen Regenwälder;
- Vorrücken der Wüsten (oft als Folge intensiver Landnutzung);
- Vergiftung der Umweltmedien;
- Erschöpfung der Trinkwasservorräte durch Nutzung und Verschmutzung;
- Überforderung lokaler und regionaler Ökosysteme durch zu hohe Bevölkerungsdichte;
- Bodenerosion;
- Chemische Änderung der Atmosphäre, einschließlich Verlust der Ozonschicht
- Globale Erwärmung.[8]

Die verschiedenen Umweltprobleme bringen verschiedene Arten von Regimebedarf hervor:

Ungeregelte Konkurrenz bei der Nutzung erneuerbarer Ressourcen, etwa der Jagd oder der Fischerei, führt zur klassischen „Tragödie der Allmende“, jedenfalls ab einer gewissen technologischen Entwicklung: Man ist sich der Begrenztheit der Ressource zwar bewußt, will aber dem Konkurrenten nicht freiwillig den größeren Fang überlassen; infolgedessen jagt bzw. fischt jeder bis zu seinem Maximum. Dadurch werden Beutezahlen erzielt, die die bejagte Spezies über die für die Reproduktion hinaus nötigen Grundbestand hinaus reduzieren: die Zahl der Beutetiere schrumpft, was die Suche nach effizienterer Technologie noch dringlicher macht, bis das Beutetier vom Aussterben bedroht ist.[9]

Eine vergleichbare Lage ergibt sich beim Schadstoffeintrag in die Meeresumwelt: Alle Anliegerstaaten erleiden Verluste in Fischerei, Tourismus und den Lebensbedingungen der Küstenbevölkerung. Eine einseitige Begrenzung der Schadstoffeinleitung könnte jedoch Wettbewerbsnachteile für die einheimische Industrie und Landwirtschaft nach sich ziehen. Nur die gemeinsame, internationale Regelung verspricht aus diesem Dilemma einen Ausweg. Werden solche Regelungen nicht erreicht, droht Konflikt zwischen den betroffenen Ländern.[10]

Dabei bleibt es die Schwierigkeit internationaler Umweltpolitik und zugleich die diffizile Aufgabe ihrer Regime, die aus den wirtschaftlichen Tätigkeiten der Menschen entspringenden Schäden zu beseitigen, einzuschränken oder vorbeugend zu verhindern, ohne diese Tätigkeiten so zu beschneiden, daß ein untragbarer Wohlstandsverlust oder der erzwungene Verzicht vieler auf bessere Lebenschancen daraus resultiert. Von besonderer Bedeutung für den Kooperationsbedarf ist dabei die Ungewißheit über die synergistischen Wirkungen unzähliger individueller Wirtschaftshandlungen auf eine weitgehend unverstandene Natur, nachdem sich die dem Fortschrittsglauben des Hochindustrialismus entsprungenen Allwissensillusionen verflüchtigt haben.[11] Entsprechend schwierig gestaltet sich die Einrichtung dauerhafter und einvernehmlicher Regelungen. Gerade hier erweisen sich doch langfristige, stabile Verhaltenserwartungen als wichtig. Wenn Umweltaspekte in der langfristigen Raum- und Industrieplanung privater und öffentlicher Wirtschaftssubjekte eine Rolle spielen sollen, ist Erwartungssicherheit über die Rahmenbedingungen unerläßlich. Sie läßt sich nur durch generalisierte Vereinbarungen innerhalb eines institutionellen Rahmens erreichen.

Hinzu kommt, daß nationale Umweltstandards internationale Handelsströme stören. Es ergeben sich umweltpolitische Friktionen des Handelsregimes, wie die Diskussion über „nichttarifäre Handelshemmnisse" zeigt. Angleichung ist geboten, um die Rahmenvoraussetzungen für das Handelsregime aufrechtzuerhalten. Regimebedarf ist reichlich vorhanden.

Regimeentstehung

Umweltregime schränken etablierte Verhaltensweisen und Interessen vor allem wirtschaftlicher Natur ein. Nur wo dies nicht der Fall ist, konnte die internationale Umweltkooperation schon früh Erfolge erreichen. Die ältesten Umweltregime gruppieren sich um sehr spezifische Probleme, bei denen einzelne Lobbyisten oder besondere Interessen gerade deshalb erfolgreich sein konnten, weil die Reichweite der Regime begrenzt war und deshalb verhältnismäßig wenig Gegenkräfte auf den Plan rief. Ganz überwiegend ging es hierbei um den speziellen Tierschutz. Als Beispiele seien genannt die Pelzrobbenschutzkonvention (1911), die Konvention zur Erhaltung landwirtschaftlich nutzbarer Vögel (1902), die Schutzkonvention für die afrikanische Natur (ein Abkommen der Kolonialmächte, 1933) sowie die – allerdings erfolglose – Konvention zum Schutz der Wale (1923).[12]

Vor den sechziger/siebziger Jahren hat internationale Umweltpolitik noch nicht existiert. Es bestanden aber rudimentäre Strukturen, etwa in Gestalt der UNESCO oder der (bezeichnenderweise nichtgouvernementalen) International Union for the Conservation of Nature and Natural Resources (seit 1948).[13] Die Bedingungen für die Entstehung von Umweltregimen in großem Maßstab wuchsen erst durch einen Bewußtseinswandel in den Industrieländern heran, angetrieben durch die sprunghaft steigenden Umweltschäden. Der Wandel zeigte sich in der Aufnahme von Umweltprogrammen in der EG, dem RGW, ja sogar der NATO und der Einrichtung von Umweltbehörden in einer Reihe von Industrieländern. Seinen internationalen Durchbruch erzielte dieses neue Bewußtsein aber in der Formulierung von generalisierten Prinzipien und Normen in der Umweltschutzkonferenz der Vereinten Nationen in Stockholm im Jahre 1972. Diese Konferenz gab entscheidende Anstöße für die Umweltpolitik vieler Länder. Sie machte Spitzenpolitiker erstmals auf die Wichtigkeit des Umweltproblems aufmerksam. Zugleich verhalf sie den Vertretern einer entschlosseneren Umweltpolitik zu einem Positionsgewinn gegenüber ihren „abwiegelnden" Kontrahenten. Sie erleichterte durch die Formulierung von Prinzipien und – ansatzweise – von Normen die Konstruktion einer Reihe von globalen und regionalen Umweltregimen in den folgenden Jahren.[14]

Außer diesem – mit der Umweltkonferenz fixierten – neuen Bewußtseinsstand waren jedoch eine Reihe institutioneller und politischer Voraussetzungen erforderlich, um von abstrakten Einsichten zu konkreten Regimen zu gelangen. Dies war ohne das Auftreten neuer Akteure (oder die Umorientierung alter Akteure) nicht zu machen, denen es gelang, sich politischen Einfluß zu verschaffen und dann die neuen Anliegen in internationale Politik umzusetzen.

Initiativen Internationaler Organisationen

Die Bewußtseinswende zu Beginn der siebziger Jahre erfaßte schnell die bestehenden kooperativen Organisationen der Industriestaaten. So begann die Umweltpolitik im RGW mit der Gründung des "Special Permanent Board on Environmental Protection and Improvement" im Jahre 1973. Die EG legte auf Direktive des Rats, die im Oktober 1972 als Antwort auf die Stockholmer Konferenz erging, 1973 ihr erstes Umweltprogramm auf. Die ECE wandte sich mit großem Elan dem Umweltsektor zu, gestützt durch die Ergebnisse der KSZE von 1975, die der Umweltpolitik eine wichtige Rolle bei der Ost-West-Kooperation zusprach. Die ECE bildete das Forum für die Ostseekonvention und die Konvention über die weiträumige Luftverschmutzung. Sie half dabei, die aus dem Ost-West-Gegensatz erwachsenden Schwierigkeiten zu überwinden, und hat – im Verein mit den KSZE-Folgetreffen – nun eine wesentliche Initiativrolle für das Anstoßen weiterer Ost-West-Umweltregime übernommen. So hat die ECE eine Gewässerschutzkonvention vorgeschlagen; dieser Gedanke wurde auf der ersten KSZE-Umweltschutzkonferenz 1989 in Sofia in einen direkten Auftrag an die ECE umgewandelt, einen Konventionsentwurf zu erstellen.[15]

Desgleichen ist die Rolle der IAEO bei der Ausarbeitung des Regimes zum Schutz vor Nuklearunfällen sowie die Leitfunktion der Internationalen Meeres-Organisation IMO bei der Entwicklung von weltweiten Schutzabkommen gegen die Meeresverschmutzung zu vermerken.[16]

Das wichtigste Ergebnis der Stockholmer Konferenz war die Einrichtung des Umweltprogramms der Vereinten Nationen (UNEP), dessen Sekretariat seinen Sitz in Nairobi nahm, sehr gegen den Willen der Industrieländer. Für die Durchsetzung der generellen Prinzipien von Stockholm 1972 erwies sich dies jedoch als Segen, da die Entwicklungsländer die UNEP nunmehr als ihr eigenes „Kind" betrachteten und das Sekretariat mit seinen Initiativen bei ihnen auf Vertrauen stieß. UNEP identifiziert neue Umweltprobleme, schätzt ihre Ursache und ihre Größenordnung ab, entwickelt und empfiehlt Methoden oder Richtlinien und sorgt für Problembewußtsein. So konnte UNEP zu einer „regimeerzeugenden Organisation" werden; vor allem sein Meeresschutzprogramm hat in der Dritten Welt bedeutende Resonanz gefunden.[17] UNEP hat (mit IMO) für die Konvention zur Vorbeugung gegen Meeresverschmutzung durch Verklappung von Schadstoffen eine hervorragende Initiativrolle gespielt und hat das Artenschutzabkommen angeregt und vorangetrieben. Jüngster Erfolg ist die Basler Müllkonvention gegen den „Mülltourismus" (1989). Typisch war das Vorgehen bei der Vorbereitung der Ozonschutzkonvention: 1977 berief UNEP eine Konferenz über dieses Problem ein, die einen „Weltaktionsplan", d.h. einen Katalog von Prinzipien empfahl. Auf dessen Grundlage schuf UNEP ein Koordinationskomitee interessierter Staaten, das wiederum 1982 eine technisch-juristische Expertenkommission einsetzte. Diese Kommission bereitete den Entwurf der Wiener Ozon-Konvention vor.

Die Federführung von UNEP bei einer Reihe von Weltumweltkonferenzen (z.B. Siedlungskonferenz, 1976, Wasserverschmutzung, 1977 und Voranschreiten der Wüsten, 1977) hat Prinzipien und Normen für einzelne, noch nicht bearbeitete Umweltprobleme generiert. Ohne die beharrliche Arbeit der Organisation wäre es schwer gewesen, den Verlust an amerikanischer umweltpolitischer Führung während der ersten Reagan-Administration zu verkraften.[18]

Die Rolle transnationaler Gruppierungen und Organisationen

Peter Haas hat bei seiner Analyse des Mittelmeerregimes die herausragende Rolle gleichgesinnter Meeres- und Umweltwissenschaftler und einer kleinen Gruppe von Verwaltungsbeamten in einigen Regierungen sowie in UNEP herausgearbeitet. Ausgangspunkt waren die gemeinsamen Überzeugungen der Wissenschaftler über Ursachen und Folgen der Meeresverschmutzung und die durch lange wissenschaftliche Zusammenarbeit hergestellte transnationale Kommunikation zwischen ihnen. Die wachsende Prominenz der Umweltfragen gab dieser Gruppe zunächst Zugang zu – schließlich auch Sitz in – den zuständigen Behörden einer Reihe von Mittelmeerländern. Dies ermöglichte ihnen die Durchsetzung ihrer Überzeugungen in transnationaler Vernetzung mit Hilfe der neugewonnenen administrativen Macht. Haas spricht von einer „epistemischen Gemeinschaft", deren Grundlage und treibende Kraft gemeinsames Wissen war. Wissenschaftliche Erkenntnis gibt im Umweltbereich den Experten, vermittelt über Regime, eine größere Chance zur Politikbeeinflussung als in anderen Sachbereichen.[19] Ähnliches gilt für die Herausbildung des Ozon-Regimes und neuerdings, im Anschluß an die Toronto-Konferenz über Klimaveränderung (1988), für ein Kohlendioxyd-Verminderungs-Regime: Der neugegründete zwischenstaatliche Arbeitsverbund zum Klimawandel (IPCC) stellt jene Verquickung von Wissenschaftsgemeinschaft und sympathetischer Bürokratie her, die beim Mittelmeer-Abkommen so erfolgreich war.[20] Freilich ist in der Klimafrage die Wirkung der „epistemischen Gemeinschaft" beschränkt, da über den globalen Treibhauseffekt keine endgültige wissenschaftliche Einigkeit erzielt worden ist. Erst der G-7-Gipfel 1991 konnte sich zu der Vereinbrung durchringen, auf der Weltumweltkonferenz 1992 auf ein Rahmenabkommen zur Klimaveränderung zu drängen.[21]

Auch nichtgouvernementale Organisationen haben bei der Schaffung und der Evolution von Umweltregimen an Bedeutung gewonnen. Greenpeace hat die spektakulärste Rolle bei der Weiterentwicklung des Nordseeregimes und des Walfangregimes gespielt und zur Beschleunigung der Gründung des Ozon-Regimes beigetragen. Weniger bekannt, aber gleich wichtig ist die Rolle des World Wildlife Fund (jetzt World Wide Fund for Nature) bei der Evolution des CITES-Regimes und des mit dem Mittelmeerabkommen gegründeten Netzwerkes von Meereswissenschaftlern, die immer wieder die Regierungen einzelner Staaten zur Einhaltung der Regime veranlaßt haben. Des weiteren sind die Friends of the Earth sowie die International Union for the Conservation of Nature and Natural Resources (IUCN) und der International Council of Scientific Unions zu nennen. Die Rückkoppelung zwischen Internationaler Organisation, internationalen nichtgouvernementalen Gruppen und nationalen Politiken wird durch das Environmental Liaison Office in Nairobi, am Sitz des UNEP, gewährleistet.[22]

Schließlich darf die treibende Rolle der Bürgerbewegungen *innerhalb* einzelner Länder nicht übersehen werden. Die Aktionen bundesdeutscher Bürgerinitiativen und Umweltschutzverbände gegen das Waldsterben haben die Bundesregierung zu Initiativen innerhalb der EG veranlaßt, die zur Entwicklung gemeinsamer Immissionsstandards für Schwefel- und Stickstoffoxyde im westeuropäischen Rahmen geführt haben. Besonders wirksam werden solche Aktivitäten, wenn sie die Politik eines sanktionsmächtigen Staates erreichen, der widerstrebende Umweltsünder unter den anderen Staaten zu Wohlverhalten veranlaßt. Die Drohung der USA mit Wirtschaftssanktionen – Ergebnis eines langen innenpolitischen Meinungskampfes – war höchst nützlich sowohl bei der Begründung des Ozonregimes als auch bei der Entscheidung für ein Walfangmoratorium.

Neuerdings haben die Weltwirtschaftsgipfel auf die wachsenden Forderungen der Öffentlichkeit in den Industrieländern reagiert und regelmäßig Umweltfragen auf ihre Tagesordnung gesetzt. Von ihnen könnte ein neuer Impuls für eine Beschleunigung des Umweltregimeausbaus kommen.[23]

Gelegentlich entspringen aus zunächst rein nationalen Aktivitäten grenzüberschreitende Lobbytätigkeiten oder sogar die supranationale Vereinigung von Umweltschutzgruppen. So kämpfen an der französisch-deutsch-luxemburgischen Grenze Bürgerinitiativen aus allen drei Ländern gemeinsam für schärfere Emissionsnormen für das französische Kernkraftwerk Cattenom; amerikanische und kanadische Organisationen stritten zusammen gegen Wasserverschmutzung und sauren Regen. Auch die Zusammenarbeit der Wasserwerke am Rhein für eine Senkung der Schadstoffimmissionen ist zu nennen.[24]

In einem komplexen, von starken gegensätzlichen Interessen gekennzeichneten Feld bedarf es schon des Zusammentreffens vieler regimefördernder Faktoren, um alle Widerstände zu überwinden. Dies war beim Ozonregime der Fall; hier verband sich die starke transnationale Gemeinde der Wissenschaftler mit den spektakulären Aktionen von Greenpeace, der intensiven Vorbereitungsarbeit des UNEP und den engagierten Führungsbemühungen der Vereinigten Staaten, später – im Rahmen der widerstrebenden EG – auch der Bundesrepublik.[25]

Regimestrukturen

Prinzipien

Aufgrund der komplexen Interdependenzen zwischen ökologischen Prozessen und gesellschaftlicher und wirtschaftlicher Tätigkeit ist "Fact Finding" ein besonderes Kennzeichen der Regimeentstehung im Umweltbereich; die Wissenschaft spielt bei der Herauskristallisierung von *Prinzipien* für Umweltregime eine größere Rolle als in anderen Politikfeldern.[26]

Die Ebene der Prinzipien ist heute der am meisten durchgearbeitete Teil internationaler Umweltregime geworden. Dies ist der Fall, weil die Vereinten Nationen, angetrieben vom UNEP, immer wieder Konferenzen und hochrangige Arbeitsgruppen wie die Brandt- und die Brundtland-Kommission zusammengebracht haben. Diese haben den Konsens über Grundziele der Umweltpolitik und ihrer einzelnen Sachgebiete festgeschrieben. Die Stockholmer Umweltkonferenz der Vereinten Nationen verabschiedete die ›Erklärung zur humanen Umwelt‹, die ›Erklärung über Prinzipien‹ sowie 109 Empfehlungen. Gemessen an dem bis dahin ungelösten Konflikt zwischen Nord und Süd war diese Kodifizierung von Prinzipien, insbesondere die Definition der Biosphäre als eines Objekts internationaler Politik, und die Anerkennung der Unverzichtbarkeit internationaler Kooperation ein entscheidender Durchbruch. Dies wurde durch die Klärung des Verhältnisses von Entwicklung und Umwelt möglich, d.h. durch die Anerkennung des Prinzips der „Additionalität", wenn auch gegen den hinhaltenden Widerstand einiger Industrieländer: für die Behebung der Umweltschäden müßten neue Mittel bereitgestellt werden. Sie konnten nicht aus der Entwicklungshilfe abgezweigt und in die Umweltpolitik umgeleitet werden.

Ein weiterer entscheidender Schritt war das in der Declaration of Principles enthaltene Konzept der „verschmolzenen Souveränitäten", in der die Einschränkung nationaler Souveränität durch wechselseitige Verantwortlichkeit für grenzüberschreitende Ökosysteme anerkannt wurde.[27]

Die ›World Charter of Nature‹ schränkte die nationale Verfügung über natürliche Ressourcen aus umweltpolitischen Gesichtspunkten ein. Daß diese Resolution in der Generalversammlung 111 Stimmen erhielt, kündigte einen Umschwung in den Auffassungen der Entwicklungsländer an – wenn sich auch einige Lateinamerikaner unter der Führung Brasiliens nicht in die Abholzung ihrer Urwälder hineinreden lassen wollten und sich daher der Stimme enthielten. Die einzige Gegenstimme kam von den USA. Die World Charter verlangte, Bewirtschaftung und Bevölkerungspolitik an der Tragfähigkeit der jeweiligen Umwelten auszurichten, die Regenerationsfähigkeit für Tier- und Pflanzenwelt zu berücksichtigen und irreversible Veränderungen zu vermeiden.[28]

Die World Conservation Strategy (1980), auch von UNEP entwikkelt, präzisierte Prinzipien und Normen für die Erhaltung von genetischen Ressourcen, Artenschutz und Ökosystemen. Das Dokument enthielt eine Auflistung von Zielen des Naturschutzes und legte eine Reihe von erwünschten Aktivitäten nationaler Regierungen und internationaler Zusammenarbeit fest.[29]

Weiterentwicklungen der Prinzipien internationaler Umweltpolitik sind ferner der Brandt-Kommission, den Dokumenten der zweiten UN-Umweltkonferenz 1982 in Nairobi (Nairobi-Deklaration) sowie den Arbeiten der Brundtland-Kommission zu danken. Den wohl umfassendsten Katalog von Kodifizierungsvorschlägen erarbeitete die Umweltrechtsexpertenkonferenz von Montevideo im Jahre 1981. Diese Konferenzresolutionen und Kommissionsempfehlungen stellen Prinzipien bereit, aus denen die Verhandlungen über einzelne Umweltregime schöpfen können. Dies erleichtert das Finden einer gemeinsamen Sprache, die Definition von Problemlagen und Zielkomplexen und Kompromisse in Politikfeldern mit hoher Komplexität.[30] Freilich fällt an diesen Prinzipien auf, daß sie durchweg Konzessionen an die Interessen anderer Politiksektoren machen. Selten kommen die Bedürfnisse der Umweltpolitik uneingeschränkt zur Geltung, sie werden besonders häufig durch wirtschaftliche Rücksichten eingeschränkt. Eine bemerkenswerte Ausnahme ist die ›Southern Ocean Convention‹ von 1980, die der Erhaltung der lebenden Ressourcen der antarktischen Lebenswelt gewidmet ist. Sie zeichnet sich dadurch aus, daß ihre Prinzipien nicht die Beuteregelung für einzelne Spezies, sondern einen ganzheitlichen Ansatz ansteuern.[31]

Normen

Die Entwicklung internationaler umweltpolitischer Normen war von Anfang an in eine völkerrechtliche Debatte eingebettet. Gab es bei Sicherheit und Wirtschaft alte Verhaltenstraditionen und Regelsysteme eigener Art (Machtgleichgewicht, Markt), so bot die Umweltpolitik von Anfang an der rechtlichen Gestaltung weniger Widerstände.

Als universal anerkannte Norm kann die Vorschrift gelten, alles zu tun, um grenzüberschreitende Schäden durch die wirtschaftliche Tätigkeit im eigenen Land abzuwenden. Hiervon leiten sich Haftungspflichten bei Verstößen ab, die im übrigen auch für die Handlungen der Staatsbürger im extraterritorialen Raum (z.B. auf Hoher See) gelten. Diese Norm steht in Spannung zur universalen Norm nationaler Souveränität. Das hat in der Nord-Süd-Auseinandersetzung eine bedeutende Rolle gespielt. Leider hat die Norm sich nicht ohne Einschränkung durchsetzen lassen. Die „Verfügbarkeit adäquater Technologie" zur Beseitigung eines Umweltschadens ist ein gängiges Schlupfloch, denn Nichtverfügbarkeit spricht den Verursacher von der Verantwortung für die angerichteten Schäden frei. Ein zweites Schlupfloch ist die „Zumutbarkeit" umweltschützender Maßnahmen unter dem Gesichtspunkt ihrer wirtschaftlichen Auswirkungen.

Damit werden auch den übrigen, mittlerweile anerkannten Normen Grenzen gesetzt. Hierzu gehört die Verpflichtung zur internationalen Zusammenarbeit, die die Erarbeitung „gerechter Lösungen" für die grenzüberschreitenden Umweltprobleme und eine umfassende Informations- und Konsultationspflicht umfaßt. Nichtdiskriminierung zwischen den beteiligten Staaten und gleicher Zugang der Bürger anderer Staaten zu den innerpolitischen Rechtsinstanzen, sofern grenzüberschreitende Umweltbelange betroffen sind, sind als Normen noch nicht generell durchgesetzt.[32]

Zu den anerkannten Normen, wie sie vor allem aus dem Meeresschutz und aus den Regimen der Luftreinhaltung, erwachsen sind, gehören die Überwachungspflicht der Staaten hinsichtlich umweltrelevanter Projekte, Umweltverträglichkeitsprüfungen bei Großvorhaben, die gegenseitige Hilfe bei Notfällen sowie die Unterrichtung über grenzüberschreitende Aktivitäten oder Unfälle mit grenzüberschreitenden Folgen.[33]

Regeln

In Umweltregimen müssen Regeln vor allem Nutzungsrechte der Teilnehmer an knappen Umweltressourcen festlegen (private Eigentumsformen, Gemeineigentum, Partialnutzung) sowie Verhaltenspflichten definieren (Beschränkung von Nutzungsrechten sowie Haftungsregeln). Haftungsfragen sind von einer wachsenden Bedeutung, weil sie das praktikabelste Sanktionspotential des Politikfeldes enthalten.[34]

Die präzise Formulierung von Regeln wird schwerer, je größer die Zahl der Teilnehmer und je spezifischer der zu regelnde Gegenstand sind. Das wird vor allem deutlich, wenn man den umfassenden Kodifizierungskatalog der Umweltrechtsexpertenkonferenz (Montevideo 1981) mit den in den meisten Abkommen festgeschriebenen Verpflichtungen vergleicht. Deren Verbindlichkeit bleibt hinter dem völkerrechtlich Möglichen und Empfehlenswerten durchweg weit zurück. So sind die Regeln der ECE-Konvention über großräumige grenzüberschreitende Luftverschmutzung von 1979 erheblich unspezifischer als ihr ursprüngliches Vorbild (nämlich eine Konvention des Nordischen Rats) und auch weniger gehaltvoll als vergleichbare Bestimmungen im Rahmen der Europäischen Gemeinschaft. Die ECE-Konvention hat aber einen Weg gefunden, um mit diesem Problem fertigzuwerden. Ihre Formel: Jeder Staat reduziert seine SO^2 Emissionen um 30%. Dieser Weg vermeidet den Streit über Verursacher und Opfer, erweckt einen Anschein von gleicher Last und überläßt Mittel und Wege der Implementation den Gegebenheiten in den Teilnehmerländern.[35]

Die Basler Müllkonvention ist ein Regime mit hoher Regeldichte. Die Teilnehmer unterliegen einer Berichtspflicht über Müllexporte, können diese nur mit der Vorabzustimmung des Empfängerlandes und der Transitländer vornehmen, haben ein völliges Exportverbot in Länder südlich des 60. Breitengrades und in Nichtunterzeichnerstaaten zu beachten. Leider ist dieses Regelwerk durch einige Schlupflöcher durchbrochen: Verträge mit Nichtunterzeichnerstaaten können unter Umständen doch geschlossen werden – ein Widerspruch in ein und demselben Regime. Müllexporte bleiben zulässig – entgegen den Wünschen vieler Entwicklungsländer, wenn Entsorgungstechnologie und Müllagerstätten fehlen oder wenn der Abfall als Rohstoff in einem anderen Land verwendet werden kann.[36]

Detaillierte Verhaltensvorschriften enthält das Memorandum of Understanding der Nordsee-Konvention zur Hafenstaatskontrolle. Hafenstaaten sind verpflichtet, jährlich 25% der einlaufenden Schiffe daraufhin zu prüfen, ob sie internationalen Arbeits- und Umweltschutznormen entsprechen; bei Verstößen müssen Strafen vom Mängelbericht bis zum Auslaufverbot erlassen werden. An die IMO ist jährlich Bericht zu erstatten.[37]

Zahlreiche Umweltregime formulieren hingegen ihre Regeln mit geringer Präzision und/oder ohne Überprüfungs- und Verifikationsverfahren. Ein Beispiel ist das Artenschutzabkommen CITES und, nachgeordnet, die Konvention zum Schutze gefährdeter wandernder Spezies („Bonner Konvention"). CITES schränkt den Handel einer großen Zahl von gefährdeten Spezies ein – er ist von der Genehmigung durch die Regierungen abhängig – und verbietet ihn für andere ganz; die betreffenden Tierarten sind im ›Roten Datenbuch‹ genannt. Die Einhaltung dieser Verpflichtungen bleibt jedoch in der Hand der einzelnen Länder, eine internationale Überprüfung gibt es nicht. Allenfalls ist wechselseitige Kritik der Partnerländer möglich, wenn Verstöße ruchbar werden.[38]

Viele Umweltregime eröffnen sogar bewußt Umgehungswege; Standards-Schlupflöcher sind Klauseln über die „Verfügbarkeit der Technik“, über „wirtschaftliche Zumutbarkeit“ oder auch der Regelverzicht für Beziehungen zu Nichtteilnehmern. Eine bemerkenswerte Ausnahme ist das Montreal-Protokoll: Es verstellt solche Umgehungsmöglichkeiten durch strikte Reduktionsregeln und durch das Importverbot der indizierten FCKW.[39]

Verfahren

Information und Verifikation

Der Prozedurenreichtum der internationalen Umweltpolitik darf nicht darüber hinwegtäuschen, daß nur in den seltensten Fällen detaillierte Verfahren für die Verifikation eingegangener Verpflichtungsleistungen bestehen. Eine Ausnahme bildet das Abkommen zur Verhinderung von Meeresverschmutzung durch Schiffe und Flugzeuge im Nordostatlantik (Konvention von Oslo), die eine Joint Monitoring Group eingesetzt hat, um die von den Mitgliedsländern getroffenen Maßnahmen zu überprüfen. Damit hat das dichte Netz von Regimen gegen die Meeresverschmutzung (Internationale Konvention gegen die Meeresverschmutzung von Schiffen aus, MARPOL, Internationale Konvention für die Schadensbegrenzung bei Ölhavarien auf Hoher See sowie eine Konvention, die die Haftung für diese Fälle regelt, Konvention gegen Meeresverschmutzung durch Schadstoffe [Konvention von London]) für ein begrenztes geographisches Gebiet größere Wirksamkeit gewonnen.[40]

Die Südatlantikkonvention zum Schutz der antarktischen Meerwelt etabliert eine Kommission mit Entscheidungsrechten über die Anpassung der Fangquoten. Ein Wissenschaftskomitee, das die Kommission berät, und ein Sekretariat verleihen dem Regime zusätzliches organisatorisches Rückgrat.

Die Basler Konvention und das Montreal-Protokoll enthalten Verpflichtungen für detaillierte Berichte (Umsetzung der Abkommen in der Innenpolitik, Müllexporte im abgelaufenen Jahr bzw. Produktion/

Import/Verbrauch von FCKW) an das jeweilige Sekretariat – im Falle Montreal ist dies UNEP. Ferner wird ein zusammenfassender Bericht des Sekretariats und dessen Debatte auf Folgekonferenzen verlangt; dies sollte eine wirksame Überprüfungsprozedur darstellen. Montreal ist darüber hinaus interessant durch sein Änderungsverfahren: Eine Mehrheit von zwei Dritteln der Unterzeichner, die mindestens 50% des FCKW-Verbrauchs repräsentieren müssen, können die Bestimmungen des Protokolls verschärfen (nicht: verwässern); dieser Beschluß bindet alle Unterzeichner.[41]

Ein Sonderfall ist die „indirekte Verifikation", die das Artenschutzabkommen CITES zuläßt. Hier wird dem Importeur ausdrücklich das Recht zur Prüfung von Warenlieferungen und ihrer Begleitpapiere zugesprochen. Daraus ergibt sich natürlich ein Einblick in das Maß und die Effektivität der Implementation durch das Exportland.[42]

Bei der überwiegenden Zahl der Abkommen besteht das Verifikationsverfahren in der Erfassung implementationsrelevanter Daten durch den vollziehenden Staat, der Erstattung von Berichten an die Gesamtheit der Regimeteilnehmer und in der Erstellung eines gemeinsamen Erfolgsberichtes. In anderen Worten, die spezifischen Maßnahmen werden den Staaten überlassen, die angelieferten Daten werden nicht unabhängig verifiziert, Beanstandungsmöglichkeiten sind nicht formal geregelt.[43]

Die Informationsbeschaffung- und verteilung können als Vorform und Grundbedingung von Verifikation begriffen werden. Die Bedeutung der Information im Umweltsektor ist evident. In vielen Fällen beruht ja die Tatsachenfeststellung in den Prinzipien nur auf plausiblen Vermutungen, da die Wissenschaft nicht weit genug ist, um vollständig verläßliche Erkenntnisse vorzulegen. In diesen Fällen dient das Regime dazu, durch die systematische Sammlung und Auswertung von Daten und die Bereitstellung eines Forums für den regelmäßigen wissenschaftlichen Austausch das dem Regime zugrundeliegende Wissen zu erweitern. Die systematische Informationsaufbereitung ist auch erforderlich, um die Wirksamkeit der ausgewählten Instrumente zu prüfen und sie entsprechend zu verbessern. Schließlich schaffen Regime durch Technologietransfer (herausragend das Montrealer Protokoll) die Voraussetzung für Informationsbereitstellung in den weniger entwickelten Mitgliedsstaaten. Zu diesem Zweck verwenden Umweltregime drei Verfahren: das Berichtswesen der Mitgliedsstaaten; supranational vernetzte Meßsysteme (z. B. für den Rhein sowie das EMEP-System für das SO^2 Protokoll zum Luftreinhalteabkommen) und wissenschaftliche Kommissionen und/oder Konferenzen.[44]

Verwaltung

Die Administration der Regime wird in den meisten Fällen durch eine Kombination von Sekretariat und permanenter (Kommission) oder regelmäßiger (Konferenz) Zusammenkunft der Mitgliedsländer geleistet. Der Bedarf an permanenter Zusammenkunft ergibt sich aus der Notwendigkeit, große Mengen an technischer Information koordiniert zu sammeln und an eine große Zahl von Teilnehmerstaaten zu verteilen.[45]

Ein zukunftsträchtiger Sonderfall ist die Konvention über den Handel mit gefährdeten Tierarten (CITES), dessen Administration von den Vertragsparteien zunächst an UNEP, vom UNEP-Direktor sodann weiter an zwei private Organisationen, die Internationale Union für die Erhaltung der Natur (IUCN) und den World Wildlife Fund delegiert wurden. Private Organisationen verfügen über größere politische Bewegungsfreiheit als Internationale Organisationen auf Regierungsebene, da sie weniger Rücksicht auf die Mitgliedsländer nehmen müssen. Auch sind sie nicht – wie von den Mitgliedsstaaten besetzte Kommissionen – an deren Interessen rückgebunden.

Für eine Reihe von Umweltregimen ist hingegen kennzeichnend, daß sie auf eine eigene Organisation verzichten und die Implementation und ihre Kontrolle in den Verantwortungsbereich der Teilnehmerstaaten verweisen. Dies gilt etwa für die ›Konvention über Feuchtgebiete von Internationaler Bedeutung‹, für das Abkommen zur Erhaltung der Eisbären, aber auch für den Umweltschutz in den Exklusiven Wirtschaftszonen des Seerechts und für eine Reihe regionaler Meeresschutzabkommen unter der Ägide von UNEP. Hier gewährleisten regelmäßige Konferenzen eine Weiterentwicklung der Regime.[46]

Regimeerzeugende und -entwickelnde Verfahren

Auf die regimegenerierenden Prozeduren, die UNEP entwickelt hat, ist schon hingewiesen worden: die Definition von regionalen Umweltproblemen und die Weitergabe entsprechender Informationen an die betreffenden Staaten, die Koordination von wissenschaftlicher Umweltforschung und die Verbreitung ihrer Resultate (z. B. das Umweltmeßprogramm Earthwatch), die Beratung bei Verhandlungen über den Abschluß von Abkommen nebst Streitschlichtung sowie das Einbringen von umweltpolitischen Gesichtspunkten in die Aktivitäten anderer UN-Organisationen wie der Weltbank oder der FAO. Insoweit stellt

UNEP eine universal verfügbare Prozedurenquelle dar, die für alle möglichen Umweltregime genutzt werden kann.[47]

Ein vielfach beobachtbares Verfahren der Regimeentwicklung setzt an schwachen Verifikationsprozeduren an. Dies trifft etwa für die Helsinki-Kommission – eingerichtet in Verbindung mit der Meereskonvention zum Schutz der Ostsee – zu. Sie geht von der Beobachtung der Umsetzung des Abkommens aus (durch Jahresberichte über die Implementationsleistungen der Mitgliedsländer), registriert seine Wirkung auf die Meeresumwelt, sichtet entsprechende wissenschaftliche Studien und entwickelt daraus Empfehlungen für die Ergänzung des Abkommens.[48]

Insgesamt spiegelt sich in den noch sehr stark auf die Mitgliedsstaaten zentrierten Verfahren die Resistenz der nationalstaatlichen Souveränität gegen die Regimebildung wider. Mit der ›Haager Erklärung‹, dem Abschlußdokument einer aus Regierungsvertretern und privaten Teilnehmern zusammengesetzten Konferenz (1988) ist zum ersten Male die Forderung nach weit verbindlicheren Prozeduren erhoben worden. Die Erklärung verlangt die Einrichtung einer internationalen Behörde für den Schutz der Erdatmosphäre. Die Behörde soll ein verbindliches Streitschlichtungsverfahren einrichten, für Technologietransfer zuständig sein und gültige Verhaltensnormen setzen können; ihre Entscheidungen sollen ihrerseits der Kontrolle durch den Internationalen Gerichtshof unterworfen sein. Ein derartiger Grad an Verbindlichkeit findet sich bisher nur innerhalb der EG, mit der Richtlinienkompetenz der Kommission und der Unterwerfung unter den EuGH.[49]

Regimeeffizienz, Regimewirkung

Regimeeffizienz

Umweltkonventionen greifen in nationale Prärogative ein. Ihre Umsetzung wird so kompliziert, weil in nicht-zentralistischen Staaten umweltpolitische Kompetenzen durchweg zwischen den verschiedenen Regierungsebenen aufgeteilt sind. Dies erschwert nicht nur die Aushandlung von Regimen, vor allem, wenn die Partner ungleich strukturiert sind, der eine also die rechtmäßigen Ansprüche der anderen Regierungsebenen berücksichtigen und so im Grunde zwei Verhandlungen führen muß und der andere nicht; es macht auch die Implementation langwieriger. Die föderalistische Bundesrepublik ist hierbei kein Einzelfall.[50] Dies erschwert und verlängert den Prozeß der Regimeverwirklichung im nationalen Rahmen, der gleichwohl auch in zentralistischen Staaten vor einer „dreifachen Implementationslücke" steht:

- einer Lücke zwischen Unterschrift und Ratifikation. Dies ist wegen der zeitkritischen Dringlichkeit der meisten Umweltprobleme ein fataler Mangel;
- einer Lücke zwischen Ratifikation und Umsetzung in nationale Gesetzgebung/-en (in Extremfällen kann es dazu kommen, daß eine als allzu weitgehend empfundene Aufgabe nationaler Souveränität vom Parlament zurückgewiesen wird, so die Konvention über die Reduzierung der Chlorideinleitung in den Rhein durch das französische Parlament 1976);
- einer Lücke zwischen nationaler Gesetzgebung und der tatsächlichen Implementation in der Praxis.[51]

Es scheint also zunächst Skepsis angebracht gegenüber den Durchsetzungschancen von Umweltregimen. Diese Durchsetzungschancen sind jedoch deutlich höher, wenn die dagegen konzentrierten Interessen nicht übermäßig stark sind: Die unterschiedliche Wirksamkeit des Pelzrobbenregimes und des Walfangregimes – zumindest bis in die achtziger Jahre – weist auf diesen Umstand hin. Der Schutz der Pelzrobben betraf eine Spezies, deren Lebenswelt weitgehend im Bereich eines von vier Vertragspartnern (der Vereinigten Staaten) lag, deren wirtschaftliche Nutzung begrenzt war und deren Überlebenssicherung alle Partner begünstigte. Bei den Walen handelt es sich um viele Arten, die weiträumig in Territorialgewässern und auf die Ozeane verteilt leben und deren Erbeutung für eine industriell organisierte, an kurzfristigen Erträgen interessierte Fischereiindustrie lebenswichtig war. Insgesamt schneidet unter den Fischereischutzabkommen nur das Pelzrobbenregime günstig ab, während es den anderen – interessenbedingt – an wirksamer Implementationskontrolle fehlte und Implementation deshalb auch unterblieb. Zugleich zeigt das Walfangregime aber auch Mittel auf, mit denen die Effizienz des Regimes evolutionär gesteigert werden kann. Ein durch Tierschutzgruppen in verschiedenen Mitgliedsländern des Regimes – vor allem Australien und den USA – eingeleiteter Bewußtseinswandel hat die Regierungen dieser Staaten zu einer Ablehnung des Walfangs veranlaßt. Dadurch kam es 1982 zu einem mehrheitlichen Moratoriumsbeschluß der Walfangkommission. Die „Überwachung" dieses Beschlusses durch Greenpeace führte zum Boykott norwegischer, brasilianischer und südkoreanischer Fischprodukte auf dem amerikanischen Markt. Diese drei Länder beugten sich später dem Moratorium. Japan, der unbelehrbarste Regimeteilnehmer, auf den sich mittlerweile der Zorn der USA konzentriert, hat sich auf die „Forschungsklausel“ zurückgezogen, die in begrenztem Umfang den Walfang zu Forschungszwecken gestattet. Zwar legt Japan diese Klausel extensiv aus, die gegenwärtige Fangquote bleibt jedoch hinter den traditionellen Mengen zurück. Hier hat innenpolitischer Druck, kombiniert mit Diplomatie und den Aktivitäten nichtgouvernementaler internationaler Organisation die Effizienz eines Regimes gesteigert.[52]

Auch ein zunächst nur schwach verregeltes Regime kann eine überraschend hohe Effizienz erreichen, wenn seine Normen von den Regimeteilnehmern in vollem Umfang akzeptiert werden. Das Luftreinhalteregime im Rahmen der ECE – fixiert in der ECE-Konvention über weiträumige grenzüberschreitende Luftverschmutzung von 1979 – hatte auf eine konkrete Verpflichtung der Staaten, den Schadstoffausstoß zu vermindern, verzichtet. In den achtziger Jahren schlossen sich jedoch immer mehr Länder des ECE-Raumes einer skandinavischen Initiative an, durch freiwillige Selbstverpflichtung eine Senkung des Schwefeldioxidausstoßes um 30% in Angriff zu nehmen. Es folgte das Stickoxidprotokoll von 1988, das für die Unterzeichner eine Regelverpflichtung für diesen wichtigen Schadstoff enthielt. Mittlerweile ist ein realer Rückgang der Schwefeldioxidemissionen im ECE-Raum zu verzeichnen. Auch im Rahmen des Ozonschutzabkommens gehen jetzt zahlreiche Staaten durch freiwillige Selbstverpflichtungen über die Regimeregeln hinaus (frühzeitige Aufgabe der FCKW-Produktion).[53]

Nicht zuletzt üben die Regime einen heilsamen Einfluß auf Akteure aus, die zu Beginn kein deutliches Interesse an der umweltpolitischen Problemregelung erkennen ließen, im Verlauf der Regimeentstehung und -evolution solche Interessen allmählich entwickelten und sich zunehmend regimekonform und konstruktiv verhielten. In Europa sind solche Wandlungsprozesse für die Schweiz, Polen und sogar Großbritannien verzeichnet worden. Es scheint, daß vor allem Verfahren, die regelmäßige Berichterstattung über Regimekonformität verlangen, hierzu einiges beitragen können. Dieser Zwang zur Selbst-Evaluation stärkt unverkennbar die Position derjenigen Akteure in den betroffenen Staaten, die sich mit dem Regime identifizieren, da die Aufmerksamkeit der Entscheidungsträger regelmäßig auf die Belange des Regimes gelenkt wird.[54]

Haas hat festgestellt, daß die Teilnahme am Mittelmeerregime die dem Umweltschutz gegenüber ablehnend oder indifferent eingestellten Staaten Algerien und Ägypten zum Umdenken veranlaßt hat. In beiden Ländern sind Mitte der achtziger Jahre Schadstoffemissionsrichtlinien und öffentliche Investitionsprogramme für die Abwässerbehandlung beschlossen worden, die sich ausschließlich aus dem Bemühen erklären, den Regeln des Mittelmeerregimes zu folgen.[55]

Regimewirkung

Gerade im Umweltbereich ist die Unterscheidung zwischen Effizienz (gegenüber den Widerständen der teilnehmenden politischen Systeme) und Wirkung (hinsichtlich der angestrebten Veränderungen in der Wirklichkeit) besonders wichtig. Hier hilft es wenig, wenn die Operation – die internationale Zusammenarbeit – gelingt und der Patient – die Umwelt – trotzdem tot ist. Wir haben es nicht nur mit der zögerlichen Anpassung der Nationalstaaten an die Erfordernisse der Umweltproblematik zu tun, sondern auch damit, daß die Umweltprobleme ständig wachsen. Ein bewegliches Ziel zu treffen ist wesentlich schwerer, als ein feststehendes zu erreichen. Bereits während der Verhandlungen ändern sich beständig die Anforderungen an die Regimeleistungen, steigen die Ansprüche an die Leistungsbereitschaft der Regimeteilnehmer. Das verschärft nicht nur die Verteilungskonflikte, sondern es macht es auch schwer, die Prinzipien eines Regimes gültig festzulegen.

Der Blick auf die tatsächlichen Wirkungen der Umweltregime dämpft den Optimismus, den die Tendenz zur internationalen Zusammenarbeit erweckt. In vielen Fällen war die Regimebildung insoweit harmonisch, als einvernehmliche Prinzipien erarbeitet wurden. Die tatsächlichen Auswirkungen auf die Umwelt blieben hingegen vernachlässigbar. Selbst bei einem recht positiven Ergebnis wie der Ostseekonvention kann man nicht völlig glücklich sein. Quecksilber- und DDT-Belastungen sind als Ergebnis der Konvention gesunken. Die durch Nährstoffeinbringung bedingte Eutrophierung des Meeres ist aber fortgeschritten; den Fischen ist es natürlich egal, woran sie sterben, und es ist zu Recht gefragt worden, ob die Teilerfolge nicht sogar weitergehenden Forderungen nach Verringerung der Schadstoffeinleitung den Schwung genommen haben.[56]

Der Einbau von Ausnahmebestimmungen und Umgehungswegen in scheinbar solide Abkommen vermindert ihre Wirkung. So wird prognostiziert, selbst das relativ „schlupflocharme“ Montrealer Ozonprotokoll werde statt zu einer Halbierung nur zur Verminderung des FCKW-Ausstoßes um ein Drittel führen.[57]

Schließlich wird die Regimewirkung dann beeinträchtigt, wenn nur ein Teil des Problemfeldes wirklich geregelt wird. Die Rheinschutzkommission kann zwar die Verminderung des Quecksilber-, Kadmium- und Ammoniakeintrages als Erfolg verbuchen; der Zustand des Flusses bleibt gleichwohl kritisch durch die unverminderte Einleitung von Phosphaten und Stickstoff aus der Landwirtschaft.[58]

Regimekonflikte

Zwischenstaatliche Konflikte und Umweltregime

Die Abhängigkeit des Politikfeldes von Konflikten der politischen Großwetterlage ist an der Entwicklung der gesamteuropäischen Umweltpolitik deutlich abzulesen. Obwohl die ECE bereits in den frühen sechziger Jahren mit Arbeiten zur Wasserverschmutzung, 1969 mit einem Regierungsvertretertreffen zur Luftverschmutzung die umweltpolitische Arbeit begonnen hatte, wurde noch die Konferenz von Stockholm von den sozialistischen Ländern boykottiert, da der DDR die Teilnahme versagt worden war. Erst der Grundlagenvertrag machte den Eintritt der DDR als Vollmitglied möglich, und erst die Mitgliedschaft der DDR öffnete das Tor zur Einrichtung der „Hochrangigen Berater für Umweltfragen“ 1973, dem seither bei der Schaffung und dem Ausbau von Umweltregimen zwischen Ost und West federführenden Gremium. Die Umweltpolitik entwickelte später im Ost-West-Verhältnis eine von politischen Gegensätzen kaum mehr beeinträchtigte Dynamik; heute kommt ihr das Ende des Ost-West-Konfliktes zugute.[59]

Wesentlich dramatischer beeinträchtigen zwischenstaatliche Konflikte die Regelung von Umweltproblemen, wenn sie mit virulenten territorialen Disputen verbunden sind. Das UNEP-Meeresschutzprogramm hat in Ostasien nur bei der ASEAN Fuß fassen können, da die nördlichen Staaten der Region, China, Taiwan und Vietnam, in einen Streit über Territorialgewässer im südchinesischen Meer verwickelt sind. Noch gravierender wirkten sich beide Golfkriege auf das bis dahin recht erfolgreiche Meeresschutzabkommen für den Persischen Golf aus, dessen Ziele durch Öltanker-Havarien und die Zerstörung von Öllade-Anlagen nach Angriffen der Kriegsparteien direkt in Mitleidenschaft gezogen wurden. Bevölkerungsdruck und Verteilungskonflikte über Trinkwasser (v. a. zwischen Ober- und Unterliegern von Flüssen) haben in Südasien, dem Mittleren Osten und Nordafrika bereits bedrohliche Formen angenommen und verstärken die ohnedies vorhandene Spannung zwischen feindlichen Nachbarn.[60]

Norden – Süden: Gemeinsame Prinzipien?

Ein bis heute wirksames Hindernis ergab sich aus dem Verdacht der Dritten Welt, das Hochspielen des Umweltthemas sei ein Manöver der Industrieländer, um von den Forderungen nach einer neuen Weltwirtschaftsordnung abzulenken. Außerdem bestanden Befürchtungen, der „Norden“ werde die Umweltpolitik zum Anlaß nehmen, die Entwicklungshilfe weiter einzuschränken.[61]

So haben sich konfligierende Auffassungen über die Prinzipien der internationalen Umweltpolitik ergeben. Diese Unterschiede haben sich in Auseinandersetzungen über neue Regime und in Debatten über die Anpassung älterer Regime bis heute erhalten, wenn sich die Positionen auch angenähert haben. Aus der Sicht der westlichen Industrieländer sind Umweltprobleme die Folge des Einwirkens der gesamten Menschheit auf die Natur. Aus der Perspektive der Entwicklungsländer folgen sie aus dem luxuriösen Umweltverbrauch der Industrieländer und aus der eigenen sozialen und wirtschaftlichen Unterentwicklung; die Frage der neuen Weltwirtschaftsordnung wäre demnach das übergeordnete Problem, Umweltpolitik wäre nachgeordnet (hierzu zählt auch, daß die Gefahren der Bevölkerungsexplosion von den Entwicklungsländern jahrelang geleugnet wurden).[62]

Um überhaupt zu einem Grundbestand von Prinzipien zu gelangen, mußten wesentliche Gesichtspunkte zunächst ausgeklammert werden, da die Entwicklungsländer zu Zugeständnissen nicht bereit waren, nämlich das Bevölkerungswachstum, der Mißbrauch und die dilettantische Verwendung von Entwicklungshilfe, die Unfähigkeit militanter Ideologien, mit Umweltproblemen fertigzuwerden und die Auswirkungen der Unterdrückungspolitik vieler Regierungen in der Dritten Welt. (Ausführlich konnte hingegen die schädliche Wirkung der südafrikanischen rassistischen Politik gewürdigt werden.)[63]

Eine vernünftige Möglichkeit, mit diesem Konflikt fertigzuwerden, ohne den Regimebestand insgesamt in Frage zu stellen, ist die Bestimmung mit einer zehnjährigen Verzögerung in Kraft zu setzen. Ihnen wird zugestanden, ihren Pro-Kopf-FCKW-Verbrauch auf 1/3 des Industrieländer-Standards von 1986 zu steigern, bevor der Abbau beginnt. Diese Bestimmung entläßt diese Länder nicht aus den Verpflichtungen des Regimes, macht ihnen zugleich jedoch deutlich, daß ihre Interessen berücksichtigt werden.[64]

Eine Umkehr der Interessenkonstellationen findet sich in der Abfallwirtschaft. Hier sind es die Industrieländer, die ihren Wohlstandsmüll gerne an die Entwicklungsländer loswerden wollen (oft um dem Widerstand ihrer Bürger gegen neue Deponien zu entgehen); und es sind die Entwicklungsländer, die auf Schutz vor den Lasten des Luxuskonsums des „Nordens“ pochen. Die Bestimmungen der Basler Konvention (Vorabzustimmung, Exportverbot südlich des 60. Breitengrades) tragen diesen Forderungen teilweise Rechnung.[65] Insgesamt bleibt der Widerspruch zwischen Ökokolonialismus und der Leitbildfunktion der Industrieländer bis heute ungelöst.[66]

Souveränität versus Umweltbelange

Der klassische Regimekonflikt, der sich nicht um Fragen der Verteilung oder der Substanz dreht, in dem vielmehr die Staaten die Prärogative ihrer nationalen Souveränität verteidigen, ist nirgendwo so augenfällig wie im Umweltbereich. Dies trifft nicht auf alle Staaten zu; besonders umweltbewußte Länder wie Schweden, Kanada oder Deutschland sind bereit, überdurchschnittlich weit zu gehen. Aber das Syndrom findet sich gleichermaßen bei Großstaaten, Mittelstaaten und Kleinstaaten, bei Entwicklungsländern, sozialistischen und westlichen Industrieländern. Es ist im Umweltbereich besonders augenfällig, weil es sich hier nicht um ein klassisches, fest etabliertes Politikfeld handelt. Auch geht es nicht um Kernfragen der Macht. Wirtschaftliche Wohlfahrtswerte sind zwar nachhaltig, aber zunächst nur indirekt betroffen. Andererseits wertet es doch die oft verächtlich abgetanen Erfolge internationaler Umweltpolitik auf, daß gegen die strukturelle Barriere „Souveränität“ in zähem, schrittweisem Ringen einzelne Umweltregime etabliert wurden, gewachsen sind und sich zum Teil untereinander und mit benachbarten Regimen vernetzt haben.

Das Schlußdokument der Stockholmer Umweltkonferenz hatte daher zunächst zwei widersprüchliche Prinzipien, die Souveränität der Verfügung über einheimische Ressourcen und die Verpflichtung, grenzüberschreitende Schäden aus der Ressourcennutzung zu vermeiden, ungeklärt nebeneinandergestellt.[67] Das in der Neuen Internationalen Weltwirtschaftsordnung vertretene Verständnis der völligen Souveränität über natürliche Ressourcen auf dem nationalen Territorium widerspricht diametral dem in der internationalen Umweltpolitik wachsenden Prinzip der wechselseitigen Verantwortlichkeit für die ökologischen Folgen des Wirtschaftens. Dieser Widerspruch kommt in der Forderung nach Schonung der tropischen Regenwälder und deren Ablehnung durch die Amazonasstaaten plastisch zum Ausdruck. Vor allem Brasilien besteht kompromißlos auf seiner nationalen Souveränität, freilich nicht, ohne mit dieser Haltung im eigenen Land Kritik hervorzurufen. Insofern hat dieser Prinzipien- und Normkonflikt auch eine Nord-Süd-Dimension; er erschöpft sich jedoch nicht darin, da etwa Länder wie Frankreich und Großbritannien in vielerlei Situationen das Souveränitätsargument auch in den Vordergrund stellen, etwa bei der Sicherheit von Nuklearanlagen. Daß ein Abkommen auf diesem Gebiet nun doch zustande kommen wird, ist der Sorge um die Akzeptanz der Kernenergie zu verdanken, nicht umweltpolitischer Einsicht.[68]

Um die Regeln: Verteilungskonflikte

Typischerweise ergeben sich bei der Aushandlung von Regimen Verteilungskonflikte. Nutzen und Schäden der wirtschaftlichen Umweltnutzung sind oft nicht gleichmäßig verteilt.[69] Die Oberlieger von Flußläufen sind geneigt, die Flüsse als willkommene Transportmedien für Haushalts-, landwirtschaftliche und Industrieabfälle zu begreifen. Die Unterlieger sehen in ihnen die Quellen für Trinkwasser: Konflikte sind vorprogrammiert und haben im Rahmen der Rheinschutzkonvention, der Verhandlungen über die Elbe und des Senegalabkommens zu erheblichen Spannungen geführt. Bei den Nutzern des Ganges (Nepal, Indien, Bangladesh) sind diese Spannungen bis an die Grenze gewaltsamer Auseinandersetzungen gediehen. Die Nutzung der Wasser des Jordan, des Orontes und des Litani hat zu den Ursachen der Nahost-Kriege gezählt.[70]

Auch Divergenzen zwischen Staaten mit unterschiedlichen technischen Fähigkeiten werden zu den Barrieren beim Aufbau und bei der Implementation von Umweltregimen gerechnet. Prittwitz mißt der Verfügbarkeit angemessener Umweltschutztechnik eine kausale Bedeutung für die Entstehung von Regimen zu. Regime kommen dann auf die Tagesordnung, wenn ein oder mehrere potentielle Teilnehmer über die erforderliche Technik verfügen. Unter diesen Umständen sind die Technikbesitzer in der wirtschaftlich besseren Lage. Bei Teilnehmerstaaten unterschiedlichen industriellen Entwicklungsniveaus haben die Technikhalter oft die Phase unbedenklicher Umweltverschmutzung hinter sich, in denen ihre Partner sich noch befinden. Diesen wird also früher in ihrem Entwicklungsprozeß der Aufwand zusätzlicher Investitionen abverlangt, während die weiterentwickelten Staaten auch noch in den Genuß der Erträge aus dem Technikexport gelangen. Hier ist ein Verteilungskonflikt vorprogrammiert. So hat sich Polen lange Zeit aus Gründen technischer Rückständigkeit den Bestimmungen des Ostseeschutzabkommens versagt, die die Begrenzung der Meeresverschmutzung von Land aus vorsahen. Ein Grund für den weltweiten Erfolg des Meeresschutzprogramms ist aber sicherlich darin zu suchen, daß die Folgen der Umweltverschmutzung bei Meeren – vor allem bei Binnenmeeren – sich unter die Anlieger relativ gleichmäßig verteilen. Je ungleicher die Verteilung von Kosten und Nutzen von Umweltregimen ist, und je weiter die Handlungskapazitäten der Teilnehmer auseinanderklaffen, desto stärker treten Verteilungskonflikte auf und desto schwerer wird es, dem Regime ein verbindliches und konkretes Regelgefüge zu geben.[71]

Der Schutz belasteter Industrien, also eine Art Umweltprotektionismus, ist ein häufig auftretender Verteilungskonflikt. Im Jahre 1981 verabschiedete die UN-Generalversammlung nach langer Vorbereitung durch UNEP eine Resolution, die Prinzipien und Normen für den Schutz vor schädlichen chemischen Substanzen formulierte. Von 147 Staaten stimmten einzig die USA dagegen; sie lehnten die Einschränkungen der Aktivitäten der chemischen Industrie, die in der Resolution enthalten waren ebenso ab wie die finanziellen Folgelasten. Das gleiche gilt für die Verzögerung wirksamer Maßnahmen gegen die FCKW-Produktion, die trotz bis in die siebziger Jahre zurückreichender Erkenntnisse erst 1987 zustandekamen, und dies noch unzureichend aufgrund des Widerstandes der japanischen, der französischen, britischen und italienischen Chemieindustrie. Erst die Erkenntnis, daß das Ozonloch unmittelbar auch die nördliche Hemisphäre bedroht, hat den Problemdruck so verstärkt, daß das technisch Mögliche auch politisch möglich wurde: das Ende der Produktion vor der Jahrtausendwende.

In die gleiche Kategorie gehört der Konflikt über den Mülltransport. Die Industrieländer waren nicht bereit, dem Verlangen der Entwicklungsländer nach völligem Exportverbot nachzugeben. Auch lehnten sie die Einbeziehung von Haftungsregeln ab. Ob die Kontrollkapazitäten der Dritten Welt genügen, um die schädlichen Folgen des Mülltourismus auf Grundlage der Basler Konvention abzustellen, ist ungewiß.[72]

Regimeverknüpfung

Die enge Verknüpfung zwischen den Problemfeldern legt es in der Umweltpolitik nahe, vorhandene unverbundene Ansätze zur Bearbeitung der Probleme eines Ökosystems horizontal (zwischen der Regelung miteinander verknüpfter Umweltprobleme) und vertikal (hierarchisch) zu verbinden. So werden Umweltprobleme der Nordsee heute von immerhin dreizehn einzelnen Abkommen und Konventionen erfaßt. Dazu zählen die Allgemeinbestimmungen des Internationalen Seerechtsabkommens, das zwar nicht in Kraft ist, aber in der fortlaufenden Verregelung der Umweltpolitik für die Nordsee in seinen Prinzipien und Normen berücksichtigt wird. Erfaßt sind die unterschiedlichen Formen der Schadstoffeinleitung (Schiffe, Flugzeuge, Flüsse, Einbringung durch die Luft und von Land aus), Haftungsfragen, Fragen der Verantwortlichkeit für Kontrollen (beispielsweise die Verpflichtung der Hafenstaaten, einen bestimmten Prozentsatz der anlegenden Schiffe zu kontrollieren). Ein etabliertes Verfahren – die Internationale Nordseekonferenz, die in dreijährigem Turnus zusammentritt – sorgt für den Zusammenhalt der Regimeteile und durch ihre Protokolle für die weitere Regimeentwicklung einschließlich neuer Verhaltensregeln. Verknüpfung wird hier also planmäßig evolutionär betrieben.[73]

Mittlerweile ist der Zwang gewachsen, für eine enge Kommunikation zwischen den verschiedenen Regimen zu sorgen. Daher berief UNEP 1988 eine Konferenz aller in der internationalen Umweltpolitik tätigen UNO-Organisationen nach Oslo ein. 24 Mitglieder der UNO-Familie leisteten der Einladung Folge. Diese Konferenz leitete regelmäßige umweltpolitische Kontakte zwischen diesen Organisationen ein.[74]

Die Verknüpfung regionaler und globaler Regime kennzeichnet den Umweltbereich zunehmend. Häufig sind regionale Regelungen gut geeignet, dem Problem zu Leibe zu rücken. Es ist zwar richtig, daß regionale Ökosysteme untereinander verbunden sind und mit globalen Ökosystemen in Beziehung stehen, dennoch bieten zahlreiche ökologische Subsysteme Möglichkeiten zu regionalen Ansätzen. Hier ist eine geringere Zahl von Variablen zu regeln und der kleinere Kreis von Teilnehmern macht den Interessenausgleich einfacher.[75] Ein Paradebeispiel sind Abkommen zur Nutzung von Fischereiressourcen wie die Konvention zur Erhaltung der antarktischen lebenen Meeresressourcen oder das Regionalabkommen zwischen zwölf südpazifischen Staaten, ihre zusammengefaßten Fischereizonen gemeinsam zu bewirtschaften. Die Vorteile regionaler Regelungen sind auch in der unterschiedlichen Betroffenheit durch einzelne Umweltschäden zu suchen. Selten treten diese gleichmäßig verteilt über den Globus auf. Daher ist es sinnvoller, an den Stellen mit den konzentriertesten Schäden anzufangen, dort, wo die Betroffenheit bereits ein Bewußtsein für den Regimebedarf hervorgebracht hat. Falls eine Ausdehnung über weitere Regionen nötig wird, bietet ein solches regionales Regime ein Beispiel, an dem sich andere Regionen orientieren können. So hat das Abkommen von Oslo – zunächst bezogen auf die Nordsee – über die Müllverbrennung auf See zu einer

Ergänzung der weltweit geltenden Londonder Dumping-Konvention geführt.[76]

Umgekehrt können globale Rahmenabkommen Anstöße und Leitlinien für regionale Konkretisierungen liefern. Dies ist ganz deutlich bei den Meeresschutzabkommen der Fall, die vieles von den älteren globalen Abkommen unter IMO-Ägide geborgt haben. Auch das Bonner Artenschutzabkommen enthält ausdrücklich die Empfehlung an seine Unterzeichnerstaaten, zu konkreteren regionalen Lösungen zu schreiten.[77]

Umwelt und andere Politikbereiche

Umweltfragen sind stets mit Problemen und Konflikten anderer Politikfelder verbunden. Denn Umweltprobleme kommen zustande als Nebenfolge industrieller Aktivitäten, als Folge des Verkehrs, als Wasserverschmutzung durch landwirtschaftliche Düngemittel, als Forstraubbau für Haushaltswärme, als Gefährdung seltener Vogelarten durch Übungen der Luftwaffe usw. Umweltpolitische Regelungen greifen daher in andere politische und gesellschaftliche Bereiche ein. Hierin liegt eine spezifische Schwierigkeit der Konstruktion und Durchsetzung von Umweltregimen. Der Widerspurch wurde zuletzt deutlich auf der Antarktis-Konferenz, die sich mehrheitlich zu einem Verzicht der Rohstoffausbeutung für fünfzig Jahre bekannte. Erst nach langem Zögern entschlossen sich die USA, gegen die Interessen ihrer Bergbauindustrie, dem neuen Antarktis-Protokoll beizutreten.[78] Ein weiteres Grundproblem einer durchsetzungsfähigen internationalen Umweltpolitik liegt in der fragmentierten Bearbeitung interdependenter Probleme durch die politischen Systeme auf nationaler und internationaler Ebene.[79]

Umweltregime und Entwicklungsregime

Nur durch eine überzeugende und praktikable Verknüpfung der Umweltregime mit dem Entwicklungsregime läßt sich die erforderliche Akzeptanz in den Entwicklungsländern herstellen, da diese auf den Export von Naturprodukten angewiesen bleiben. Folgerichtig ist die beschleunigte Abholzung der tropischen Regenwälder auch eine Konsequenz des Schuldenproblems.[80]

Zwar hat die Weltbank bereits 1973 – als Antwort auf die Stockholmer Konferenz – eine Abteilung für Umweltangelegenheiten eingerichtet, jedoch erschwerte eine unheilige Allianz zwischen den Wirtschaftsspezialisten der Weltbank und den Regierungen der Empfängerländer die Umsetzung der Gutachten dieser neuen Abteilung. So gelang es nur durch den massiven Druck der Vereinigten Staaten, die Weltbank von der Unterstützung für monströse Straßenbauprogramme in Brasilien und Umsiedlungsprogramme in Indonesien abzubringen, so daß schlimme Folgen für die Regenwälder gemildert werden konnten.[81] Es ist vor allem dem UNEP zu verdanken, daß sich eine solche Verknüpfung von Entwicklungsregime und Umweltregime allmählich konsolidiert. Auf der Grundlage der Studie ›Banking for the Biosphere‹, die UNEP 1977 durch das Internationale Institute for Environment and Development hatte erstellen lassen, formulierten UNEP, Weltbank, OAS und die EG-Kommission sowie etliche regionale Entwicklungsbanken 1980 die Erklärung über ›Umweltpolitik und Prozeduren für die wirtschaftliche Entwicklung‹ und gründeten zu deren Verwirklichung das Committee of International Development Institutions on the Environment (CIDIE). Vor allem die Weltbank hat sich seither bemüht, die hier formulierten Normen schrittweise umzusetzen. Sie stößt dabei jedoch auf den Widerstand vieler Entwicklungsländer, die sich eine umweltpolitische Konditionalität der Kreditvergabe verbitten. Auch hier steht Brasilien an der Spitze der „Souveränitätsfront". Auch die von UNEP vertretene Idee, Schuldenerlaß gegen eine konsequentere Umweltpolitik des Empfängers zu tauschen, hat nicht die Unterstützung vieler Schuldnerländer, da diese einen Angriff auf ihre nationale Selbstbestimmung wittern.[82]

Regimeevolution

Seit der endgültigen Konstitution des Politikfeldes „Internationale Umweltpolitik" Ende der sechziger/Anfang der siebziger Jahre gibt es weltweit einen von den Vereinten Nationen und ihrem Umweltprogramm (UNEP) mehr oder weniger bewußt gesteuerten Prozeß der Evolution. Er konzentriert sich auf die wiederholte Formulierung, Verstärkung, Erweiterung und Spezifizierung von Prinzipien und Normen für die Umweltpolitik im allgemeinen und für die einzelnen Problemfelder im besonderen. Ausgangspunkt dieses Prozesses war die Umweltkonferenz der Vereinten Nationen in Stockholm im Jahre 1972, der als wichtiger Vorbereitungsschritt die UNESCO-Konferenz über die Biosphäre im Jahre 1968 mit ihren zwanzig bereits „prinzipienhaltigen" Empfehlungen vorausgegangen war.[83]

Zehn Jahre nach der Stockholmer Umweltkonferenz zog eine Jubiläumskonferenz der Vereinigten Nationen die Bilanz. Die Evolution der Umweltregime ist vor allem durch ein Wachstum der Prinzipien und eine erhöhte Dichte von Prozeduren (Überwachung der Umweltverschmutzung und der Regierungspolitiken, Informationsaustausch, Forschung) gekennzeichnet. Die Regeldichte ist hinter diesem Wachstum entscheidend zurückgeblieben. Diese Erkenntnis veranlaßte UNEP zu einem Arbeitstreffen hochrangiger Juristen, die 1981 die ›Montevideo-Erklärung‹ verfaßten. Dieses Dokument enthält eine Reihe von Grundsätzen für die Verrechtlichung von Umweltfragen. Sie hat sich seither als marginal nützlich erwiesen, wenn spezifische Umweltregeln (Ozonabkommen) abgefaßt wurden.[84]

Der einfachste Evolutionstyp wird durch die Bonner Konvention (Schutz wandernder wildlebender Tierarten) repräsentiert. Die Anlagen zu dieser Konvention enthielten zunächst nur eine kleine Zahl zu schützender Arten, die durch die Nachfolgekonferenzen schrittweise erhöht werden sollte.[85]

Einem komplexeren Evolutionsmuster folgte das Mittelmeerabkommen (›Barcelona-Konvention‹). Es begann auf Initiative des UNEP als Teil des regionalen Meeresschutzprogramms im Jahre 1975. Es startete mit der Einrichtung eines umfangreichen Meßprogramms, das die Einschätzung der bestehenden Umweltschäden und ihrer wesentlichen Ursachen erleichtern sollte. Ein Jahr später formulierten die Teilnehmerstaaten in Anlehnung an die Empfehlungen des UNEP-Aktionsplans die Mittelmeer-Schutzkonvention, die ein Kompendium von Verhaltensnormen darstellt und die Prozeduren für die weitere Entwicklung des Regimes auf Dauer stellte (Konferenzen, Arbeitsgruppen von Spezialisten aus den Ländern, Forschungsprogramme, Finanzierung, Einrichtung der Mittelmeerkommission als ständigem Organ). Zugleich wurde in Teilbereichen ein Regelwerk entworfen und in Gestalt zweier Protokolle verabschiedet. Das erste befaßte sich mit der Zusammenarbeit bei Öl- und anderen Schadstoffhavarien, das zweite mit dem Verbot der Einleitung von Öl von Schiffen und Flugzeugen. 1980 wurde ein weiterer Bereich geregelt, die Verschmutzung des Meeres durch schädliche Substanzen vom Land aus. 1982 definierte ein weiteres Protokoll eine Reihe spezieller Schutzgebiete und legte Maßnahmen zu ihrer Erhaltung fest. Ein immer größerer Teil der wirtschaftlichen Aktivitäten der Mittelmeeranrainer unterliegt daher gemeinsam vereinbarten Regeln, die die Prinzipien und Normen konkretisieren. Zugleich sind Verfahren in Gang gesetzt, die der weiteren Ausdehnung solcher Regeln dienen.

Gleiches läßt sich auf andere Meeresschutzabkommen im Rahmen des UNEP anwenden (Rotes Meer, Persischer Golf, Karibik, Westafrika, Ostasien, Südostpazifik, Südwestpazifik, Ostafrika, Südwestatlantik). Im Westafrikanischen Meeresabkommen haben sich die Parteien wechselseitig das Recht eingeräumt, die Verfolgung von Umweltsündern auf Hoher See in die Territorialgewässer der Nachbarn fortzusetzen – eine Einschränkung von Souveränität.[86]

Dieser schrittweise Aufbau von Regimen, beginnend mit Prinzipien und Normen sowie ersten Verfahren, die erst zu einem späteren Zeitpunkt durch Regeln ergänzt werden, läßt sich immer wieder finden. Auch das Ozonregime ist in dieser Weise gewachsen. Das Wiener Abkommen etablierte 1985 zunächst nur allgemeine Verhaltensempfehlungen sowie Kommunikationsstrukturen unter den Teilnehmern. Bereits zwei Jahre später prüfte die Wiener Konferenz die Verwirklichung des Abkommens und trat für die Vorbereitung des 1985 noch abgelehnten Protokolls ein. Eine Expertenkonferenz im Frühling 1987 formulierte das Protokoll, das dann in Montreal formell angenommen wurde. Es legte den Staaten konkrete Pflichten (Einfrieren des Produktionslevels, Absenken der FCKW-Produktion in zwei großen Schritten, 20% weniger bis 1994 und 50% weniger bis 1999) auf. Die Dynamik des Regimes nahm durch weitergehende Selbstverpflichtungen zu, und die Helsinki-Konferenz von 1989 schlug das völlige Ende der FCKW-Produktion für das Jahr 2000 vor. Ein entsprechendes Protokoll wurde 1990 geschlossen. Neue Selbstverpflichtungen folgten 1991.[87]

Dem gleichen Muster folgt die Genfer Konvention über weitreichende Luftverschmutzung. Sie begann mit einer Anregung der ECE, wurde dann im Auftrag der KSZE formuliert und 1979 geschlossen. Erst 1985 erhielt sie verbindliche Regeln, angetrieben durch die Selbstverpflichtung des „30%-Clubs“ von neun Ländern auf der „Münchner Konferenz“, die sich zu einer freiwilligen Verminderung ihrer Schwefeldioxid-Emissionen um eben 30% verpflichtet hatten. 1988 folgte das Stickstoffprotokoll mit einem Einfrieren der NO-Emissionen, ebenfalls begleitet von der weitergehenden Selbstverpflichtung von 14 Ländern, einen Rückgang von 30% bis 1994 zu erreichen.[88]

Das Nordseeregime besteht aus mittlerweile 14 verschiedenen Abkommen, zuzüglich besonderer Regelungen innerhalb der Europäischen Gemeinschaft. Zusammengehalten wird es durch die regelmäßigen Nordseekonferenzen auf Ministerebene. Diese Konferenzen haben in der Vergangenheit die Schwachstellen des Regimes definiert und weitergehende Vereinbarungen vorbereitet oder direkt getroffen. Auf der Konferenz im Februar 1990 wurde gegen den hartnäckigen Widerstand Großbritanniens festgelegt, daß die Müllverbrennung auf See Ende

1990, die Industriemüllverklappung 1992, der Klärschlammeintrag 1998 beendet werden müsse. Für 54 Schadstoffe, die durch Flüsse oder über die Luft in die Nordsee geraten, wurden Verminderungen des Ausstoßes beschlossen. Unbefriedigend bleibt die Verlängerung der Fristen für die britische Industrie und die unzureichende Erfassung von Nährstoffeintrag und Pestiziden. So ist das Nordseeregime zwar noch lange nicht befriedigend, es zeichnet sich aber von Mal zu Mal eine höhere Regeldichte ab.[89]

Dabei ist die erfolgreiche Regimeevolution durch die Eliminierung von Ausnahmeklauseln und Umgehungsmöglichkeiten gekennzeichnet. So hat die Genfer Konvention (Luftreinhaltung) von 1979 noch staatliche Verpflichtungen durch die Einschränkung „soweit als möglich" relativiert und durch die Bestimmung „Einsatz der jeweils besten verfügbaren und wirtschaftlich vertretbaren Technologie" eine weitere Ausweichmöglichkeit eingebaut, die durch die präzisere Festlegung der Schwefel- und Stickoxidprotokolle sowie die Montrealer Konvention weitgehend ausgeschaltet wurden. Das Ozonabkommen hat einen gängigen Umgehungsweg verstellt, das Ausweichen in Nichtvertragsstaaten: es verbietet den Import aus Ländern außerhalb des Regimes ein Jahr nach Inkrafttreten der Montrealer Konvention, den Export in solche Staaten ab 1993.

Die Evolution internationaler Umweltregime wird also charakterisiert durch die schrittweise Zunahme der Regeldichte.

Schlußfolgerungen

Es besteht kein Zweifel daran, daß innenpolitischer Druck entscheidende Anstöße für umweltpolitische Regierungsinitiativen gegeben hat. Umgekehrt ist die Überwachung der Einhaltung von Umweltregimeregeln durch Bürgerinitiativen und Umweltschutzgruppen im Innern ein Strukturelement der Regimeeffizienz.[90]

Zu Recht hat Prittwitz auf die Wechselwirkung von Umweltproblem und Bewältigungskapazität hingewiesen. Selbst virulente Umweltprobleme werden nicht zur Regimebildung führen, wenn die Meßtechnik unfähig ist, sie zu erfassen und/oder wenn keine Technik zu ihrer Bewältigung bereitsteht.[91]

Die internationale Umweltpolitik sieht sich noch mehr als andere Politikfelder vor dem Problem, einerseits ein unüberschaubares Gebiet von Einzelproblemen – bis hin zum Schutz einzelner Tier- und Pflanzenarten – bearbeiten zu müssen, andererseits den synergistischen Effekten ineinander verschachtelter Ökosysteme gegenüberzustehen, deren Wechselwirkungen noch keineswegs voll durchschaut sind. Es besteht daher immer die Gefahr, die Regimekonstruktion so hoch anzusetzen, daß sich konkrete und sinnvolle Regeln gar nicht formulieren lassen und ein allzu undichtes Regelwerk entsteht. Anderseits gibt es die Versuchung, Einzelprobleme perfekt zu regeln, jedoch mit nur geringen Auswirkungen auf das Gesamte. Vermutlich ist die Linie der Brundtland-Kommission, allgemein nach höherer Regeldichte zu streben, und zwar gleichermaßen „von unten“ und „von oben“, der einzig gangbare Weg.[92]

Jedenfalls erscheint es angesichts der Problemkomplexität, der allbekannten Beharrlichkeit von Institutionen sowie der Sperrigkeit des Souveränitätsprinzips unbillig, trotz des unverkennbaren Fortschritts der Regimebildung von einem grenzenlosen Versagen internationaler Umweltpolitik zu sprechen.[93] Die Institutionsbildung war sogar erstaunlich erfolgreich und geschwinde. Sie bleibt freilich hinter dem Problemzuwachs zurück.

6. SICHERHEITSPOLITIK

Die Sicherheit souveräner Nationalstaaten ist ihrer Selbsthilfe anvertraut. Gegen Bedrohung und Angriff half keine übergeordnete Autorität – nur die eigene Stärke. Zwar finden wir in Allianzen eine institutionalisierte zwischenstaatliche Kooperationsform. Aber Bündnisse sind bloß ein Derivat des Selbsthilfeprinzips. Sie zielen darauf ab, die Macht eines Gegners durch den Zusammenschluß mit anderen Staaten auszubalancieren. Bündnisse institutionalisieren Kooperation gegen einen Dritten; der Gegner bleibt ausgeschlossen. In Regimen soll gerade die Zusammenarbeit mit dem Gegner stattfinden.

Sicherheitspolitische Kooperation ist umstritten. Die Ergänzung oder gar Ersetzung der Selbsthilfe durch Kooperation weckt die Furcht vor untragbaren Risiken. Oft ist Kooperation in den Verdacht geraten, Instrument der Selbsthilfestrategie des Gegners zu sein.[1] Solche Einwände führen zum Rückgriff auf Selbsthilfemaßnahmen. Das ist einerseits an dem Wachstum der sowjetischen Rüstung bis in die zweite Hälfte der siebziger Jahre, andererseits an der rüstungskontrollfeindlichen Politik der ersten Reagan-Administration deutlich geworden.

Regimebedarf

Regimebedarf in der Sicherheitspolitik ist unter dem Begriff Sicherheitsdilemma analysiert worden.[2] Es resultiert aus den Ungewißheiten des Selbsthilfesystems und der Zweideutigkeit von Verteidigungsanstrengungen: offensive und defensive Mittel sind nicht mit völliger Sicherheit zu unterscheiden. Selbst ohne aggressive Absichten der Staaten wirkt die Anhäufung von Verteidigungsinstrumenten bedrohlich und ruft entsprechende Reaktionen hervor, die umgekehrt die eigene Sicherheit bedrohen. Gleiches gilt für geopolitische Aspekte der Sicherheitskonkurrenz: aus defensiven Motiven erstrebte Positionen und Allianzen werden von anderen als bedrohliche Verschlechterung der strategischen Lage registriert und mit Gegenzügen beantwortet. Anstatt der erwünschten Sicherheit erzeugt das Selbsthilfesystem bestenfalls ein prekäres Gleichgewicht militärischer Potentiale und geopolitischer Positionen. Wechselseitige Unsicherheit führt zu unwillkommenen Ergebnissen für alle Beteiligten; damit besteht im Sachbereich Sicherheit grundlegender Kooperationsbedarf.

Verminderte Sicherheit könnte jedoch von den Kontrahenten in Kauf genommen werden. Sie ist notwendige, jedoch nicht ausreichende Bedingung der Regimekonstruktion. Es bedarf stärkerer Motivationen, vom Prinzip der Selbsthilfe abzuweichen.

Eine solche Motivation ist in den Kosten der Selbsthilfe zu suchen. Solche Kosten entstehen zunächst im „Normalbetrieb" eines Selbsthilfesystems als Verteidigungsausgaben und Opportunitätskosten (d.h. entgangene Investitionen in zivile Bereiche) sowie als Verluste an gesellschaftlicher Freiheit, Umweltbeanspruchung etc. Kooperation könnte diese Kosten senken; was eine Gesellschaft an Sicherheitskosten zu tragen bereit ist, ist indes kaum verläßlich zu quantifizieren. Der Anteil der Rüstungskosten am Bruttosozialprodukt ist zwischen Staaten – auch solchen gleicher Gesellschaftsordnung – verschieden und variiert auch in der Geschichte desselben Staates. Für Japan hat er seit dem Zweiten Weltkrieg 1% nicht überschritten. Die Bundesrepublik hat um 3% für die Verteidigung aufgewandt. Für die westeuropäischen Kernwaffenstaaten, die Türkei und Griechenland lag der Anteil bei 4–5%. Die Weltmacht USA mußte ständig über 6%, gelegentlich bis zu 9% ihres Bruttosozialprodukts aufwenden, um ihren militärischen Status zu behaupten. Für die alte Sowjetunion schwanken die Angaben zwischen 15% und 25%; die Verteidigungsausgaben Israels liegen bei ca. 25% des BSP.[3]

In Kriegs- und Spannungszeiten werden hohe Aufwendungen für das Militär toleriert, zu anderen Zeiten sind selbst schmale Zuwächse in demokratischen Staaten kaum durchzusetzen. Die „Schmerzgrenze" ist variabel,[4] der gesellschaftliche Reichtum steht aber nicht beliebig zur Disposition der Generale. In den zyklischen Versuchen einer kooperativeren Gestaltung der Sicherheitspolitik durch die Vereinigten Staaten spielten jedesmal Motive der Kostensenkung eine Rolle; unmittelbar nach dem Zweiten Weltkrieg der Wunsch nach Demobilisierung und Erfüllung des aufgestauten zivilen Nachholbedarfs; unter Eisenhower die Forderung nach einem ausgeglichenen Haushalt; unter Johnson und Nixon der Finanzierungsbedarf für ausgedehnte Sozialprogramme; in jüngster Zeit schließlich das Haushaltsdefizit.[5] Auch auf sowjetischer Seite war in den fünfziger Jahren, noch mehr aber unter Gorbatschow, das Motiv der Ausgabenminderung wirksam. Nicht nur die absolute Belastung der sowjetischen Wirtschaft durch Rüstungskosten, sondern noch mehr die Opportunitätskosten in Gestalt fehlender Investitionen in die zivile Industrie erwiesen sich als nicht mehr tragbar.[6] Daß

Rüstungsgüter sich mit überdurchschnittlich hohen Raten verteuern, verschärft das bestehende Dilemma für Ost und West.[7]
Wichtigstes Motiv ist allerdings die Vermeidung des Krieges. Die Kosten moderner Kriege übersteigen die erwartbaren Gewinne derart, daß der Krieg als Mittel rationaler Politik ausscheidet. Im auf Selbsthilfe beruhenden Machtgleichgewichtssystems war der Krieg zur Wiederherstellung des Gleichgewichts ein zwar nicht alltägliches, aber doch eingeplantes Instrument.[8] Die Vernichtungswirkung moderner Waffen und die seit der französischen Revolution unerhört gesteigerte soziale Mobilisierung für die Kriegsführung haben die Kosten des Krieges unvorstellbar erhöht. Im Zeitalter von Flächenbombardements, Ärosolexplosiva, chemischer Kriegführung und Atomwaffen bedroht bereits der konventionelle Krieg,[9] noch mehr aber der Krieg mit Massenvernichtungswaffen die Existenz aller Kriegführenden. Der nicht abwehrbare nukleare Gegenschlag hat die beiden rivalisierenden Blöcke in ein wechselseitiges Geiselverhältnis eingebunden, wobei das Überleben jeder Seite von der Vernunft der anderen abhängt. Obwohl die Eskalation begrenzter Konflikte in den totalen atomaren Schlagabtausch keineswegs gewiß ist, ist sie auch niemals auszuschließen. Aus dieser Konstellation gibt es kein Entrinnen.

Die Kosten-Nutzen-Kalkulation einer Kriegsentscheidung hat sich im Atomzeitalter fundamental verändert. Anstelle der Kriegsvorbereitung und -führung ist die Kriegverhütung als sicherheitspolitischer Imperativ getreten. Dies verlangt aber das „Mitspielen“ des Gegners. Kriege sind nicht zu verhindern, wenn der Gegner den Krieg will – das war die leidvolle Erfahrung der westeuropäischen Demokratien mit Hitlerdeutschland. Krieg droht aber auch dann, wenn es den beiden Seiten nicht gelingt, Befürchtungen abzubauen und Rüstungskonstellationen zu vermeiden, die zur Prävention oder zur Präemption drängen. In den Beziehungen zwischen Ost und West ergibt sich der „Regimebedarf“ aus dem fundamentalen Interesse an der Verhinderung des Atomkrieges. Ein Atomkrieg könnte auf fünf verschiedene Weisen ausbrechen: Durch technisches Versagen, durch einen Überraschungsangriff, durch Präemption in einer Krise, durch die Eskalation eines konventionellen Konflikts sowie als „katalytischer Krieg“, d.h. ausgelöst durch eine dritte Partei.[10] Diese Gefahren müssen durch sicherheitspolitische Kooperation eingedämmt werden.

Die Theorie der Rüstungskontrolle hat daher Stabilität in den Mittelpunkt ihrer Überlegungen gestellt. Die Erörterungen der frühen Theoretiker aus den fünfziger Jahren lesen sich wie auf die Sicherheitspolitik angewandte Überlegungen aus der Regimeanalyse: Die Verminderung der Ungewißheit, die sich aus dem Nicht-Nullsummenspiel „Nuklearer Rüstungswettlauf" ergibt, verlangt nach einer Kombination aus unilateralen Rüstungsentscheidungen, Kommunikation und Vereinbarungen mit dem Gegner, um Instabilität in Krisensituationen zu vermeiden. Diese Theoretiker waren aber durchaus nicht sicher, ob vereinbarte, institutionalisierte Regelungen die beste Alternative seien. Unilateralismus, der sich von Stabilitätsgesichtspunkten leiten ließe, nichtverbale Kommunikation und Krisenmanagment galten als vernünftige und vielversprechende Möglichkeiten. Dennoch haben die expliziten Vereinbarungen mit der Zeit zugenommen.[11]

Durch das Sicherheitsdilemma ist das Problem der Ungewißheit in der Sicherheitspolitik besonders groß: hinsichtlich der militärischen Lage, der Intentionen, Fähigkeiten und Pläne der Gegner und künftiger technischer Entwicklungen. Die Minderung von Ungewißheit durch Institutionalisierung ist die wichtigste Regimefunktion in der Sicherheitspolitik. Hier liegt der analytische Fehler konservativer und liberaler Kritiker, die die oft mühsamen, kontroversen Verhandlungen durch ein System wechselseitiger Rüstungsverminderungen und -anpassungen ohne formale Gespräche und Vereinbarungen ersetzt sehen wollen.[12] Sie übersehen nicht nur die Wichtigkeit von Vertrauensstiftung für die Zukunft. Sie überschätzen auch die Anwendbarkeit der von Axelrod entwickelten "Tit for Tat"-Strategie, d.h. die Belohnung/Vergeltung eines positiven oder negativen Akts mit einer gleichwertigen Antwort. Was „reziprok" ist, ist angesichts der komplizierten Materie in der Rüstung schwer definierbar. Schon gar nicht kann man davon ausgehen, daß beide Seiten automatisch denselben Maßstab anlegen. Die Geschichte des Rüstungswettlaufs macht klar identifizierbare „freundliche Gesten" schwierig; die gleichzeitige, qualitativ ganz unterschiedliche Entwicklung auf verschiedenen Rüstungssektoren erschweren isolierte „reziproke" Schritte. Schließlich sind alle unilateralen Maßnahmen, die nicht in Vereinbarungen münden, auch aus innenpolitischen Gründen kaum durchzuhalten. Deshalb ist die vereinbarungsfreie sicherheitspolitische Kooperation keine vielversprechende Langzeitstrategie, solange dem Rüstungswettlauf ein politischer Konflikt zugrunde liegt.

Der „Schatten der Zukunft", d.h. die Gewißheit über den zukünftigen Nutzen der Kooperation, wird durch Institutionalisierung in die Gegenwart verlängert. Dies ist eine Bedingung für das Vermeiden des Krieges. Denn die Kriegsgefahr ist am größten, wenn die Kontrahenten an die Unvermeidlichkeit gewaltsamer Auseinandersetzung glauben. Sicherheitsregime vermindern diese fatale Erwartung. Sie verweisen darauf, daß der Machtwettbewerb nicht total ist, sondern von gemeinsamen Interessen überlagert wird und durch friedliche Mittel gesteuert werden kann. Diese symbolische Wirkung kann nachhaltiger sein als die konkrete Regelung von Rüstungsverhältnissen.[13]

Die Akkumulation von „Ungewißheiten" unter dem Sicherheitsdilemma läßt einen Ausweg aus dem Teufelskreis der Selbsthilfepolitik nur erwarten, wenn das Vertrauen in eine nichtaggressive Haltung der Gegner in die Zukunft stabilisiert wird. Allerdings sind die Anforderungen in der Sicherheitspolitik höher als in anderen Politikbereichen. Dort kann eine gelegentliche Verletzung von Regimeregeln geduldet werden. Hier aber steht so viel auf dem Spiel, daß ein Regime „wasserdicht" sein muß, um als Teil nationaler Sicherheitspolitik akzeptiert zu werden.[14]

Regimeentstehung

Noch auffälliger als in anderen Politikbereichen ist in der Sicherheitspolitik die Diskrepanz zwischen einem objektiv feststellbaren Bedarf an Kooperation und dessen Wahrnehmung durch die Politik. Der „Kult der Offensive" vor dem Ersten Weltkrieg war eine katastrophale Fehlwahrnehmung: die Vorstellung, durch schnelle Mobilisierung und den massiven Einsatz von Feuerkraft den Krieg in Wochen gewinnen zu können, verstellte die realistische Prognose auf einen blutigen, teuren, langen Krieg. Das „eigentliche" Bedürfnis nach einem kriegsverhütenden, kooperativen Krisenmanagement konnte sich demgegenüber nicht durchsetzen. So blieben die Verständigungsversuche der Großmächte im Vorfeld der Katastrophe schwach, und in der Sarajevo-Krise dominierten militärische Vorkehrungen über die letzten diplomatischen Ausgleichsversuche.[15]

Regimeentstehung muß daher auf der subjektiven Ebene mindestens vier Bedingungen voraussetzen:

Erstens die korrekte Wahrnehmung der militärtechnischen und strategischen Wirklichkeit, der sicherheitspolitischen Interdependenz und der Unmöglichkeit unilateraler Auswege.[16]

Zweitens entsprechende Präferenzordnungen, in denen das Überleben des Staates und der Gesellschaft über jeden missionarischen Drang gestellt wird. Die positive Haltung zum Krieg, gepaart mit dem sozialdarwinistischen Glauben an die Notwendigkeit imperialer Expansion, beeinflußte die Präferenzordnungen der Eliten vor dem Ersten Weltkrieg gegen Kooperationsansätze.[17] Die Präferenzordnung hängt dabei unter Umständen von der Entscheidungssituation (Krise/Friedenszeit) und den Kräfteverhältnissen ab. Ein Staat, der in einem solchen Wettlauf hoffnungslos im Hintertreffen liegt, wird sich von einem Regime, das nur die bestehende Asymmetrie einfrieren würde, weniger versprechen als Parteien in einem annähernden Gleichgewicht; entsprechend gering wird die Kooperationsbereitschaft sein. Umgekehrt wird in der gleichen Situation ein überlegener Staat, der gute Chancen sieht, seine Vorteile unilateral aufrechtzuerhalten, kaum einer Kooperation geneigt sein, die auf die Herstellung von Gleichgewicht hinausläuft.[18]

Drittens ist eine risikofeindliche Haltung Voraussetzung.

Viertens muß die Aussicht bestehen, daß man mit dem Gegner ins Geschäft kommen kann: es muß ein „gemildertes“ Feindbild vorliegen, das zu Kooperationsversuchen ermutigt.

Unterschiede von Ost-West- zu Süd-Süd-Konflikten

Seit 1945 beobachten wir zwischen den Industrieländern eine wellenförmige Serie von Versuchen der Regimekonstruktion (s. u.); in den Süd-Süd-Konflikten läßt sich überwiegend nur ein Wechsel von Krise, Krieg und Waffenstillstand beobachten. Wo Regime zustandegekommen sind, geschah es als Nebenergebnis der Verständigung im Ost-West-Konflikt; der NV-Vertrag ist das prominenteste Beispiel, die Tlateloloco- und Raratonga-Verträge die einzigen nennenswerten Ausnahmen von erfolgreichen Regimekonstruktionen, die aus „südlichen“ Aktivitäten erwachsen sind. Auch Krisenmanagment und "Peace-Keeping" – Aktionen der Vereinten Nationen waren Ausfluß des Interesses der Supermächte an der Vermeidung eines tödlichen Zusammenstoßes. Sicheres Zeichen für diese Abhängigkeit ist das deutliche Nachlassen dieser Aktivitäten und ihrer Wirksamkeit mit dem Beginn der Entspannung Ende der sechziger Jahre, als die Gefahr eines aus solchen Zusammenstößen eskalierenden Weltkrieges immer unwahrscheinlicher erschien.[19]

Die Entwicklungsländer in den am meisten betroffenen Konfliktregionen haben sich bislang zur Ausbildung von Sicherheitsregimen nicht verständigen können. Zwischen ihrer Abrüstungsrhetorik und ihrem eigenen Rüstungsverhalten klafft eine Lücke. Der Schluß liegt nahe, daß zur Entstehung von Sicherheitsregimen ein bestimmter politisch-ökonomischer Entwicklungsstand vonnöten ist. In der Dritten Welt ist die Staatsbildung nicht abgeschlossen. Was im Norden den Regimebedarf begründet, nämlich das Überleben des Staates und entsprechende Forderungen aus der Gesellschaft, wird im Süden oft erst durch den Gewaltakt gewährleistet: die Legitimität des Staatsbestands in den jeweiligen Regionen ist umstritten (Pakistan, Israel), die Staatsgebiete haben ihre endgültige Figur noch nicht gefunden. „Abgrenzende" politische Mobilisierung um nationale, religiöse oder ethnische Identität spielt in Abwesenheit anderer Mobilisierungsinstrumente eine wichtige Rolle, eignet sich aber zugleich vorzüglich zur Legitimierung von Gewaltanwendung nach außen.[20] Zudem sind Militärs und Staatsklasse die herrschenden Kräfte; folglich sind die auf den Staatsbestand gerichteten politisch-militärischen Interessen noch nicht, wie im Norden, durch Wohlfahrtsanforderungen ausbalanciert.[21]

Während die beschleunigte Diffusion von militärischer Hochtechnologie, einschließlich von Massenvernichtungswaffen, den objektiven Regimebedarf auch in den Regionen der Dritten Welt ständig erhöht, sind die soziopolitischen und subjektiven Voraussetzungen der Regimebildung nicht so weit gereift wie im Ost-West-Konflikt. Nur rudimentäre Ansätze, häufig durch Vermittlung oder Druck von außen zustande gekommen, finden sich in den letzten Jahren zwischen Pakistan und Indien, den beiden Koreas, Argentinien und Brasilien und neuerdings im Nahen Osten. Auch die neue Steigerung der sicherheitspolitischen Aktivitäten der Vereinten Nationen geht vom „Norden" aus. Wir werden daher im folgenden Regime behandeln, die in der Auseinandersetzung zwischen westlichem und kommunistischem Lager entstanden sind. Diese Regime sind das Ergebnis eines jahrhundertealten, blutigen Lernprozesses auf der nördlichen Erdhalbkugel.

Der Lernprozeß der Regimeentstehung

Bereits zwischen dem Westfälischen Frieden und der französischen Revolution bildeten sich Normen zwischenstaatlichen Verhaltens: Der Verzicht auf den Vernichtungskrieg zwischen den am Gleichgewichtsspiel beteiligten Großmächte, d.h. die Beschränkung auf begrenzte Kriegführung.[22] Seit den napoleonischen Kriegen sind wiederholte, nach jedem Scheitern erneuerte und verstärkte Versuche zu beobachten, zur Vermeidung des Krieges Kooperation an die Seite der Selbsthilfe zu stellen. Man versuchte die Schaffung von Pufferzonen zwischen den Großmächten, von anerkannten Einflußsphären, die Begrenzung von Regionalkonflikten, multilaterale statt unilaterale Intervention und Konferenz-Streitschlichtung. Trotz der Heftigkeit der Auseinandersetzungen ist die Zahl der innereuropäischen Kriege in den letzten hundertfünfzig Jahren gesunken.[23] Im auf Waterloo folgenden „Mächtekonzert"[24] versuchten die Großmächte zunächst, die Möglichkeit eines neuen Krieges auszuschließen und jeden größeren Zusammenstoß untereinander zu vermeiden. Nach den Kriegen von der Jahrhundertmitte bis zum Berliner Kongreß (Krimkrieg, Italienische Befreiungskriege, Deutsche Einigungskriege, Amerikanischer Bürgerkrieg), in denen der Einfluß der modernen Technik auf das Kriegsgeschehen sichtbar wurde, gab es eine neue Welle privater und offizieller Anstrengungen, die Kriegsverhütung und Schadensbegrenzung im Kriege zu institutionalisieren. Die mit dem Namen Berta von Suttner verbundene internationale Friedensbewegung steht für die wachsenden Besorgnisse. Die Genfer Konvention, die Haager Konferenzen, und die Einrichtung des Haager Gerichtshofes als Instrument der Streitschlichtung blieben unwirksam. Für den Haager Versuch einer Rüstungsbegrenzung waren die Regierungen nicht reif. Ihre Anstrengungen waren aber Anzeichen dafür, daß die Mängel des Selbsthilfesystem ins Bewußtsein der Öffentlichkeit traten.[25]

Dieser Trend verstärkte sich nach dem Ersten Weltkrieg. Völkerbund und Briand-Kellog-Pakt, die Abrüstungsgespräche im Rahmen des Völkerbundes, das Protokoll zur Genfer Konvention, das den Chemiewaffeneinsatz ächtete und die zwei Flottenbeschränkungsabkommen[26] drückten die überwiegend in den bürgerlich-demokratischen Staaten vorhandene Einsicht aus, daß Machtkonkurrenz und Rüstungswettlauf zu große Risiken bargen: es sprach viel dafür, das Selbsthilfesystem durch kooperative Elemente zu ergänzen oder gar abzulösen. Dieser Impuls ist nicht erst durch die Einführung der Kernwaffen entstanden. Vor dem Zweiten Weltkrieg war er jedoch nicht stark genug, um den revisionistischen Ehrgeiz Deutschlands, Italiens und Japans zu zügeln.

Die ganze beschriebene Epoche hindurch gab es aber auch die gegenläufige Tendenz: die Instrumente der Selbsthilfe zu vervollkommnen, um die Kosten des modernen Krieges unilateral zu vermeiden. Die Schriften der Militärtheoretiker von Clausewitz über Jomini, den älteren Moltke, Schlieffen bis hin zu Fuller, Douhet und Guderian[27] sind voll von Abscheu über die Leiden des industrialisierten Krieges. Die Mobilisierungspläne des Preußischen Großen Generalstabs, der Schlieffen-Plan, der strategische Bombenkrieg und der Blitzkrieg der Panzerarmeen waren die Antwort der Strategen: Sie wollten durch die schnelle Entscheidung den Kriegskosten ausweichen. Der Krieg sollte dadurch weiter als brauchbares Mittel der Politik zur Verfügung stehen. Auch Abschreckung als dominierende Sicherheitspolitik steht durchaus in der Tradition der Selbsthilfe; ihr Dilemma, daß bei ihrem Scheitern die Kur schlimmer ist als die Krankheit, hat seit 1945 die Strategen immer wieder veranlaßt, selbst für den Atomkrieg Kriegführungsoptionen bereitzustellen: z.B. Sidorenkos „Offensive", Colin Grays „Sieg ist möglich", SDI, "Discriminate Deterrence" und „Wettbewerbsstrategien".[28]

Phasen der Kooperationsentwicklung nach 1945

Die unilaterale Versuchung hat auch nach 1945 bestanden. Dennoch hat sich kooperative Sicherheitspolitik zwischen den Supermächten in fünf Phasen entwickelt, von denen jede erfolgreicher war als die vorangehende, jeweils unterbrochen durch Zwischenphasen erhöhter Spannung.[29]

In der ersten Phase schuf die zerfallende Kriegsallianz noch die Nachkriegsordnung für das besiegte Deutschland sowie die Vereinten Nationen. Es wurde auch der (vergebliche) Versuch unternommen, durch Baruch-Plan und UN-Atomenergiekommission die Kernwaffen unter Kontrolle zu nehmen.

Die zweite Phase, nach dem Tode Stalins, brachte die Neutralisierung Österreichs, die Gründung der Internationalen Atom-Energie-Organisation und den Antarktis-Vertrag von 1961, aber auch die erfolglosen Verhandlungen über die Verhinderung eines Überraschungsangriffs und über umfassende Abrüstung, die in der Zorin-McCloy-Erklärung von 1961 gipfelten; sie enthielt erstmals einen Katalog allgemeiner Prinzipien für die spätere nukleare Rüstungskontrolle, konnte aber zu Normen und Regeln noch nicht gelangen. In dieser Periode fanden auch Vorverhandlungen über einen Teststopp statt, die dann 1963 den schnellen Abschluß des LTBT ermöglichten. Der späte Kalte Krieg erreichte mit den Berlin-Krisen und der Kuba-Krise einen letzten Höhepunkt.[30]

Der Schock der Kuba-Krise führte zu informellen Verhaltensnormen im Verhältnis der Supermächte: Ausschluß des Kernwaffeneinsatzes, Vermeidung direkter militärischer Aktionen gegeneinander, Respektierung der existentiellen Interessen jeweiliger nationaler Sicherheit, keine militärische Gewaltanwendung gegen vitale Interessen der anderen Seite, Einwirkung auf Bündnispartner, in der Interessensphäre der anderen Supermacht Zurückhaltung zu üben. Diese Normen sind selbst in Zeiten erhöhter Spannung weitgehend wirksam geblieben.[31]

Der Begrenzte Teststoppvertrag wurde bereits in der dritten Phase unterzeichnet. Diese Phase erbrachte außerdem den Weltraumvertrag, die Einrichtung des „Roten Telefons" und Vorarbeiten für den Nichtverbreitungsvertrag (NVV) und SALT. Verzögerungen traten durch den Vietnamkrieg und durch Prag 1968 ein.[32]

Phase 4 war die „Entspannung", die bis zum Abschluß des SALT-II-Vertrages 1979 etwa ein Jahrzent dauerte, wobei der Abschluß des NVV im letzten Jahr der Johnson-Administration noch hinzugerechnet wird. SALT I mit ABM-Vertrag und Interim-Abkommen war die Krönung dieser Epoche; es beendete den Rüstungswettlauf in der Raketenabwehr und setzte erstmals Rahmenbedingungen für die Offensivwaffen. Der Meeresbodenvertrag verbot die Installierung von Kernwaffen auf dem Grund der Ozeane. Die „Grundprinzipien" der amerikanisch-sowjetischen Beziehungen zielten darauf ab, eine Eskalation der beiderseitigen Beziehungen durch Regionalkonflikte auszuschließen; die informellen Verhaltensnormen wurden damit fixiert. Zwei Abkommen über die Vermeidung eines Nuklearkriegs und das Abkommen zur Verhinderung von Zwischenfällen auf hoher See (dem ähnliche Abkommen der Sowjetunion mit Großbritannien und Frankreich folgten) wirkten der Gefahr einer unbeabsichtigten Eskalation entgegen. Das Schwellentestabkommen und das Schwellenabkommen für friedliche Kernexplosionen, das Verbot von biologischen und bakteriologischen Waffen und von militärischen Umweltänderungen grenzten die Rüstungskonkurrenz weiter ein. Schließlich schloß das Geflecht von Vertragswerken zur Stabilisierung Europas einschließlich der KSZE-Schlußakte Territorialfragen als Konfliktgrund aus. Freilich gelang es nicht, die Entspannungspolitik insgesamt in ein umfassendes Sicherheitsregime zwischen den Blöcken münden zu lassen. Die Interessenunterschiede und der instinktive Rückgriff auf die Selbsthilfe waren zu groß.[33]

Vom Herbst 1979 bis 1985 dominierte Selbsthilfe als Sicherheitsstrategie. Die USA, alarmiert von der scheinbar ungebrochenen Aufrüstung der Sowjetunion und durch die Afghanistan-Invasion, setzten auf die Erringung von Superiorität. Dies gipfelte in der Vision, ein weltraumgestütztes Raketenabwehrsystem zu errichten und damit einen entscheidenden Vorsprung zu erringen. Zugleich setzte Washington durch die „Reagan-Doktrin" die sowjetischen Verbündeten in der Dritten Welt unter Druck.[34] Sicherheitspolitische Kooperation starb aber nicht vollständig aus. Die Kontrahenten respektierten das SALT-II-Abkommen, setzten ihre Nichtverbreitungskonsultationen fort und verbesserten 1984 die Technik des „Roten Telefons".

Von 1985 an nahmen amerikanische und sowjetische Sicherheitspolitik eine entschiedene Wende in Richtung Kooperation. Der INF-Vertrag; START I; die Stockholmer und Wiener Abkommen zu vertrauensbildenden Maßnahmen, der VKSE-Vertrag zur konventionellen

Abrüstung, die Einrichtung ständiger regionaler Konsultationen, die Gründung von "Nuclear Risk Reduction Centers", der Abbau von Chemiewaffen sind weitere Resultate.[35] Seit 1990 schließlich entwickelt sich sicherheitspolitische Kooperation über Regimekonstruktion hinaus in Richtung auf kollektive Sicherheit. Daß beiderseitigen Vereinbarungen nun einseitige Rüstungsreduzierungen vorangehen, weist auf den Übergang von gegensätzlichen zu harmonisierenden Interessen hin.

Faktoren der Regimeentstehung

Im Atomzeitalter hat sich kooperative Sicherheitspolitik in der öffentlichen Meinung und bei den politischen Eliten des Westens einen festen Platz neben der Selbsthilfe erobert. Die Verfechter uneingeschränkter Selbsthilfe konnten sich zuletzt nur kurzzeitig durchsetzen, auch in der früheren Sowjetunion.[36] Die Entstehungsgeschichte sicherheitspolitischer Regime weist auf die Wichtigkeit der folgenden Faktoren hin:

– Im Laufe des Konflikts bildete sich ein Grundbestand informeller Verhaltensregeln als „Baumaterial" für die Regimekonstruktion heraus.
– Krisen lösten einen „Lerneffekt" aus. Mit Ausnahme von Korea haben Krisen keine Furcht vor höherer Kriegswahrscheinlichkeit ausgelöst, sondern eher den Glauben, zusammen mit dem Gegner auf der Grundlage gemeinsamer Interessen arbeiten zu können.[37]
– Kriege haben jeweils einen Schub zugunsten der Kooperation erbracht. Das gilt auch für die kriegerischen Verwicklungen der Supermächte, der USA in Vietnam und der Sowjetunion in Afghanistan. Die Mißerfolge scheinbar überlegener militärischer Macht haben Zweifel an der Nützlichkeit militärischer Interventionen geweckt. Dies kam der sicherheitspolitischen Kooperation zugute.[38]
– Innenpolitische Gruppierungen haben für Rüstungskontrolle lobbyiert und die öffentliche Meinung beeinflußt; Zweifel an den technischen Versprechungen und Prognosen der Rüstungslobby, „Gegenexpertise" zur Bewertung der militärischen Kräfteverhältnisse und alternative Haushaltsanforderungen waren im Westen seit Jahrzehnten, in der Sowjetunion seit den achtziger Jahren eine Randbedingung, die die Entstehung von sicherheitspolitischen Regimen erleichterte.[39]
– Schließlich haben auch multilaterale Organisationen eine bescheidene Rolle gespielt. Sie fällt im Sicherheitsbereich naturgemäß ge-

ringer aus als in anderen Politikfeldern, waren doch hier die Kräfte deutlicher zugunsten der beiden Hauptkontrahenten verteilt. UN-Organisationen (Sondergeneralversammlungen zur Abrüstung, der 1. Hauptausschuß der Generalversammlung, die Abrüstungskommission und die Genfer Abrüstungskonferenz CD) haben als Foren für die Diskussion über Regimebedarf gedient. Eine Reihe multilateraler Verträge, an der Spitze der NVV, sind im Rahmen der CD im Wechselspiel von multilateraler und bilateraler Verhandlung entstanden. Auch die Chemiewaffen-Verhandlungen finden dort statt.[40]

Sicherheitsregime im Ost-West-Konflikt

Territoriale Ordnung in Europa

Das erste Regime fixierte den territorialen Status quo in Europa und ließ nur friedliche Veränderungen zu. Damit wirkte es auf die Kriegsursache „Eskalation konventioneller Konflikte" ein, indem es Konfliktgründe in der Region vitalster Interessen und größter militärischer Dichte einhegte. Es begann mit den Nachkriegsregelungen für Deutschland. Wichtige Schritte waren die Protokolle zu den Pariser Verträgen (1955), die den Beitritt der Bundesrepublik zu WEU und NATO regelten. Sie enthielten den Verzicht auf gewaltsame Grenzrevision und den einseitigen Verzicht der Bundesrepublik auf die Herstellung von Massenvernichtungswaffen und eine Reihe konventioneller Rüstungsgüter (z. B. weitreichende Raketen).

Das östliche Äquivalent war der Görlitzer Vertrag von 1953, der den Verzicht der DDR auf die Gebiete östlich der Oder-Neiße-Linie aussprach. Das Regime umfaßte neben den Ostverträgen das verbleibende Viermächteabkommen über Deutschland und die einschlägigen Prinzipien aus Korb I der KSZE-Schlußakte. Die KSZE-Folgekonferenzen gehören als Verfahren dazu. Auch die beiden Allianzen haben die Rolle stabilisierender Regimebestandteile gespielt.[41] Heute sind die alten Ostverträge, der Grundlagenvertrag und das Berlinabkommen vom Einigungsvertrag, 2-plus-4-Vertrag und den neuen Verträgen zwischen Deutschland und seinen östlichen Nachbarn abgelöst worden. Die Helsinki-Schlußakte ist durch die Paris-Charter ergänzt worden. Das alte Regime bot den Rahmen, in dem sich eine neue territoriale Ordnung ohne Eruption vereinbaren ließ.

Europäische Militärordnung

Die Regulierung der militärischen Kräfteverhältnisse in Europa hat seit 1989 ebenfalls Regimequalität erreicht. Die vertrauensbildenden Maßnahmen von Helsinki und Stockholm enthielten erstmals Regimeelemente.[42] Der INF-Vertrag hat eine Klasse von „eurostrategischen" Kernwaffen beseitigt und ein System durchgreifender Verifikationsverfahren eingerichtet. Der VKSE-Vertrag fixiert die militärischen Kräfteverhältnisse in Europa und erweist sich über die Blockkonfrontation hinaus als eine Richtschnur für das Rüstungsverhalten der europäischen Staaten. Auch Struktur, Doktrin und Ausbildung dieser Streitkräfte bewegen sich auf vereinbarte Regelungen zu. Überraschende Angriffshandlungen werden auch durch die Einrichtung des Konfliktpräventionszentrum fast unmöglich sein. Nationale Personalstärken werfen aber schwierige Verhandlungsprobleme für die Zukunft auf.[43]

Verhütung von Atomkriegen

Das dritte Regime betrifft die Verhütung eines Nuklearkrieges durch technisches Versagen oder ungewollte Eskalation; es beinhaltet mehrere amerikanisch-sowjetische Vereinbarungen über Kommunikationslinien („Rotes Telefon"), die ›Basic Principles‹ von 1972; das Abkommen zur Verhütung eines „Unfallkrieges" von 1971 und zur Verhütung eines Atomkrieges von 1973; das Abkommen zur Verhütung von Zwischenfällen auf hoher See von 1972 sowie entsprechende Vereinbarungen zwischen der Sowjetunion und Großbritannien, Frankreich und der Bundesrepublik; die Verständigung über Konsultationen im Falle von Nuklearterrorismus; das ›Pacific Air Safety Agreement‹ (1985); die Einrichtung von "Nuclear Risk Reduction Centers" (1987); die Vereinbarung über die wechselseitige Notifikation von Raketentests, die seit dem „Unfallkrieg"-Agreement von 1972 mehrfach, zuletzt 1988, konkretisiert wurde; die Absprache über die Vermeidung von gefährlichen militärischen Zwischenfällen (1989) und die wechselseitige Information über Großmanöver der strategischen Bomberflotten (1989).[44] Jüngster Schritt war die Aussetzung der Alarmbereitschaft für strategische und taktische Kernwaffen. Die Hilfe der USA bei der Sicherstellung der taktischen Kernwaffen der GUS ergibt sich logisch aus den Prinzipien und Normen des Regimes nuklearer Kriegverhütung.

Strategische Kernwaffen

Die Gefahr eines nuklearen Überraschungsangriffs hatte vor allem mit der Zahl und der Qualität der strategischen Kernwaffen zu tun: Zusammensetzung und strategische Ausrichtung der Arsenale können Stabilität fördern (Unverwundbarkeit, Konzentration auf Zweitschlag) oder untergraben (Verwundbarkeit, Counterforce-Strategien). Das Regime strategischer Rüstungskontrolle stand aufgrund alter oder neuer Umgehungsmöglichkeiten immer am Rande des Zusammenbruchs, hat jedoch letztlich überlebt. Zu diesem Regime rechnen SALT I, die Vereinbarung von Wladiwostok, SALT II, START, die Protokollvereinbarungen der Standing Consultative Commission und – in einzelnen Aspekten – der INF-Vertrag: Er gleicht die geostrategische Asymmetrie aus, die es den USA ermöglicht hätte, von europäischem Territorium aus sowjetisches anzugreifen. Andererseits verwehrt er den Sowjets (Rußland) die Möglichkeit, die SS-20 durch eine zusätzliche Raketenstufe je nach Bedarf in eine Waffe mit interkontinentaler Reichweite umzuwandeln (SS-16). Zudem findet eine Vor-Ort-Kontrolle von Produktionsstätten statt, die sowohl substrategische wie strategische Waffen herstellen. Die bisherigen Testbegrenzungsverträge erschweren die Entwicklung strategischer Sprengköpfe marginal. Auch Aspekte der präklusiven Verträge müssen diesem Regime zugerechnet werden. Sie schließen den nuklearen Rüstungswettlauf im Weltraum, auf dem Meeresboden, in der Antarktis aus. In START wurde als neues Prinzip festgeschrieben, daß schwere landgestützte Raketen mit Mehrfachsprengköpfen als besonders stabilitätsgefährdend gelten – eine Position, die die Sowjetunion lange Zeit bestritten hat.[45] Eine Reduzierung auf 2500–4000 Sprengköpfe ist für die kommenden Jahre zu erwarten. Beiderseitige Schritte auf diesem Wege sind bereits angekündigt.[46]

Nichtverbreitungsregime

Die Eskalation regionaler Kriege wird durch das Nichtverbreitungsregime vermindert.[47] Es unterscheidet sich von den übrigen Sicherheitsregimen dadurch, daß seine Konfliktlinien nicht zwischen den Vereinigten Staaten und der Sowjetunion verlaufen sind, sondern zwischen Kernwaffenstaaten und „Habenichtsen", zwischen nuklearen Liefer- und Einfuhrländern. Die Ost-West-Dimension war vorhanden, trat jedoch hinter die Nord-Süd-Konfliktlinie zurück. Das Regime gruppiert sich um den Nichtverbreitungsvertrag (NVV), wird durch regionale

Vereinbarung – die Verträge von Tlatelolco und Raratonga – sowie durch informelle Absprache der nuklearen Lieferländer ergänzt. Die Internationale Atom-Energie-Organisation IAEO nimmt wesentliche Funktionen (Verifikation, Entscheidungsverfahren, Weiterentwicklung) wahr.[48] Versuche, auch die Verbreitung anderer Waffentechnologien einzudämmen, eröffnen die Möglichkeit, daß verstreute Einzelvereinbarungen zu einem Gesamtregime zusammenwachsen, das die gesamte Problematik der Verbreitung von Massenvernichtungswaffen erfaßt: das biologisch-bakteriologische Waffenverbot, den Umweltmodifikationsvertrag, den in Vorbereitung befindlichen Chemiewaffenvertrag und das Raketentechnik-Kontrollregime.[49]

Regimestruktur

Prinzipien

Der erste weitgehende Versuch, Prinzipien für die Sicherheitspolitik insgesamt festzuschreiben, ist in den auf dem Gipfel von 1972 vereinbarten ›Basic Principles of Relation Between the United States of America and the Union of Soviet Socialist Republics‹ gemacht worden. Fünf dieser Kriterien beziehen sich unmittelbar auf die Sicherheitspolitik: Im Nuklearzeitalter gibt es – trotz der Systemdifferenzen – keine Alternative zur friedlichen Koexistenz. Krisenprävention ist geboten. Dies setzt zurückhaltende Politik und die Bereitschaft zu Konsultationen voraus. Sie muß auf Gleichheit und gleicher Sicherheit für beide Parteien beruhen. Rüstungsbegrenzung, vor allem bei strategischen Nuklearwaffen, ist eine vorrangige Aufgabe beider Staaten. Verpflichtungen gegenüber Drittländern bleiben unberührt.[50]

Eine weitere Quelle von Regimeprinzipien findet sich in den Präambeln von Rüstungskontrollverträgen, z.B. im SALT-II-Vertrag: Ein Atomkrieg wäre für die Menschheit katastrophal. Strategische Rüstungskontrolle ist von besonderer sicherheitspolitischer Bedeutung und muß weitergeführt werden. Rüstungskontrolle trägt zu einer Verbesserung der Gesamtbeziehungen zwischen den USA und der Sowjetunion bei. Strategische Rüstungskontrolle dient der Erfüllung von Verpflichtungen aus dem NV-Vertrag. Gleichheit und gleiche Sicherheit sind Leitprinzipien. Strategische Stabilität ist anzustreben.

Gipfeltreffen zwischen Präsident und Generalsekretär (jetzt auch Präsident) dienten der Formulierung oder der Bekräftigung von Prinzipien für die sicherheitspolitische Zusammenarbeit. So unterstrich das erste Gipfeltreffen zwischen Reagan und Gorbatschow im November 1985 an einem Wendepunkt zwischen neuem „Kalten Krieg" und neuer Entspannung den Bodensatz gemeinsamer Prinzipien: USA und Sowjetunion tragen besondere Verantwortung für den Weltfrieden. Ein Atomkrieg ist nicht gewinnbar und darf nicht geführt werden. Die katastrophalen Folgen jedes amerikanisch-sowjetischen Krieges machen nukleare und konventionelle Kriegverhütung notwendig. Militärische Überlegenheit darf nicht angestrebt werden. Vorrangiges Ziel der Rüstungskontrolle ist Stabilität.[51]

Der Vergleich dieser drei „Quellen" aus zwei Jahrzehnten zeigt die Kontinuität eines stabilen Bestands von Prinzipien. Sie haben das „Atomkriegsverhütungs-" und das „strategische Rüstungskontrollregime" geleitet und sind z. T. auch in den übrigen Regimen und Regimeversuchen berücksichtigt worden. Parität als sicherheitspolitisches Grundsatzprinzip und der Verifikation als unverzichtbarem Bestandteil von Rüstungskontrollabkommen hat durch die Bestätigung durch die Sondergeneralversammlungen der VN eine zusätzliche Legitimität erhalten.[52]

Die Prinzipien des europäischen Territorialregimes sind in kondensierter Form der KSZE-Schlußakte von Helsinki und der Paris-Charter zu entnehmen: Der territoriale Status quo ist gültig. Veränderungen sind nur mit friedlichen Mitteln zulässig und bedürfen der Einbettung in den KSZE-Prozeß. Die Vereinigten Staaten und Kanada sind Mitglieder des europäischen Sicherheitssystems. Militärische Instrumente dürfen nicht zur Durchsetzung politischer Ziele genutzt werden, weder in Kriegshandlungen noch durch Drohpolitik. Für Routineoperationen in Friedenszeiten ist ein Regelwerk anzustreben, das gefährliche Fehlwahrnehmung verhindert. Militärische, wirtschaftliche und menschenrechtliche Fragen hängen miteinander zusammen.[53]

In den Abrüstungsverhandlungen seit dem INF-Vertrag begannen sich neue Prinzipien für ein europäisches Militärregime herauszuschälen. Eines davon lautet, daß konventionelle Kriege mit dem gleichen Nachdruck verhindert werden müssen wie nukleare; dieser neue Akzent bedeutet die Übernahme von alten NATO-Positionen durch die östliche Seite. Ein zweites wichtiges neues Prinzip ist die Sicherung von Stabilität auf deutlich niedrigerem Rüstungsniveau. Schließlich hat die Paris-Charter nicht nur das friedliche, sondern das freundschaftliche Zusammenleben der Völker auf dem europäischen Kontinent bekräftigt und Gewaltmittel als Instrumente der Politik geächtet und auch die innere Verfassung (Demokratie, Achtung von Menschenrechten) zu Fragen der internationalen Sicherheit erhoben.

Normen

Im „Kriegsverhütungsregime" verlangen die Normen Konsultationsbereitschaft und die Gewährleistung politischer und technischer Kontrolle über die Nuklearstreitkräfte. Der Verzicht auf provokative und revisionistische Forderungen und Aktionen in Europa ist gleichfalls unkontrovers. Hingegen blieben Normen für den geopolitischen Wettbewerb außerhalb Europas zwischen der Sowjetunion und den USA, wie sie in den ›Basic Principles‹ ansatzweise entwickelt wurden, schwammig und undeutlich, ein Zeichen für unvereinbare Interessen. Grundbegriffe wie „Zurückhaltung" und „Reziprozität" wurden nicht einvernehmlich definiert; der Mangel an Übereinstimmung zeigte sich dann sofort während des Nahostkrieges, als beide Seiten nach einseitigen Vorteilen strebten, trotz eines letztlich erfolgreichen Krisenmanagements. Klarer waren die Normen, die die Verhinderung eines bewaffneten Zusammenstoßes der Supermächte in der Dritten Welt bezweckten, vor allem der Verzicht auf die direkte Konfrontation mit den Streitkräften der Gegenseite und auf die Vernichtung vital wichtiger Bündnispartner der anderen Partei.[54] Der Gegensatz zwischen unmißverständlichen Normen, wenn es um potentielle Kriegsgefahr zwischen den Supermächten ging, und einem läßlichen Umgang mit schwammig formulierten Normen, wo in weniger gefährlichen Lagen Wettbewerbsvorteile gesucht wurden, ist augenfällig. Diese Diagnose trifft auf das Verhalten beider Beteiligten zu. Die Normebene ist gelegentlich eine fatale Schwachstelle, ganz besonders in der strategischen Rüstungskontrolle. Der Verzicht auf Superiorität, die Ausrichtung eigener Rüstungsanstrengungen an Stabilität und an der versprochenen „gleichen Sicherheit" des Rivalen sind von beiden Seiten nur unzureichend verwirklicht worden. Die amerikanische Rüstungspolitik hat ihre technische Überlegenheit dazu genutzt, Zielgenauigkeit zu vervollkommnen. Sie orientierte sich nicht an Stabilitätskriterien einer wechselseitigen Abschrekkung, sondern an Counterforce-Strategien, die auf die Ausschaltung der Offensivwaffen und Kommandozentralen der Sowjetunion abzielten, selbst noch in der Ära Gorbatschow.[55]

Die Sowjets vermehrten seit den späten sechziger Jahren unbeirrbar ihre schweren landgestützten Counterforce-Raketen. Sie reizten den ABM-Vertrag bis an die Grenzen aus: mit mobilen Luftabwehrraketen, die wahrscheinlich erste Raketenabwehrfähigkeiten besaßen (SA-10, SA-12), mit mobilen Radaranlagen und schließlich mit dem Großradar bei Krasnojarsk. Die Ausnutzung der Spielräume verschwommener Normen hat die kooperative Sicherheitspolitik zurückgeworfen: Der

Hinweis auf den sowjetischen Bruch hat den amerikanischen Rüstungskontrollgegnern zu Ende der siebziger Jahre Bündnispartner in der rechten Mitte verschafft, so daß es ihnen gelang, die Rüstungskontrolle für mehrere Jahre zum Erliegen zu bringen.[56]

Sicherheitspolitische Normen sind dem größten Druck durch die nationalen „Sachzwänge" des Selbsthilfesystems ausgesetzt. Ihre Ambivalenz verleitet dazu, sie einseitig zu eigenen Gunsten auszulegen. Im Grunde ist es ein Erfolg der Institutionalisierung von Rüstungskontrolle, daß dies nicht mit verderblicheren Folgen geschehen ist. Es fragt sich, ob den Problemen der Normebene beizukommen wäre, wenn die voraussehbaren Entscheidungssituationen rechtlich bestimmt, Ambivalenzen vermieden und für Zweifelsfälle prozedurale Lösungen ins Auge gefaßt würden.[57] Jedoch macht es die Komplexität der Regelgegenstände praktisch unmöglich, jede Entscheidungssituation mit einer entsprechenden Regel zu versehen. Auch sind künftige Entscheidungssituationen nicht erschöpfend voraussehbar, schon allein wegen technischer Überraschungen. Normgerechtes Verhalten der Regimepartner ist daher für die Stabilität getroffener Regelungen unerläßlich. Verfahren zur einvernehmlichen Klärung undeutlicher Normen helfen, mit ambivalenten Situationen besser fertig zu werden. Auch ist die Hoffnung nicht unbegründet, daß die situativen Zwänge der Sicherheitspolitik den Staaten „nukleares Lernen" aufzwingen und sie so zur Normakzeptanz drängen.[58]

Regeln

Die Fixierung und die Verrechtlichung von Regimeregeln ist in der Sicherheitspolitik aufgrund ihrer Anforderungen an die Solidität der Regimekonstruktion nötig. Die Anhänger einer „Rüstungskontrolle ohne Verhandlungen"[59] übersehen die stärker stabilisierende Wirkung verrechtlichter Regeln im Vergleich zu informellen Verhaltensmustern.

Der Ausarbeitung von Regeln gilt bei der Konstruktion von Sicherheitsregimes die härteste Anstrengung. Denn durch die genaue Festlegung der Rechte und Pflichten der Beteiligten fixieren sie zugleich das militärische oder geopolitische Kräfteverhältnis in einem sicherheitspolitischen Teilbereich. Der technische Charakter der Rüstungskontrolle macht die Formulierung von Regeln unumgänglich. Regeln im strategischen Rüstungskontrollregime sind die Höchstgrenzen, die Spezifikationen für leichte, schwere und mittlere Raketen, die Modernisierungsbeschränkungen und die Verpflichtungen beider Seiten, Verifikationsmaßnahmen zu erleichtern. Gerade an SALT II wird jedoch auch die Problematik unzureichender Regelsetzung deutlich. Die Modernisierungsbeschränkung war zwar präzise gefaßt – keine Erweiterung der Raketensilos über 5% des gegebenen Durchmessers, nur je ein neuer ICBM-Typ nach Vertragsabschluß – jedoch wurden keine technischen Ausgangsdaten ausgetauscht. Die Erfordernisse einer Prüfung der genannten Veränderungen überstiegen bei weitem die technischen Möglichkeiten der Satellitenbeobachtung. Es war also ein Regelwerk vereinbart worden, dessen Einhaltung nicht verläßlich überwacht werden konnte. Unvermeidlich entstanden Unstimmigkeiten über die Einhaltung der eingegangenen Verpflichtungen, beispielhaft an der sowjetischen SS-25. Die Mängel in der Regelsetzung führten somit zu einer Schwächung kooperativer Sicherheitspolitik. Anstatt die künftige Strategie und Politik der Sowjetunion transparenter zu machen und damit Erwartungen zu stabilisieren, säte das Abkommen in Teilen der amerikanischen Politikelite neues Mißtrauen.[60]

Hier wird die Wechselwirkung zwischen Regel und Norm relevant: eine hinreichende Internalisierung der in SALT vorgeblich akzeptierten Normen hätte die Sowjetunion dazu veranlassen sollen, bei der Modernisierung des Raketenarsenals unzweideutig innerhalb der gezogenen Grenzen zu bleiben, anstatt die vorhandenen Ambivalenzen auszureizen. Sie hat bei der SS-25 jedoch der Selbsthilfe – die strategischen Raketentruppen wünschten sich eine Waffe mit den entsprechenden Dimensionen – den Vorrang gegeben. Die gleiche Praxis war bei der sowjetischen Handhabung des ABM-Vertrages festzustellen; hier war der Ansatzpunkt die Ambivalenz des Vertrages, der Mehrzweckradaranlagen für bestimmte Zwecke (Luftabwehr, Frühwarnung, Weltraumbeobachtung) zuläßt, für andere Zwecke (Raketenabwehr, Battle Management) jedoch nicht, ohne daß er Unterscheidungskriterien zur Verfügung stellt. Das wäre bei entsprechender Norminternalisierung nur ein geringes Problem, jedoch hat auch hier die Sowjetunion den Vertrag über die Grenze hinaus ausgereizt, ohne Rücksicht auf die politischen Folgen. Die Anhänger von SDI, die im Grunde auf die Abschaffung des ABM-Vertrages zielten, da sie der kooperativen Sicherheitspolitik nicht trauten und daher die Notwendigkeit sahen, bestehende Regime zu zerstören, bekamen durch die sowjetische Praxis eine Trumpfkarte in die Hand.[61]

Der INF-Vertrag und VKSE trugen diesen Erfahrungen Rechnung. Man bemühte sich um eine wesentlich höhere Präzision. Vor allem hat man sich entschlossen, durch den vorherigen Austausch einer Datenbasis und deren anschließende Verifikation drohende Unstimmigkeiten über die Zahl und die Typen der zu vernichtenden Raketen und konventionellen Waffen auszuschließen. Die „Vernichtungsprotokolle" bestechen durch die Genauigkeit, mit der es die Zerstörung bzw. die Weiterverwendung einzelner Teile der fraglichen Systeme bestimmt. Freilich bestand auch hier die Versuchung, Möglichkeiten bis zur Grenze auszunutzen; die Nachfolgesysteme für die amerikanischen Kurzstreckenrakete Lance sollten eine Reichweite von 480 km erhalten, also bis ganz nahe an die Vertragsgrenze des INF-Vertrages von 500 km. Nur die politischen Umwälzungen in Osteuropa, die einen Lance-Ersatz politisch nicht mehr opportun erscheinen lassen, haben der Ost-West-Zusammenarbeit hier eine weitere Zerreißprobe erspart. Bei VKSE wurde der sowjetische Versuch, durch die Unterstellung von Kampfgerät unter die Marineinfanterie die Höchstgrenzen zu manipulieren, 1991 durch die einhellige Haltung aller übrigen Vertragspartner unterbunden und die Regeln durch Präzedenz noch schärfer definiert.

Ein objektives Problem der Regelsetzung in rüstungskontrollpolitischen Regimen ist die Operationalisierung des Prinzips Parität. Man muß nicht auf die durchsichtige Taktik der Sowjetunion hinweisen, von 1979 bis 1983 ständig von einem „ungefähren Zustand eurostrategischer Parität" zu sprechen und dabei das eigene INF-Arsenal beständig auszubauen. Die Identifizierung von militärischen Gleichgewichten ist von so viel technischen, taktischen, psychologischen, wirtschaftlichen, bündnispolitischen usw. Problemen geplagt, daß Vereinbarungen darüber nicht auf objektiven Kriterien fußen, sondern auf dem politischen Willen, sich zu einigen.[62]

Kein Regime auf einem wichtigen Gebiet der Sicherheitspolitik kann ohne präzise Regeln für die Verifikation auskommen. Geheimhaltung ist eine Voraussetzung militärischer Überraschung; Überraschung ist oft ein entscheidender Vorteil im Krieg. Die von der Verifikation geforderte Transparenz kann deshalb den Verzicht auf einen kriegsentscheidenden Pluspunkt meinen. Vor allem die Sowjets taten sich damit lange schwer.[63] Für die Zwecke der Regimekonstruktion sind Verifikationsregeln daher oft über den konkreten Gegenstand hinaus von symbolischer und psychologischer Wichtigkeit: unterstreichen sie doch die Absicht der Kontrahenten, auch in Zukunft friedlich miteinander umzugehen. Der Durchbruch in den Ost-West-Beziehungen wurde daher weniger von der Vernichtung der INF-Raketen symbolisiert, als durch die Zulassung von Vor-Ort-Inspektionen im CDE-Abkommen von Stockholm und im INF-Vertrag. Weil an der Verifikation soviel symbolische Vertrauensbildung hängt, wirken Enttäuschungen nachteilig auf die Stabilität von Rüstungskontrollregimen.[64] Z. B. hat die sowjetische Handhabung des Verschlüsselungsverbot aus dem SALT-II-Abkommen das Vertrauen auch gutwilliger amerikanischer Politiker untergraben: unter SALT II durften Daten, die Testraketen an die Bodenstationen funkten, nicht verschlüsselt werden, wenn sie für die Verifikation des Abkommens benötigt wurden. Diese „wenn"-Bestimmung nahmen die sowjetischen Raketentester zum Vorwand, um einen immer größeren Teil der Testdaten zu verschlüsseln.[65] Eine vergleichbare Erschütterung bedeuten die Enthüllungen über das Atomwaffenprogramm des Irak, eines NVV-Mitgliedsstaates, für das Nichtverbreitungsregime.

Verfahren

Verfahren können zur Klärung von Ambivalenzen und Unstimmigkeiten führen. Hierin liegt eine wichtige Leistung der Standing Consultative Commission der SALT-Verträge. Die SCC hat unter anderem Regeln für die Vernichtung von ABM-Anlagen und Raketen in Protokollen präzisiert; sie hat auch festgelegt, welche Geschehnisse zu Konsultationen unter dem „Atomkriegsverhütungsregime" führen müssen. Sie scheiterte dort, wo die Vertragsparteien Regelambivalenzen ausbeuteten. Ohne die SCC wäre SALT jedoch noch schwereren Belastungen ausgesetzt gewesen. Der INF-Vertrag hat mit der Special Verification Commission ein ähnliches Gremium eingerichtet.[66] In anderen Regimen erfüllen Überprüfungskonferenzen, die wir aus dem ABM-Vertrag und multilateralen Rüsungskontrollverträgen (NV-Vertrag, im Vertrag über biologische Waffen, Weltraumvertrag, Abkommen über Verbot militärischer Umweltmodifikation) kennen, prozedurale Funktionen. Diese Konferenzen geben den Parteien die Gelegenheit, die Leistung des jeweiligen Vertrags zu beurteilen und die Einhaltung der Verpflichtungen durch die Partner zu bestätigen oder in Zweifel zu ziehen. Neuen Entwicklungen kann Rechnung getragen werden, die Regelwerke können entsprechend erweitert und vertieft werden: So nahm man nach der Überprüfungskonferenz für den Vertrag über biologische Waffen 1986 vertrauensbildende Maßnahmen auf; die Überprüfungskonferenz von 1991 setzte eine Arbeitsgruppe zur Ausarbeitung von Verifikationsmaßnahmen ein. Die NVV-Überprüfungskonferenz von 1990 gab wichtige Anstöße für die Stärkung der Verifikationspraxis der IAEO.

An sich bedürfen auch Verifikation, Beurteilung von Verifikationsdaten und Reaktionen auf Verstöße geordneter Verfahren. In der Praxis bleibt dies den Staaten überlassen. Die amerikanisch-sowjetischen Abkommen geben nur karge Auskunft, wie die Staaten mit den erhobenen

Daten umgehen sollen. Die öffentliche Kampagne der Reagan-Regierung über angebliche oder tatsächliche sowjetische Vertragsverstöße stand in krassem Gegensatz zum sonstigen diskreten Umgang mit dieser schwierigen Materie.

In multinationalen Verträgen liegt die Anwendung von Sanktionen gegen Vertragsverstöße oft völlig in der Hand der Staaten. Dieses Verfahren bringt Nachteile mit sich, wie an der schwachen internationalen Reaktion auf den irakischen Giftgaseinsatz im ersten Golfkrieg deutlich geworden ist. Aus vordergründigen Interessen verzichteten die Supermächte auf Gegenmaßnahmen. Durch diese Erfahrung ermutigt, vergrößerte der irakische Diktator Sadam Hussein sein Chemiewaffenarsenal, experimentierte mit Mittelstreckenraketen und Supergeschützen und streckte die Hand sogar nach Kernwaffen aus. Der Verzicht darauf, Sicherheitsregime mit klaren Sanktionsverfahren zu versehen, ergibt sich aus dem Wunsch vieler Staaten, völlige Handlungsfreiheit zu behalten – ein Imperativ der Selbsthilfe. Die Regime werden dadurch beträchtlich geschwächt. So sind Versuche zu erklären, im Gefolge des zweiten Golfkrieges den Sicherheitsrat stärker in die Rolle eines „Wächters" globaler Nichtverbreitungsregime einzubinden, eine Rolle, die im NVV bereits angelegt ist.

Mehrebenenproblem/Horizontale/Vertikale Verknüpfung

Sicherheitspolitische Regime existieren nicht in Isolation. Sie werden zusammengehalten durch Junktims der Politik der beteiligten Staaten (z.B. keine KSZE ohne Berlinabkommen [westliche Position] – keine Verhandlungen über konventionellen Truppenabbau ohne Festschreibung des territorialen Status quo [östliche Position]). Sie werden verknüpft durch die Tendenz der Verantwortlichen, die Politik der anderen Seite auf den verschiedensten Politikfeldern als ein vom selben Interessenkalkül und Strategiekonstrukt geleitetes Ganzes zu sehen. Eine solche Verknüpfung wird auch durch die Dynamik der innenpolitischen Debatte der Konfliktparteien hergestellt; so hat die „Entdeckung" einer sowjetischen Brigade auf Kuba (die dort seit den sechziger Jahren stationiert war) 1979 den Ratifikationsprozeß für SALT II im Senat unterbrochen, weil sich der Vorsitzende des Auswärtigen Ausschusses keine Blöße im Wahlkampf gegen seine konservativen Herausforderer geben wollte. Die Sowjetunion hat ihrerseits die SALT-II-Verhandlungen hinausgezögert, als sie den Vereinigten Staaten die Annäherung an China übelnahm.[67]

Sicherheitsregime werden außerdem durch strukturelle Verbindungen zusammengehalten. Sie sind vertikal und horizontal verknüpft. Diese Verknüpfung kann über die „gemeinsame“ Nutzung derselben Prinzipien erfolgen (NV-Regime, SALT); sie kann durch die gemeinsame Nutzung gleicher Rechtsinstrumente erfolgen (Testbeschränkung, NVV); sie kann die gleichen Organisationen nutzen (SCC für Kriegsverhütungsregime und für Regime der strategischen Rüstungsbeschränkung). Schließlich können bestimmte Prozeduren eine universale Rolle für die Regimeevolution wahrnehmen, etwa die KSZE.[68]

Kooperationschancen in den Politikbereichen steigen und sinken mit der „Stimmungslage“ in den politischen Gesamtbeziehungen; etablierte Regime erleiden durch „Tiefs“ zwar Evolutionsstopps und gelegentliche Rückschritte, weisen aber als Institutionen eine erstaunliche Robustheit auf. So hat das Regime der Nuklearkriegsverhütung in der ersten Reagan-Administration nicht nur keinen Rückschlag erlebt, sondern ist durch bessere technische Kommunikationsmittel 1984 und 1985 (vor dem Gorbatschow-Effekt) sogar ausgebaut worden.[69]

Regimekonflikte

Die Verknüpfung von Regimen trägt sachbereichsfremde Konflikte in Regime hinein. Aufgrund der Existenzrisiken im Sicherheitsbereich sind derartige Verknüpfungen brisant. Negative Feindbildveränderungen aus einem Politikfeld wirken mit großer Zerstörungsgewalt auf Regime in anderen Feldern ein.

So war strittig, ob und welche Verknüpfungen überhaupt legitim sind. Das sowjetische Konzept der friedlichen Koexistenz ging davon aus, daß der „internationale Klassenkampf“ aus objektiv-historischen Gründen unvermindert weitergehe und daß sich die Sowjetunion ihren Pflichten in diesem Kampf nicht entziehen könne. Die USA hingegen erwarteten von Moskau weltpolitische Zurückhaltung als Voraussetzung einer gedeihlichen rüstungskontrollpolitischen Zusammenarbeit. Die Begrenzung der Waffen könne nicht gelingen, wenn die Ursache der Bewaffnung – der weltpolitische Konflikt – unvermindert weitergehe. So lagen an der Wurzel dieses Verknüpfungskonfliktes unterschiedliche Geschichtsphilosophien, die sich in gegensätzlichen Interpretationen der Prinzipien „Politische Gleichheit“, „Zurückhaltung“ und „Reziprozität“ ausdrückten. Die sowjetische Führung gefiel sich in der Rolle eines Ausführungsorgans unausweichlicher Geschichtsprozesse. Die

Amerikaner betrachteten Geschichte als offen und verstanden das sowjetische Verhalten daher als gezielten Versuch, das globale Machtgleichgewicht zu ändern. Sie scheuten aber ihrerseits nicht vor „Korrekturen“ zurück wie 1973 im Nahen Osten, wo Kissinger den sowjetischen Einfluß in Ägypten zu neutralisieren wußte. Die Reagan-Regierung betrieb dann mit der Reagan-Doktrin das weltpolitische "Rollback". Dieser Gegensatz machte sicherheitspolitische Regime zwar nicht völlig unmöglich, verlangsamte jedoch ihre Konstruktion und erschwerte ihre Erhaltung.[70] Er verursachte eine bis zum Amtsantritt Gorbatschows nicht korrigierbare Ambivalenz der Regimeprinzipien zwischen den beiden Supermächten.

Auf der Ebene der Normen kam eine weitere, gewichtige Divergenz hinzu: die mangelnde Übereinstimmung über die Bedeutung offensiver und defensiver Elemente in Militärstrategie, -doktrin und Bewaffnung. Zwar herrschte Übereinstimmung, daß militärische Aggression unzulässig sei. Die Sowjetunion sah aber die Fähigkeit, eine gegnerische Offensive mit dem schnellen konventionellen Gegenangriff gegen das Territorium des „Feindes“ zu beantworten, als Grundlage der eigenen Sicherheit an. Die NATO suchte ihre Sicherheit in der Fähigkeit, im Notfall die konventionelle Überlegenheit des Warschauer Paktes mit Nuklearschlägen zu brechen. Beiden Doktrinen war eine gewisse Offensivität eigen; daß die Dislozierung der konventionellen Verbände des Warschauer Vertrages eine unmittelbarere Option zur Verfügung hielt, minderte nicht die Besorgnis der Sowjetunion über die mit der taktischen Nuklearbewaffnung des westlichen Bündnisses verbundenen Absichten und Möglichkeiten.[71]

Vergleichbare Divergenzen gab es bei den strategischen Kernwaffen. Ende der sechziger Jahre unternahmen die Vereinigten Staaten große Anstrengungen, um die Sowjets davon zu überzeugen, daß Raketenabwehr die atomare Abschreckung infrage stelle. Mitte der achtziger Jahre hatten sich die Positionen verkehrt; jetzt verstanden die USA Raketenabwehr als organischen Bestandteil einer Defensivposition, und die Sowjets sahen Probleme für die strategische Stabilität zwischen den Supermächten.

Diese Asymmetrien machten auch bei der Umsetzung von Normen in Regeln zu schaffen. Welche Waffensysteme besonders bedrohlich erschienen, war umstritten. Beide Kontrahenten sahen gerade in denjenigen Systemen des Gegners eine besondere Gefahr, die sie selbst nicht im gleichen Umfang entwickelt hatten. Die landgestützten schweren Raketen auf sowjetischer, see- und luftgestützte Marschflugkörper sowie die auf Flugzeugträgern stationierten Bomber auf amerikanischer

Seite wurden immer wieder zu Stolpersteinen der Verhandlungen. Erschwert wurden diese Gegensätze durch militärische Traditionen: die sowjetischen Raketentruppen sind ein „Kind" der traditionsreichen russischen Artillerie, die sowjetische Betonung der landgestützten Waffen ein Ergebnis der Geographie. Auch Allianzverpflichtungen wirkten als Hindernis: die Vereinigten Staaten mußten – etwa bei der Begrenzung der Marschflugkörper – auf die Wünsche und Besorgnisse ihrer europäischen Verbündeten Rücksicht nehmen. Eine Norm wie „Parität" in quantifizierbare Regeln umzusetzen, war daher eine schwierige Aufgabe.[72]

Regeln und Verfahren für die Verifikation von Rüstungskontrollabkommen standen vor einem anderen Problem: Systemunterschiede zwischen den offenen Gesellschaften des Westens und den geschlossenen kommunistischen Systemen. Die Preisgabe von Informationen, die sich in den USA in jeder Universitätsbibliothek finden, galt in der Sowjetunion als Geheimnisverrat. Über Jahrzehnte bekämpfte daher die sowjetische Führung mit großer Entschiedenheit die westliche Forderung nach Verifikation als „Legalisierung von Spionage". Die Sowjets schickten sich in die Satellitenaufklärung, da sie nicht zu verhindern war. Ihre Zugeständnisse in den Rüstungskontrollabkommen der siebziger Jahre blieben minimal. Erst unter Gorbatschow hat sich hier ein völliges Umdenken eingestellt.[73] Nun haben die USA Probleme mit dem Geheimnisschutz und (bei der Überwachung von Chemieunternehmen und Waffenproduzenten) mit den Rechten privater Wirtschaftssubjekte.[74]

Auch Nord-Süd-Gegensätze behindern die Fortentwicklung von Regimeregeln. Den Forderungen der Industrieländer nach strikter Verifikation für die nuklearen, biologischen und chemischen Nichtverbreitungsregime halten viele Entwicklungsländer ihren Anspruch auf nationale Souveränität entgegen.

Regimeevolution: „Lernen" in der sicherheitspolitischen Kooperation

Mißtrauen veranlaßte Ost und West zur Bereitstellung einer „Selbsthilfereserve" in vitalen Bereichen, die eigentlich bereits der Kooperation unterstellt waren. Die Kooperation wurde dadurch soweit behindert, daß sie ihre erwartungsstabilisierende Rolle nicht ausreichend spielen konnte. Dennoch hatten sich in vier Jahrzehnten die „Inseln" der Kooperation zwischen Ost und West vermehrt.[75] Umstrittene Prinzipien wie Stabilität, Parität und Transparenz beruhten zunehmend auf einem gemeinsamen Verständnis. Einschnitte in ein reines Selbsthilfesystem wurden möglich bis hin zum Ende des Ost-West-Konflikts.

Daß in Sicherheitsregimen gelernt wird, geht oft in der wilden Polemik verloren, die die Debatte über Rüstungskontrolle begleitet hat. Der wichtigste Lernvorgang, den wir feststellen können, war der beiderseitige Erwerb von „konsensualem Wissen" über die Risiken des Atomkrieges und über Wege, ihn zu vermeiden. Hierzu zählt auch ein besseres Verständnis des gegnerischen Denkens und Verhaltens. Ein Beleg für diesen „Lernerfolg" ist die Abnahme von Krisen, in denen Drohungen mit Kernwaffen eine Rolle spielten; Betts zählt in seiner Studie von 1948 bis 1962 – bis zur Kuba-Krise – acht solche Vorgänge in 14 Jahren. Von 1962 bis 1990 sind nur drei derartige Geschehnisse zu vermerken gewesen.[76]

Instrumentelles Lernen

Die höhere Präzisierung von Regeln im INF-Vertrag, seine ausgefeilten Verifikationsbestimmungen sind Folgen der Erfahrung mit SALT: Dort hatten Ambivalenzen Mißtrauen erzeugt und die Stabilisierung von Verhaltenserwartungen untergraben; daß in START nicht mehr allein die Trägersysteme, sondern auch Wurfgewicht und Sprengkopfzahl Zähleinheiten für die Reduzierungen sind, ist gleichfalls als Ergebnis eines kognitiven Lernvorgangs beider Seiten zu werten: die Begrenzung der Trägerzahl hat strategische Stabilität nicht garantiert, sondern unterminiert. Sie forderte dazu heraus, die Sprengköpfe je Rakete zu vermehren. Die Verwundbarkeit der Vergeltungsstreitkräfte und ihrer Führungseinrichtungen gegenüber einem Erstschlag nahm damit beständig zu. Das Stabilitätsprinzip faßt in START endlich auch in den Regeln Fuß.

VKSE war das Ergebnis des langjährigen Mißerfolgs von MBFR: ein fruchtloses Streiten um die Ausgangszahlen wurde vermieden. Statt dessen konzentrierten sich die Verhandlungen auf die zukünftigen Waffen-Bestände, die nach erfolgter Verminderung verifiziert werden müssen. Auch die Wahl des Verhandlungsgegenstandes (die für weiträumige Angriffshandlungen wichtigen Waffensysteme, Panzer, Panzerfahrzeuge, Artillerie, Kampfflugzeuge, Kampfhubschrauber statt Mannschaftsstärken) zog die Lehre aus den Schwierigkeiten der MBFR-Verhandlungen über Truppenreduzierungen.[77]

Der Schlüssel zur Evolution nahezu aller Sicherheitsregime lag in Moskau. Für die Sowjetunion war es viel schwieriger, aus Ihrer Ideologie des internationalen Klassenkampfes heraus die sicherheitspolitische Zusammenarbeit mit dem Feind zu begründen. Dieser Vorgang muß als säkularer Lernvorgang begriffen werden: die Sowjetunion konnte einen Rüstungswettlauf mit dem Westen nicht gewinnen. Ein Krieg, der den langfristigen Machtverfall hätte aufhalten können, war undenkbar. Die sowjetische Sicherheit stieg nicht mit wachsendem Rüstungsaufwand, sondern wurde durch westliche Gegenmaßnahmen und drohende strategische Instabilität sogar zusehends gefährdet. Die Volkswirtschaft litt unter den Lasten des Rüstungshaushalts. Sicherheit auf Selbsthilfe zu begründen, war daher als Konzept gescheitert; die sowjetische Führung unter Gorbatschow zog die Konsequenzen und versuchte sich an einem neuen Rezept: Sicherheit vorwiegend durch Zusammenarbeit mit dem Gegner zu erreichen.[78]

Affektives und institutionelles Lernen

Die affektive Komponente des Lernvorgangs läßt sich in zwei Teile zerlegen. Der erste Gesichtspunkt betrifft das Feindbild; daß Kooperation in den sensitivsten Fragen nationaler Sicherheit mit dem „Reich des Bösen" möglich ist, führte bei Vertretern der westlichen „Sicherheitsestablishments" zu einer Veränderung der Freund-Feind-Beziehung über die rein kognitiven Aspekte hinaus. Man stellt dies fest bei Offizieren, die an der Manöverbeobachtung, an Beamten und Politikern, die an Rüstungskontrollgesprächen teilgenommen haben. Gleiches ist in der Sowjetunion zu vermerken.[79] Der Wandel der sowjetischen Sicherheitspolitik wäre nicht denkbar ohne ein weitgehendes „Verlernen" des Feindbildes. Dieser Lernvorgang war nur durch die Erfahrung einer kooperations- und friedensbereiten westlichen Politik (deutsche Ostpolitik, amerikanische Rüstungskontrollpolitik, Friedensbewegungen) möglich.[80]

Der zweite Aspekt ist die affektive Identifizierung mit erreichten Regelungen, die zu einer leidenschaftlichen Verteidigung der Kooperation führen kann. Der Kampf für den Fortbestand des ABM-Vertrages durch führende Mitglieder der amerikanischen SALT-Delegation hatte diese affektive Komponente. Diese „Selbstbindungswirkung" des Rüstungskontrollprozesses ist gelegentlich beklagt, von anderen zum Anlaß genommen worden, die Verstetigung des Prozesses zu verlangen, selbst wenn der Ertrag relativ gering bliebe: der ständige Austausch mit der Gegenseite übe positive Wirkung aus, auch wenn er keine wichtigen Abkommen hervorbringe.[81]

Wie Sicherheitsregime „wachsen"

Das Regime zur Verhütung eines Nuklearkrieges ist oben skizziert worden. Dieses Regime hat sich seit beinahe zwanzig Jahren in immer neuen Etappen weiterentwickelt. Es begann 1963 mit einer direkten kabelgestützten Fernschreibleitung. 1971 folgte das Abkommen zur Verhinderung von „Unfallkriegen", einschließlich einer Notifikationspflicht für Raketentests jenseits der eigenen Grenzen, bei denen die Flugrichtung auf das Territorium des Vertragspartners zielte; im gleichen Jahr wurde die Kommunikationslinie auf Satellitenverbindung umgestellt. 1972 einigten sich die Supermächte auf die ›Basic Principles‹; das ›Prevention of Nuclear War‹-Abkommen kam ein Jahr später zustande. SALT II verlangte die Ankündigung aller multiplen Raketenstarts, bei denen die Projektile das Territorium der entsprechenden Partei verließen. 1983 wurde der Fernschreiber durch Telefax ersetzt. 1985 schloß man das Pacific Air Safety Agreement ab; die SCC erarbeitete ein Einverständnis über die Ereignisse (einschl. Nuklearterrorismus), die eine sofortige Konsultation nach den Abkommen von 1971 und 1973 verlangten. 1987 wurden die Crisis Control Centers eingerichtet; 1988 und 1989 folgten Abkommen über die Vermeidung gefährlicher bewaffneter Zwischenfälle (praktisch eine Ausweitung des „Hochsee-Abkommen" auf die anderen Teilstreitkräfte) und eine Notifikationspflicht für Übungen mit strategischen Bombern. 1991 beendeten die USA und die Sowjetunion den Alarmzustand ihrer strategischen und taktischen Nuklearstreitkräfte.

Die Regimentwicklung folgte dabei teils dem Wunsch der Supermächte, Grundsätze der Kriegverhütung zu kodifizieren (›Basic Principles‹, ›Verhütung von Unfallkriegen‹-Abkommen), teils ihren Erfahrungen mit besonders kritischen Zusammenstößen: Das ›Hochsee-Abkommen‹ trug den Erfahrungen der Kuba-Krise und mehrerer Hochseemanöver Rechnung: Die Kontrolle des Verhaltens der Flottenkommandeure, sogar einzelner Kapitäne, war nicht mehr möglich gewesen. Das Pazifik-Abkommen und das Abkommen über Zwischenfälle über Land und in der Luft (1988) zog unter anderem die Konsequenz aus dem Abschuß der koreanischen Linienmaschine im Jahre 1984. Die wechselseitige Notifikation von Raketentests ergab sich aus dem amerikanischen Schrecken von 1986, als mehrere sowjetische Testraketen nahe bei Hawaii in den Pazifik schlugen. Auch die Technik trug zur Regimeevolution bei: die mehrfache Verbesserung der „Roten Linie" seit 1963 nutzte jeweils neue technische Möglichkeiten aus. Die Einrichtung von „Krisenkontrollzentren", genauer gesagt: Lagezentren der Streitkräfte, die für die Gegenseite direkt zu erreichen sind, kam auf Druck aus dem Kongreß zustande. Bemerkenswert an der Evolution dieses Regimes ist ihre Stetigkeit. Sie hörte auch in den finstersten Zeiten des „neuen Kalten Krieges" nicht auf.[82]

Regimeeffizienz und Regimewirkung

Die Effizienz und Wirkung von Sicherheitsregimen war in den Vereinigten Staaten in den achtziger Jahren umstritten. Die Glaubwürdigkeit von Verifikationsmaßnahmen und die Einhaltung von Abkommen durch die Sowjetunion wurden Mittel im Kampf um Rüstungsprogramme und Verteidigungsbudgets. Liberale Kritiker behaupteten, rüstungspolitische Kooperation habe wenig mehr getan als den Rüstungswettlauf kanalisiert und dabei seine qualitativ-technologische Seite angeheizt. Empirische Analysen bieten ein optimistischeres Bild der Regimeffizienz.[83]

Das Regime für die territoriale Stabilität in Europa befestigte die Sicherheit auf dem Kontinent und erleichterte den wirtschaftlichen und kulturellen Austausch zwischen den west- und osteuropäischen Staaten. Mit der Steigerung der Kontakte und der Aufweichung des Feindbildes wurde die Auflockerung der erstarrten Gesellschaftsstrukturen Osteuropas und der Sowjetunion und der fundamentale Wandel seit 1985 möglich. Die Internalisierung von Normen und Regeln ist fortgeschritten. Das Gebot, bestehende Grenzen in Europa anzuerkennen, hat sich – trotz der Auseinandersetzungen der frühen siebziger Jahre – in allen Parteien der Bundesrepublik durchgesetzt. Verpflichtungen aus Warschauer Vertrag und Helsinki-Schlußakte wurden zu wichtigen innenpolitischen Argumenten während der bundesdeutschen Debatte über die polnische Westgrenze im Winter 1989/90. Die Vorsicht der Sowjetunion gegenüber einem Einmarsch in Polen während der „Solidarnosz-Krise" 1980 hielt – trotz des Militärputschs vom Dezember 1980 – größere Chancen für die innergesellschaftliche Evolution in Polen offen als eine sowjetische Besetzung. Der Unterschied zum Verhalten in Prag 1968 – vor Helsinki – ist deutlich. Angesichts der ungelösten Nationalismus-Probleme in Osteuropa dürfte das Regime in den kommenden Jahren eine heilsame konfliktdämpfende Wirkung ausüben.

Das Regime zur Verhütung von Kernwaffenkriegen ist seit 1973 nicht ernstlich getestet worden. Von einzelnen Bestandteilen ist aber bekannt, daß sie zur vollen Zufriedenheit arbeiten. Vor allem das Abkommen zur

Vermeidung von Zwischenfällen auf hoher See hat sich bewährt; die Zahl gefährlicher Zwischenfälle ist seit seinem Abschluß drastisch zurückgegangen. Bezeichnend waren die energischen Proteste der amerikanischen Marineführung im Jahr 1983, als Verteidigungsminister Weinberger eine Sitzung der gemeinsamen Kommission für dieses Abkommen suspendierte: die Navy betrachtete das Abkommen als einen Sicherheitsfaktor, der unbedingt erhalten werden sollte. Und während Washington 1983 erklärte, es betrachte das ›Basic Principles‹-Abkommen als „nichtoperativ", wurde es stillschweigend im wesentlichen weiter beachtet.[84]

Selbst das strategische Rüstungskontrollregime war im großen und ganzen effektiv. Es läßt sich einwenden, daß beide das Regime so konstruiert haben, daß die strategischen Rüstungsprogramme intakt blieben. Das trifft zwar zu, doch sollte nicht übersehen werden, daß die Einhaltung der Obergrenzen zur Verschrottung, Außerdienststellung oder Umwidmung von strategischen Kapazitäten geführt hat, die andernfalls – vor allem auf sowjetischer Seite – unterblieben wären. Eine Untersuchung hat ergeben, daß das sowjetische Dispositiv durch SALT nicht mehr optimal der Strategie entsprochen hat. Die Sowjets hätten auch vermutlich eine Version der SS-18 entwickelt, die die Tragkraft der Rakete durch eine höhere Sprengkopfzahl genutzt hätte; ob die USA, bei der die Doktrin der „gleichen Counter-force-Optionen" zu einer Art Obsession geworden ist, der Versuchung widerstanden hätte, ihrerseits eine superschwere Rakete zu entwickeln, mag bezweifelt werden. Schließlich ist der Wettlauf auf dem Gebiet der Raketenabwehr und der Nuklearisierung des Weltraums verlangsamt worden. Die Normschwäche des Regimes hat Versuchungen zur „legalen" Umgehung geschaffen, denen weder die Sowjetunion noch die USA widerstehen konnten. Die Sowjets produzierten beispielsweise die „mittelschwere" Rakete SS-19, nachdem die Entwicklung neuer „schwerer" Raketen durch SALT I untersagt wurde. Die Amerikaner entwickelten die Marschflugkörper zu einer selbständigen nuklearstrategischen Waffengattung außerhalb rüstungskontrollpolitischer Beschränkungen. Es hat aber keine systematische Politik der Regelverletzung durch die Sowjetunion gegeben, und interessanterweise drängten die Sowjets immer dann am heftigsten an die Grenzen des Erlaubten, wenn die Aussichten auf weitere Zusammenarbeit mit der anderen Supermacht sich verschlechterten.[85]

Die amerikanische SDI-Debatte war ein eindrucksvoller Beleg für die Wirksamkeit des Regimes. Ein Teil derjenigen Senatoren, die an der traditionellen, restriktiven Interpretation des ABM-Vertrages festhielten, handelte aus verfassungsrechtlichen Motiven: die Prärogative des Senats bei der Vertragsgestaltung soll gewahrt bleiben. Dies weist auf wenig beachtete Mechanismen der Regimeinternalisierung hin: staatsinternes Recht als Hindernisse einer unilateralen Regimeverletzung. Tatsächlich hat der amerikanische Kongreß nicht nur die Einhaltung des ABM-Vertrages gemäß der traditionellen Interpretation erzwungen, sondern auch den Schritt der Regierung, die SALT-II-Grenzen zu überschreiten, durch gesetzliche und haushaltliche Auflagen korrigiert. Der Ausbruch der Exekutive aus den Regimeregeln ist durch die Legislative eingefangen worden.[86]

Die SALT-Abkommen haben es beiden Seiten leichter gemacht, die künftige Entwicklung der strategischen Bewaffnung der Gegenseite vorherzusehen. Es macht einen großen Unterschied, ob die Vereinigten Staaten sich bei der SS-18 auf Sprengkopfzahlen von 30–40 pro Rakete einzustellen haben oder ob eine Höchstgrenze von zehn gilt.[87]

Die Regeln der für strategische Rüstungskontrolle und Nichtverbreitung wichtigen Testbeschränkungen sind überwiegend eingehalten worden; gelegentliche Verletzungen (z. B. das Entweichen von Radioaktivität aus dem Untergrund) sind auf technische Defekte zurückzuführen; angebliche Überschreitungen der Testschwelle von 150 kt sind nach aller Wahrscheinlichkeit auf Unzulänglichkeiten der Meßinstrumentkalibrierung zurückzuführen und gehören nach dem Verifikationsprotokoll zum Schwellenvertrag von 1991 der Vergangenheit an. Die Testbeschränkungen haben eine gewisse Auswirkung auf die Waffenentwicklung gehabt. Die sowjetische Sprengkopfentwicklung ist in den sechziger Jahren verzögert worden, da die Sowjets in der Technik des Untergrundtests weniger weit fortgeschritten waren als ihre amerikanischen Rivalen. Der Verzicht auf atmosphärische Tests hat auch die Erprobung der sekundären Wirkung von Nuklearexplosionen auf die Umgebung unter „Realbedingungen“ behindert; die Entwicklung einer EMP (Elektromagnetischer Puls-)optimierten Waffe, aber auch ein realitätsnaher Test für ABM-Systeme ist damit unmöglich geworden. Der Schwellenvertrag hat zumindest die Folge, daß neue Sprengköpfe mit hoher Sprengkraft zum Angriff auf gehärtete Ziele nicht optimiert werden können. Damit wurde die Überlebenschance von supergehärteten Silos und Untertage-Kommandobunkern trotz steigender Zielgenauigkeit noch einmal verlängert.[88]

Für das europäische Militärregime haben die vertrauensbildenden Maßnahmen bereits wichtige Voraussetzungen geschaffen, um den „Schatten der Zukunft“ zu verlängern. Diese Maßnahmen machten eine mittelfristige Vorausschau über umfangreichere militärische Aktivitäten der Gegenseite möglich. Es ist dadurch schwerer geworden, konventionelle Truppen für die Zwecke von Machtdemonstration und Drohpolitik einzusetzen. Außerdem besitzen beide Seiten jetzt eine klare Meßlatte, mit der ungewöhnliche Aktivitäten des „Gegners" schnell und sicher identifiziert werden können.[89]

Information und Kommunikation

Mit der Stabilisierung von Erwartungen sinkt der Aufwand, der für „Versicherungen" gegen alle möglichen Kontingenzen geleistet werden müßte. Ein selten beachtetes Beispiel: der Verzicht beider Seiten auf Fractional Orbital Bombardement Systems (FOBS) in einem Stadium, als die entsprechende Technologie unreif war, hat den Druck zur „Militarisierung des Weltraums" vermindert, der bei einem Wettlauf auf diesem Gebiet hätte entstehen können. Es ist durchaus denkbar, daß wachsende Investitionen in FOBS zu einer Stationierung von Kernwaffen im All sowie zu einer beschleunigten Entwicklung von Abwehrsystemen hätte führen können.[90]

Die Bereitstellung von Kommunikationskanälen ermöglicht die Lösung von Unstimmigkeiten oder unvermeidlicher Ambivalenzen in Abkommen. Die Standing Consultative Commission (SCC), die im Zusammenhang mit SALT I eingerichtet wurde, hat nützliche Arbeit bei der Ausformung dieser Abkommen geleistet; sie konnte auch durch die Obstruktionspolitik der ersten Reagan-Administration nicht völlig unterminiert werden.[91]

Schließlich ist die kostengünstige Beschaffung anderweitig teurer oder gar unzugänglicher Information eine entscheidende Regimeleistung. Freilich stand diese Tatsache eine ganze Weile sicherheitspolitischen Regimen im Wege, da sie der sowjetischen Politik absoluter Geheimhaltung zuwiderlief. Das INF-Abkommen hat mit seinem umfangreichen Datenaustausch teilweise überraschende Erkenntnisse über die INF-Arsenale beider Seiten gebracht. Enthüllungen über Raketenvorräte in der Sowjetunion brachten dem Westen erstmals verläßliche Kenntnisse über Reservehaltung und Nachlademöglichkeiten sowjetischer Systeme; Rückschlüsse auf Operationsprinzipien und Kriegführungsstrategien der Raketenstreitkräfte der UdSSR konnten gezogen werden.

Die Beispiele zeigen das Zusammenspiel von kooperativer Sicherheitspolitik und Selbsthilfe. Selbsthilfe wird erleichtert durch Informationen, die nur aus der kooperativen Sicherheitspolitik gewonnen werden können. In dem Maße, wie Selbsthilfe von der Kooperation abhängig wird, vermindern sich auch die Impulse der Selbsthilfe, die der Kooperation zuwiderlaufen.

Regimegerechtigkeit

Die Abschätzung der „Verteilungsleistung" sicherheitspolitischer Regime ist schwierig, eben weil Sicherheit ein „öffentliches Gut" ist: Die Verhinderung eines Nuklearkrieges ist in jedermanns Interesse. Andererseits wurde sie erkauft durch die Kombination von Abschreckung und Kooperation. Abschreckung hat zu extrem ungleichen Machtbeziehungen in der Welt geführt: die Verteilung der Vernichtungsmittel und militärischer Kapazitäten im weiteren Sinne ist asymmetrisch. Freilich würde die Beseitigung des gegenwärtigen Sicherheitssystems keine Gleichheit zwischen den Staaten herstellen; sie sind von der geographischen Lage und Größe, Bevölkerungszahl, Naturschätzen und Entwicklungsstand her ungleich. Diese Ungleichheit ist eine Gegebenheit internationaler Beziehungen, die sich in den globalen militärischen Kräfteverhältnissen widerspiegelt, aber nicht erst durch sie zustande kommt.

Das Abschreckungssystem hat als weitere Folge die Abzweigung wertvoller Ressourcen in militärische Investitionen. Damit werden Menschen, Völker und Staaten geschädigt. Das gleiche gilt für die sozialpolitischen Verhältnisse in den entwickelten Ländern. Die sprichwörtliche Entscheidung zwischen „Kanonen und Butter" wurde in den achtziger Jahren für die ärmeren Amerikaner zur Schicksalsfrage, als die Reagan-Administration steigende Rüstungsausgaben durch Kürzungen der Sozialausgaben finanzierte; für die Sowjetbürger zählte diese Erfahrung seit jeher zum Alltag.[92]

Selbsthilfe vs. Kooperative Sicherheitspolitik: Schlußfolgerung

In den Ost-West-Beziehungen hat sich ein Umbruch vollzogen, der die Herrschaft der Selbsthilfe in der Sicherheitspolitik durch Institutionen kooperativer Sicherheit abgelöst hat. Die Regimeanalyse macht das dynamische Ineinandergreifen von innenpolitischen Veränderungen, außenpolitischen Herausforderungen und Perzeptionswandel in und durch sicherheitspolitische Kooperation sichtbar. Er setzt freilich auch Warnlichter: Das Paradox regimegeleiteter Kooperation ist es, daß die Interessengrundlage der Kooperierenden eben auf Konfliktbeziehungen beruht. Worin gründet sich Kooperation, wenn der Konflikt/die Konflikte tatsächlich schrumpfen oder gar verschwinden? Auf dem Fortbestehen und der suggestiven Wirkungsmacht der Institutionen allein? Oder kommt, wie die Realisten pessimistisch vermuten, eine neue Runde von Auseinandersetzungen mit neuen Konfliktkonstellationen?[93]

Ferner: die Interessengrundlage für dauerhafte Kooperation, die den Regimebedarf erzeugt, ist die Ausweglosigkeit von auf Selbsthilfe fußender Sicherheitspolitik im Nuklearzeitalter. So gering die Wahrscheinlichkeit ist – dies hat allem technologischen Fanatismus zum Trotz das Schicksal von SDI wieder bestätigt; es ist nicht völlig auszuschließen daß ein technologischer Durchbruch diese Lage verändert. Wie robust ist eine selbst viel komplexere und vielschichtig verknüpfte Regimestruktur gegenüber einer solchen Änderung der technologischen Rahmenbedingungen? Oder gegenüber einer vereinbarten Abschaffung der Kernwaffen? Auch bleibt eine Reihe wichtiger Rüstungsgebiete noch ganz außerhalb der Regimebildung, bleibt Domäne der Selbsthilfe: Antisatellitenwaffen, Seestreitkräfte, Machtprojektionsstreitkräfte.[94]

Die Veränderungen für ein Höchstmaß an Kooperation bei einem Minimum an Selbsthilfe-Resten zu nutzen, ist die Herausforderung, vor der die Architekten einer neuen europäischen Friedens- und Sicherheitsordnung stehen.[95] Die bestehenden Regime sind wichtige und wertvolle Bausteine. Noch dringender und schwieriger allerdings ist die Konstruktion sicherheitspolitischer Regime in jenen Konfliktregionen in der Dritten Welt, die gegenwärtig noch ganz im Bann der Selbsthilfe stehen.[96]

7. SCHLUSSFOLGERUNGEN

Das Schlußkapitel konzentriert sich zunächst auf die dynamischen Aspekte der Regimeanalyse: auf die Faktoren, die der Entstehung und der Entwicklung von Regimen zugrunde liegen. Es fragt sodann, ob diese Faktoren Aussagen über das Verhältnis von gesellschaftlichen und innenpolitischen Strukturen zur Regimeneigung von Staaten zulassen. In einem letzten Schritt wird die Frage nach der „Regimeausstrahlung" nochmals aufgeworfen: Zeigt die Entwicklung von Regimen in grundverschiedenen Politikfeldern einen tiefgreifenden Wandel von Struktur und Gehalt internationaler Beziehungen an?

Üben Regime eine Wirkung aus?

Die Anwendbarkeit der Regimeanalyse im Sinne der Krasnerschen Definition von 1983 auf die hier vorgestellten Politikfelder und die Bedeutung und das Zusammenwirken der Regime-Strukturelemente ist in den vorangegangenen Kapitel dokumentiert worden. Auch die Frage, ob Regime Wirkungen zeitigen, kann jetzt positiv beantwortet werden. In allen untersuchten Politikfeldern konnten Veränderungen im Verhalten der Regimeteilnehmer registriert werden. Diese Veränderungen variierten je nach der Stärke und Richtung nationaler Interessen, der gesellschaftlichen Einbindung der Regimeregeln, der Umgehungsmöglichkeiten und der Regeldichte des jeweiligen Regimes. Auch kam es zu regimebedingten Veränderungen in die erwünschte Richtung (z.B. Steigerung der Handelsströme, Verminderung von SO_2-Emissionen, Verschrottung nuklearer Trägersysteme, Transparenz ziviler Nuklearprogramme). In diesem Sinne waren die Regime politik- und sachwirksam.

Damit ist jedoch nichts darüber ausgesagt, ob diese Wirkungen „ausreichend" oder „befriedigend" waren. Tatsächlich wird bei der Beurteilung von Regimeleistungen zu oft die Frage der Wirkung überhaupt (die zweifelsfrei gegeben ist) mit der Frage der Qualität der Wirkung verwechselt und dann insgesamt negativ beantwortet. Denn die Wirkung bleibt hinter den Sachnotwendigkeiten der Politikfelder durchweg zurück: Handelshemmnisse werden nicht früh genug beseitigt, die Umweltpolitik hinkt hinter den fortschreitenden Schäden hinterher, Rüstungskontrollabkommen beschäftigen sich mit der Technologie von gestern. Diese Feststellung von Leistungsdefiziten (ganz abgesehen von Vollzugsdefiziten seitens der Teilnehmerstaaten) ist von großer Wichtigkeit. Sie sollte aber nicht von einer wichtigen Tatsache ablenken: der Befund einer Regimewirkung legt nahe, daß Regime geeignete Instrumente sind, um staatliches Verhalten in die gewünschten Bahnen zu lenken und die dringend benötigte internationale Kooperation überhaupt erst einmal herzustellen. Erkennt man dieses grundlegend positive Urteil an, so wird die Frage nach den regimehemmenden und -fördernden Faktoren entscheidend.

Als regimehemmend erweist sich das Zusammenspiel der nationalen Souveränität, mit den Konflikten, vor allem den Verteilungskonflikten des jeweiligen Politikfeldes. Die Sichtweise auswärtiger Beziehungen als Nullsummenspiel muß einmal überwunden werden, bevor an Regimekonstruktion gedacht werden kann. Sie legt aber auch innerhalb bestehender Regime der Weiterentwicklung immer neue Stolpersteine in den Weg. Dies ist keineswegs verwunderlich. Die Souveränität ist ja nicht nur ein Hemmschuh von Kooperation, sie ist andererseits auch ein wichtiges Ordnungselement der internationalen Beziehungen; das Staatsmonopol organisierter Gewaltausübung ist eine Grundvoraussetzung von Sicherheitsregimen, und die souveräne Garantie von Eigentumsrechten jedweder Art liegt allen Wirtschaftsregimen und Umweltregimen zugrunde.[1] Andererseits verlangt die Institution nationaler Souveränität, daß die Regierungen souveräner Staaten ihre nationalen Interessen zu verfolgen suchen. Die Organisation und die Orientierung von Staatsbürokratien, auch die Erwartungen der Bürger, sind zunächst auf dieses Verhalten ausgerichtet. Die durch Regimebildung geforderte Relativierung – nicht Abschaffung – von Souveränität braucht Zeit und bewegt sich im Zickzack. Sie kommt aber, wie der empirische Teil ergeben hat, durchaus vorwärts.

Faktoren der Regimeentstehung

Diverse Formen internationaler Kooperation hat es schon lange gegeben. Conybeare[2] hat das Mischungsverhältnis von Konflikt und Kooperation in den Wirtschaftsbeziehungen seit dem Mittelalter aufgearbeitet und nachgewiesen, daß Perioden scharfer wirtschaftlicher Konflikte von Perioden geregelten Wettbewerbs oder eines „Waffenstillstands“ unterbrochen waren. Das 19. Jahrhundert sieht erstmals nahezu regimeähnliche Verhältnisse im Handelssektor. Die Verregelung bleibt jedoch weit hinter dem heute erreichten Zustand zurück. Es läßt sich darüber streiten, ob eine „Regimebedarfssituation" bereits gegeben war, oder ob die wechselseitige Abhängigkeit noch nicht den Grad erreicht hatte, der die Wirtschaftsbeziehungen zu einem „kooperativen Spiel" umgeformt hat. Für die Zeit nach dem Ersten Weltkrieg muß aber angenommen werden, daß aufgrund der finanziellen Verflechtung von Regimebedarf gesprochen werden muß. Auch in der Zwischenkriegszeit hat es Anläufe zur Regimebildung gegeben. Sie sind an politischen Kontroversen und wirtschaftlichem Unilateralismus gescheitert. So konnten die Akteure am Ende des Zweiten Weltkrieges auf Erfahrungen mit diversen „Regimeversatzstücken" aus der Vergangenheit zurückgreifen. Die Regimekonstruktion startete nicht von Null. Es bedurfte der traumatischen Erfahrungen von Wirtschaftskrise und Weltkrieg, um aus den halbherzigen Anläufen ein festes Gefüge von Kooperation im Rahmen von Regimen zu machen, und die herausragende Stellung der USA half einer schnellen und verhältnismäßig reibungslosen Einführung der Weltwirtschaftsregime.

Die Entstehung von Umweltregimen seit den siebziger Jahren verdankt sich im wesentlichen der Explosion von „konsensualem Wissen" über das Ausmaß der Umweltschäden und den von ihnen ausgehenden Gefahren.[3] Dazu hat objektiver Problemdruck beigetragen; dieser Problemdruck mußte jedoch – gegen die Neigung von Politik und Wirtschaft, ihn zu bagatellisieren – politikwirksam gemacht werden. Die Rolle von privaten und gesellschaftlichen Kräften bei dieser Aufgabe ist im Umweltsektor unübersehbar. Die transnationale Zusammenarbeit von Wissenschaftlern, die spektakulären, auf Aufklärung zielenden Aktionen internationaler nichtgouvernementaler Organisationen und die Bürgerbewegungen in einigen Schlüsselländern (USA, Bundesrepublik, skandinavische Länder) ermöglichten diesen Durchbruch.

Ein zweiter wichtiger Faktor bei der Verallgemeinerung von „Regimebedarfswissen" in der Umweltpolitik haben internationale Organisationen gespielt. Ihre Rolle bei der Ausbreitung solchen „Wissens" in Länder, denen die obgenannten Faktoren fehlten, kann gar nicht hoch genug eingeschätzt werden. Diese Leistung wurde von UNEP gegenüber den Entwicklungsländern, von der ECE gegenüber den RGW-Ländern und von der EG gegenüber den weniger umweltbewußten westeuropäischen Ländern vollbracht.

In der Sicherheitspolitik war die Rolle privater und internationaler Akteure begrenzter: Hier geht es um den „harten Kern" von Souveränität und nationalem Interesse. Dennoch waren sie bei der Regimeentstehung nicht völlig abwesend: Die CD der Vereinten Nationen und die rüstungskontroll- und abrüstungsorientierten Gruppen im Westen haben positiven Einfluß auf die Ausbildung von Regimen genommen.

Wichtiger scheint aber die Erfahrung aus „Schlüsselereignissen" gewesen zu sein. Die Kuba-Reise hat in den Eliten beider Supermächte eine nachhaltige Einsicht ausgelöst, daß ohne Zusammenarbeit die Existenzrisiken im Nuklearzeitalter zu hoch sind. Die bedrückenden Erfahrungen der Vietnam- und Afghanistan-Interventionen haben sie über die Begrenztheit des militärischen Instruments belehrt, eine Lektion, die auch die Reagan-Periode nicht verdrängen konnte.

Als zweite wichtige Triebkraft hat sich die finanzielle Last der Hochrüstung erwiesen: Sie hat immer wieder, selbst in rüstungsfreundlichen Regierungen zur Rüstungsbegrenzung gedrängt. Auf der Basis dieser beiden Faktoren konnten dann gesellschaftliche Abrüstungsgruppen ihre Wirkung entfalten. Ihr Einfluß auf die öffentliche Meinung hat wiederholt – zuletzt unter Reagan – Regierungen zu Rüstungskontrollanstrengungen gezwungen.

Die Faktorenkombinationen bei der Entstehung der Regime stellt sich also in den Sachbereichen nicht gleich, aber ähnlich dar: Krisenerfahrungen trieben in Wirtschafts- und Sicherheitspolitik das notwendige „gemeinsame Wissen" hervor; in den Wirtschaftsbeziehungen konnte die Hegemonialstellung der USA im Zusammenspiel mit einer kleinen Gruppe von „überzeugten" Mitspielern zur Durchsetzung des „konsensualen Wissens" in Regimestrukturen genutzt werden. In der Umweltpolitik kann von einer anstoßenden Krise keine Rede sein. Ein Erfahrungsschock kam angesichts der schleichenden Umweltzerstörung nicht in vergleichbarer Form zustande. Die Rolle von privaten und internationalen Organisationen war viel gewichtiger als in irgendeinem anderen Politikgebiet. Zwar gab es in einzelnen Regimen Führungsrollen für Staaten, diese beruhten jedoch auf der frühzeitigen Einsicht in die Bedarfslage und deren konsequenter politischer Umsetzung, nicht auf einer objektiv gegebenen Hegemonialstellung. In der Sicherheitspolitik lag im Ost-West-Verhältnis die Hegemonie gleichfalls nicht vor. Die Vereinigten Staaten spielten konzeptionell die Führungsrolle. Dies kann jedoch nicht aus „strategischer Überlegenheit" abgeleitet werden, es geht vielmehr auf die viel lebhaftere Diskussion von Rüstungskontrollkonzepten innerhalb des Westens zurück; hier haben wiederum nichtgouvermentale Kräfte positive Einflüsse ausgeübt.

Ein wichtiges Ergebnis ist die Verzichtbarkeit von Hegemonie beim Zustandekommen von Regimen. Sie hilft, ist aber keine notwendige Bedingung.[4] Das zweite wichtige Ergebnis ist die Unverzichtbarkeit von

„gemeinsamem Wissen“ zumindest unter dem Kern führender Regimemitgliedern, um „objektive Interessenlagen“ in jene subjektiven Nutzenkalküle umzusetzen, die kooperationsfreundliche Situationsstrukturen zwischen den „Spielern“ entstehen lassen.[5]

Faktoren der Regimeevolution

Vier Faktoren haben die Regimeevolution vorangetrieben:

1. Veränderungen in der Umwelt der weltwirtschaftspolitischen Regime, neue Probleme oder eine Verschiebung alter Probleme haben Anpassungen der Regime erforderlich gemacht. So ist durch die Bedeutungszunahme des Handels mit Dienstleistungen ein neuer Regelungsbedarf entstanden, auf den in verschiedenen Richtungen reagiert wird: mit dem Versuch, den Dienstleistungsbereich unter die GATT-Regeln zu bringen, oder mit Ansätzen, Regime geringerer Reichweite zu installieren (Technologietransfer, Kommunikation). Das Regime ist durch solche Veränderungen gelegentlich in erhebliche Schwierigkeiten geraten, hat sich aber bislang als anpassungsfähig erwiesen.

Gleiche Phänomene lassen sich in den anderen Bereichen notieren. In der Umweltpolitik trugen die Entdeckung neuer Umweltschäden und die Entwicklung neuer Problemlösungskapazitäten zur Evolution von Regimen bei. In der Sicherheitspolitik mußten die Akteure auf die Auswirkungen neuer militärischer Technologien reagieren; die destabilisierende Wirkung von Mehrfachsprengköpfen beispielsweise, die man in SALT I zu regeln versäumt hatte, bestimmten den Weiterbau des Regimes strategischer Rüstungskontrolle bis zum heutigen Tag. In all diesen Fällen waren die bestehenden Regime unzureichend ausgestattet, um mit den neuen Herausforderungen fertig zu werden. Ihre Weiterentwicklung war die einzige Alternative zu Bedeutungslosigkeit und Verfall.

2. Konflikte haben einen erheblichen Einfluß auf die Entwicklung der Regime ausgeübt. Die innerwestlichen Auseinandersetzungen haben zu großen Teilen die Weiterentwicklung des Handelsregimes getragen. Der Nord-Süd-Konflikt hat die Dynamik des Entwicklungsregimes bestimmt und in die beiden anderen Regime hineingewirkt. Der relative politische Machtzuwachs der Dritten Welt ist maßgeblich dafür verantwortlich, daß aus dem an sich temporär angelegten Ansatz zum Wiederaufbau der geschwächten europäischen Industriestaaten ein dauerhaftes, wachsendes Regime geworden ist. Daß „Regimesprünge“ zu verzeichnen waren, als die wirtschaftliche Macht der

„Dritten Welt“ – nach der Ölkrise – ein ernstzunehmender Faktor zu werden schien, weist darauf hin, daß es einen engen Zusammenhang zwischen der wahrgenommenen Macht einer Konfliktpartei und der Bereitschaft der anderen Partei gibt, Kompromissen für den Regimeausbau zuzustimmen.

Dabei hat der Ost-West-Konflikt als Rahmenbedingung durchaus seine Rolle gespielt. Die Bereitwilligkeit des Westen, sich auf den allmählichen Ausbau des Entwicklungsregimes einzulassen, ist auch von dem Wunsch bestimmt worden, die Mehrzahl der Entwicklungsländer an den Westen zu binden. Die langjährige Abstimmungskoalition zwischen Ostblock und G77 hat den Westen jedoch nicht davon abgebracht, am Entwicklungsregime mitzuwirken, obwohl sie die Reagan-Regierung dazu veranlaßt hat, nicht am weiteren Ausbau teilzunehmen.

In der Umweltpolitik haben Konflikte eine ambivalente Wirkung ausgeübt. Einerseits haben sich Ost-West- und Nord-Süd-Konflikt hemmend auf die Weiterentwicklung von Umweltregimen ausgewirkt. Andererseits hat der Nord-Süd-Konflikt zu Ansätzen geführt, Umweltregime mit dem Entwicklungsregime zu verbinden und so nicht nur in der Dritten Welt für ein stärkeres Engagement in der Umweltpolitik zu werben, sondern auch Ausweichstrategien nördlicher Umweltsünder zu begegnen und einen umweltfreundlicheren Einsatz von bi- und multilateraler Entwicklungshilfe einzuleiten; in dieser Hinsicht ist die Regimeevolution im Umweltbereich durch die Nord-Süd-Auseinandersetzung fruchtbar vorangetrieben worden. Im Sicherheitsbereich schließlich haben sich Konflikte überwiegend lähmend und hemmend ausgewirkt. Das gilt sowohl für die Einwirkung der globalen amerikanisch-sowjetischen Rivalität als auch für Prinzipien-, Norm- und Regelkonflikte innerhalb der Regime. Nur in den siebziger Jahren haben solche Konflikte im Rahmen der Standing Consultative Commission den Anstoß für die produktive Ergänzung des Regimes strategischer Rüstungskontrolle gegeben.

3. Regimeänderungen antworteten auf Umgehungsstrategien der Regimepartner. Die Regime sehen sich Versuchen der Teilnehmer gegenüber, durch begrenzten Unilateralismus die eigene Vorteilnahme aus dem Regime zu erhöhen, z.B. durch willkürliche Regelauslegungen und die Ausnutzung „grauer Zonen“, d.h. nicht geregelter Aspekte des Politikbereichs. Solche Vorgänge rufen die geschädigten Regimeteilnehmer und die „Regimebürokratie“ auf den Plan. Es entsteht eine neue Regimebedarfssituation: Wird die Umgehungsstrategie zur allgemeinen Verhaltensmaxime, so wird das Regime entwertet. Es verliert seine Bedeutung und die Teilnehmer kehren zum Zustand ungeregelter

Konkurrenz zurück. Daß in solchen Lagen eine unparteiische Regimebürokratie in Gestalt internationaler Organisation mit Sachanalysen und Abhilfevorschlägen zur Stelle ist, hat sich als hilfreich erwiesen, weil die Verhandlungen der Teilnehmerstaaten entlastet werden. Umgehungstatbestände sind vor allem anhand des Handels- und der Sicherheitsregime diskutiert worden. Der Umfang „nichttarifärer Handelshemmnisse“ und ihre Inangriffnahme durch die letzten beiden GATT-Runden demonstriert den Mechanismus von Umgehungsherausforderung und Regimeevolution. In der Sicherheitspolitik kommen Umgehungsversuche teils durch den Einsatz neuer Technologien (z.B. Marschflugkörper), z.T. durch die weitherzige Auslegung von Regimeregeln zustande (z.B. Verschlüsselung von Raketentestdaten durch die Sowjetunion). In der Umweltpolitik stellt sich das Umgehungsproblem anders. Es ist oft in die Regime in Form von Schlupflöchern oder der Ausklammerung wichtiger Problemfelder eingebaut (z.B. Nichteinbeziehung des Düngemitteleintrags ins Nordseeregime). Hier antwortet die Regimeentwicklung mit einer schrittweisen Erweiterung des Einzugsbereichs der Regimeregeln bzw. einer allmählichen Ausmerzung von Ausnahmefällen.

4. Schließlich reagierten die Regimeteilnehmer auf innere Funktionsstörungen der Regime. Solche Störungen können durch die Machtverschiebung zwischen den Regimeteilnehmern und durch den Einsatz untauglicher Instrumente zustande kommen. In der Evolution des Währungsregimes fiel beides zusammen: Die relative Schwächung der USA machte die Stellung des Dollars als einziger Leitwährung unhaltbar. Eine Nationalwährung konnte unter diese Umständen nicht der Tragpfeiler des Regimes bleiben. Als man zu flexiblen Wechselkursen übergegangen war, erwies es sich wiederum als unhaltbar, einzig mit dem Instrument der Währungsintervention weiterzuarbeiten: Man mußte sich auf eine Koordination der makroökonomischen Steuerung zubewegen. Es wurde an der Regimeevolution durch instrumentelles Lernen, durch Versuch und Irrtum, gearbeitet. Der Einsatz untauglicher oder doch unzureichender Mittel ist auch aus der Umweltpolitik bekannt. Hier starten fast alle Regime mit einem löcherigen, wenig tauglichen Regelwerk. Durch die Verdichtung des Regelnetzes werden solche „Löcher“ schrittweise geschlossen, in dem Maße, wie es gelingt, die widerstrebenden Interessen unter Hinweis auf die ja bereits akzeptierten Regimeprinzipien zurückzudrängen. In der Sicherheitspolitik ist der Weg von den noch unverbindlichen Manövernotifikationen der KSZE-Schlußakte über die detaillierteren vertrauensbildenden Maßnahmen des Stockholmer Abkommens hin zu den „engmaschigen“

Ergebnissen des Wiener Abkommens die Reflektion der Erfahrung, daß in diesem Bereich Vertrauensbildung nur durch umfassende Information und Transparenz hergestellt werden kann.

Dieser Lernprozeß wird in der tagespolitischen Kritik oft damit abgetan, daß seine jeweiligen Schritte „nicht weit genug" gingen; sehr wahr, aber die einzelnen Schritte geben eben den gemeinsamen Erfahrungsstand der Regimeteilnehmer wieder, über den zu einem bestimmten Zeitpunkt schwerlich hinausgegangenen werden kann.

In den strukturellen Elementen, die die Regimeevolution befördert haben, treffen wir „alte Bekannte" aus der Regimeentstehung. Die Internationalen Organisationen spielen hier eine noch gewichtigere Rolle, sind sie doch oft gerade zum Zweck der Regimeerhaltung, -supervision und -weiterentwicklung eingerichtet worden. Ihre Stäbe haben ein Eigeninteresse am Weitertreiben des Regimeprozesses.

Aber auch private nationale und internationale Organisationen spielen eine bedeutende Rolle. Die Regimeelemente dienen ihnen häufig als Bezugspunkte für eine Kritik an nicht regimekonformer Politik ihrer Regierungen. In der Rüstungskontrollpolitik und der Umweltpolitik finden sich hier besonders viele Beispiele; aber auch die Mahnungen amerikanischer Unternehmerverbände an den Kongreß, im Interesse der amerikanischen Außenwirtschaft die GATT-Regeln in der Handelsgesetzgebung zu respektieren, müssen in diesem Zusammenhang gesehen werden. Private Gruppen und Internationale Organisationen sind auch besser als Regierungen und ihre Bürokratien in der Lage, die Diskrepanz zwischen Regimezwecken und Regimewirkung zu messen und öffentlich zu kritisieren. Regierungsbürokraten und Diplomaten neigen oft dazu, am einmal Erreichten auch dann festzuhalten, wenn sich die Ergebnisse als unzureichend erweisen. Diese Haltung ist nicht nur negativ zu bewerten; sie hilft gelegentlich auch, Zusammenarbeit festzuhalten, wenn ungeduldige oder enttäuschte Politiker allzu schnell bereit sind, sie völlig aufzugeben. Die Beharrlichkeit untergeordneter amerikanischer Behörden in den frühen achtziger Jahren, Versatzstücke von Kooperation mit der Sowjetunion in der Nichtverbreitung festzuhalten, die Standing Consultative Commission weiterzuführen und die regelmäßigen Treffen der Kommission zur Klärung von Zwischenfällen auf See fortzusetzen, war sicher nützlich. Wo solche Beharrlichkeit allerdings zu Stagnation führt, können die weniger gebundenen Interessen privater Organisationen über öffentlichen Druck diese Trägheit der Apparate überwinden helfen. Auch sind sie eher in der Lage, neue, unkonventionelle Kooperationspfade aufzuzeigen.

Noch mehr als bei der Regimeentstehung fällt bei der Evolution die relative Unwichtigkeit hegemonialer Strukturen auf. In vielen Fällen wird die Weiterentwicklung von Regimen notwendig, weil Hegemonialpositionen geschwächt worden waren. Auch unter solchen Umständen gelang es häufig, Regimestrukturen anzupassen und Regime zu erhalten.

Gesellschaftliche Struktur, politisches System und „Regimeneigung"

Demokratie und internationale Kooperation

Dem Verhältnis von Innen- und Außenpolitik ist in der Regimediskussion bislang nicht die gebührende Aufmerksamkeit gewidmet worden. Die gewaltigen Veränderungen in den Ost-West-Beziehungen werfen jedoch heute die Frage der qualitativen Unterschiede in den Funktionsleistungen unterschiedlicher politischer Systeme erneut auf; weniger als früher wird man in den Verdacht geraten, Ideologieproduktion für den Kalten Krieg zu liefern, wenn man sich dieser Frage unbefangen nähert.

Unsere Analyse der strukturellen Faktoren, die die Regimeentstehung und -entwicklung begünstigen, hat die folgende Bilanz ergeben:

Wichtig ist die Herausbildung von „konsensualem Wissen". Damit treten jene Institutionen in den Vordergrund, in denen sich solches Wissen am reibungslosesten herausbilden kann. Oben haben wir die wissenschaftliche Debatte und den Beitrag nichtgouvernementaler Organisationen herausgehoben. Ihr Beitrag wird nur in einem gesellschaftlich-politischen Umfeld möglich, das eine ungehemmte Debatte, die Herausbildung von regierungsunabhängigen Meinungen und Gruppen und deren restriktionsfreie Wirkung über die Grenzen hinaus ermöglicht. Meinungsfreiheit, Koalitionsfreiheit, Wissenschaftsfreiheit, Pluralismus, Reise- und Kommunikationsfreiheit werden damit zur Voraussetzung der transnationalen Aktivitäten, die die Regimeentstehung und -evolution entscheidend begünstigen.

Zweitens bedarf es der Möglichkeit, solches konsensuales Wissen auch gegen die zunächst vorherrschenden politischen, wirtschaftlichen und bürokratischen Präferenzen allmählich durchzusetzen. Auch hier spielen die obgenannten Voraussetzungen eine entscheidende Rolle. Hinzu tritt ein offenbar politischer Prozeß und das Einwirken einer öffentlichen Meinung, die durch eine freie Debatte beeinflußt werden kann. Auch hier wird deutlich, daß demokratische Systeme einen entscheidenden strukturellen Vorteil besitzen.

Drittens bedarf die Erhaltung und Evolution der Regime immer wieder der innenpolitischen Absicherung. Die Entwicklung einer „Lobby" zugunsten der Regimeregeln ist sowohl in Bürokratien (Handelsregime, Umweltregime) als auch im privaten Sektor (Umweltgruppen, Dritte-Welt-Gruppen, Rüstungskontroll-Lobby) beobachtet worden. Während die Entstehung derartiger regimeinteressierter Enklaven auch in anderen Systemen registriert werden kann, ist ihre Zahl und Stärke doch in demokratischen Staaten wesentlich höher zu bewerten. Das gilt auch für die Überwachung der Einhaltung von Regimeregeln; der amerikanische Versuch, aus dem ABM-Vertrag auszubrechen, traf auf eine nachhaltige und wirksame Opposition. Regimeregeln zu brechen, fällt Demokratien schwerer.

Entwicklungsstand und Kooperationsneigung

Gegen diesen Befund scheinen jedoch einige irritierende Tatsachen zu stehen. Bringt nicht die Demokratisierung Osteuropas auch einen neuen Schub an Nationalismus und kompromißlosen Souveränitätsansprüchen mit sich, der internationaler Kooperation einige Stolpersteine in den Weg legen wird? Wurde nicht auch aus Pakistan bekannt, daß Kandidaten die Wahl verloren, weil sie für eine Einstellung des pakistanischen Kernwaffenprogramms und für engere Zusammenarbeit mit Indien eintraten? Offenkundig kommt es nicht auf die formalen politischen Mechanismen an, die Forderungen transportieren, einen offenen Diskurs herstellen und Kooperationsvollzug kontrollieren helfen. Es geht auch darum, daß in diese Mechanismen kooperationsfreundliche Inhalte eingespeist werden.

Jedes politische System wandelt gesellschaftliche Anforderungen in politische Entscheidungen um, wobei sich die Selektionsregeln, die Offenheit und die Durchlässigkeit der Systeme, wie oben diskutiert, stark unterscheiden. Dieser Prozeß findet für die Innenpolitik wie für die Außenpolitik statt, und die Ergebnisse innenpolitischer Anforderungs-Umwandlungsprozesse wirken oft ebenfalls in die internationale Politik hinein.[6]

Die Politikinhalte werden jedoch nicht ausschließlich oder hauptsächlich von der Form des politischen Systems beeinflußt, sondern hängen stark vom Entwicklungsstand des Landes ab. Dabei spielen zwei miteinander verkoppelte Variablen die entscheidende Rolle, die dominierenden Wünsche/Bedürfnisse/Forderungen der Menschen und die damit verbundenen Themen, die soziale Mobilisierung ermöglichen.[7] In jungen Staaten spielt die Mobilisierung um „Identitäten" eine entscheidende Rolle, um überhaupt ein Mindestmaß an Stabilität zu gewährleisten. Abgrenzungen auf ethnischer, rassischer, religiöser und nationaler Grundlage werden zu einem herausragenden Mobilisierungselement. Damit korrespondiert, vor allem in Ländern mit geringer Entwicklung, die Angst der Menschen vor dem Verlust traditionaler Bindung (Familie, Sippe, Klan, Stamm) und das Bedürfnis, bei deren Verlust in gleichwertige neue Bindungen einzutreten. In modifizierter Form sind solche Prozesse auch in jungen Demokratien höheren Entwicklungsstandes zu beobachten. Hier dient die Mobilisierung um Identitätsthemen, vorwiegend die nationale Abgrenzung, der Festigung des jungen Staatswesens und der Legitimierung gegenüber Kritik und Revisionsansprüchen den nichtdemokratischen Teilen der Staatsklasse (Pakistan) und der Behauptung der Unabhängigkeit gegen fremde Einflüsse, um so mehr, wenn ein Land seine Unabhängigkeit erst kürzlich erlangt hat wie die osteuropäischen Staaten.

Wie der politische, so beeinflußt auch der wirtschaftliche Entwicklungsstand die Politikinhalte, die der Kooperation günstig oder ungünstig sein können. In der präindustriellen Phase, in der sich viele Entwicklungsländer befinden, spielt der von Lebensangst bestimmte Kampf ums tägliche Überleben für die große Masse der Menschen eine entscheidende Rolle. Die Mobilisierbarkeit der urbanen Massen für die politischen Ziele der Staatsklasse ist entsprechend hoch; selten entwikkeln sich differenzierte politische Forderungen. Die Staatsklasse – deren Eigeninteresse sich auf das Festhalten an staatlicher Stärke und nationaler Souveränität konzentriert – hat daher erhebliche Spielräume. Es entsteht kein aus dem politischen Prozeß entspringender Impuls zur grenzüberschreitenden Kooperation.

In der Phase der industriellen Entwicklung treten Wohlfahrtsforderungen von Bürgertum und Arbeiterschaft stärker in den Vordergrund. In staatszentrierten Entwicklungsmodellen können sie lange Zeit von den Eigeninteressen der Staatsklasse unter dem Vorwand von Sachzwängen unterdrückt werden – die Entwicklung in Osteuropa und der Sowjetunion legt aber den Schluß nahe, daß sie sich Bahn brechen, wenn die Phase der extensiven Industrialisierung (mit der Schwerindustrie als wirtschaftlichem Schwerpunkt) durchlaufen ist. Zwar können Wohlfahrtsansprüche auch in protektionistische Forderungen einmünden; die objektive Lage wachsender wirtschaftlicher Interdependenzen weist sie aber zunehmend auf internationale Kooperation hin. Je schwächer der Einfluß der Staatsklasse wird, desto geneigter werden Staaten in diesem Entwicklungsstadium sein, in die Zusammenarbeit mit anderen Ländern einzutreten. So konnten Spanien und Portugal reibungslos in die Europäische Gemeinschaft integriert werden, nachdem die Diktatur in beiden Ländern überwunden war.

In den hochentwickelten Wohlfahrtsstaaten schließlich treten neben die Wohlfahrtsforderungen qualitative Ansprüche; wie weit „Wertewandel" von materialistischen zu postmaterialistischen Orientierungen tatsächlich stattfindet oder sich bereits vollzogen hat, ist umstritten. Tatsache ist jedoch, daß die höhere Wertschätzung von Umweltqualität, Partizipation und Garantien für ein Leben in Frieden auf der Grundlage höheren Wohlstandes politikwirksamer geworden sind als in Gesellschaften niedrigeren wirtschaftlichen Entwicklungsstandes.[8] In Gesellschaften, die sich in der „Informationsrevolution" befinden, kann sich daher eine breite Palette von öffentlichen Anforderungen entwickeln, die die in diesem Band diskutierten Sachbereiche umfassen und – aufgrund der Situationsstruktur in diesen Bereichen – die Regierungen in Richtung auf internationale Zusammenarbeit drängen.

Zwei Einschränkungen sind zu machen: Natürlich kann sich auch in unterentwickelten Ländern der Wunsch nach einer unversehrten Umwelt entwickeln. Wo das Industriezeitalter brutal in die traditionellen Mensch-Natur-Verhältnisse der Dritten Welt einbricht, dort ergeben sich umweltpolitische Forderungen. Gleiches läßt sich in der Geschichte der Sowjetunion (Baikal-See-Bewegung) zeigen. Entscheidend ist jedoch, daß diese Forderung eher randständig, jedenfalls nicht gesellschaftstypisch ist.

Umgekehrt gibt auch die hochentwickelte Demokratie kooperationsfeindlichen Forderungen Entfaltungsraum. Nationalistische Parteien fristen ein Minderheitendasein in nahezu allen westlichen Ländern, und protektionistische Forderungen einzelner Industrien und Gewerkschaften sind an der Tagesordnung. Protektionistische Trends fallen häufig mit wirtschaftlichen Abschwüngen zusammen. Der Transmissionsriemen ist die Verschiebung innenpolitischer Konstellationen zugunsten des Protektionismus: die Zahl der „notleidenden" Branchen nimmt zu, zugleich vermindert sich die für Kompensationsleistungen zur Verfügung stehende Ressourcenmasse. Folgerichtig steigt der Druck auf die Politik, die Binnenwirtschaft stärker gegen die äußere Konkurrenz abzusichern.[9] Entscheidend ist aber auch hier, daß in der Gesamtheit des „Forderungschores" die objektiv auf Kooperation drängenden Ansprüche überwiegen. Es wird hier also nicht behauptet, die entwickelten Demokratien seien „Musterknaben" internationaler

Kooperation. Es gilt aber festzuhalten, daß im System- und Entwicklungsvergleich entwickelte Demokratien mit höherer Wahrscheinlichkeit Kooperationen eingehen, erhalten, anpassen und weiterentwickeln werden als andere. Von der Form ihrer Politikprozesse und von den wahrscheinlichen Politikinhalten her müßten hochentwickelte Demokratien stärker zur internationalen Kooperation neigen als weniger entwickelte und nichtdemokratische Länder.

Dies bestätigt sich an zwei Indikatoren: Erstens pflegen wirtschaftlich entwickelte Demokratien weit zahlreichere und intensivere Kooperationsbeziehungen als andere Systemtypen.[10] Zweitens gehen in der überwiegenden Mehrzahl der Fälle Regimegründungen von den entwickelten bürgerlichen Demokratien aus. Es gibt Ausnahmen: das Entwicklungsregime hat sich weitgehend durch die konsequente Interessenvertretung der Dritten Welt entwickelt, und ein internationales Teststoppregime fehlt, weil es die westlichen Kernwaffenstaaten ablehnen. Aber in Handel und Währung, in der Umweltpolitik und in der Rüstungskontrolle gingen die entscheidenden Anstöße durchweg von den westlichen Industrieländern aus.

Das Wachstum von Regimen: Zivilisationsprozeß internationaler Beziehungen?

Institutionalisierte Konfliktlösung als Zivilisationsprozeß

Die Regimeanalyse zeigt aber auch, daß es der Initiative einiger Länder gelingen kann, die Neigung zur Kooperation auch in solchen Staaten zu verstärken, die sich von ihrer Systemstruktur her schwerer damit tun. In allen diskutierten Bereichen beziehen Regime Staaten ganz unterschiedlicher Gesellschaftsordnungen mit ein. Kooperationen dienen auch der „Sozialisierung“ lernfähiger Vertreter der Staatsklasse von weniger kooperationsgeneigten Ländern. Wenn die Kooperation dem Interessenkalkül der beteiligten Staaten entspricht, andererseits zur „Normalität“ internationaler Beziehungen wird, also als normiertes Verhalten durch die Regierungen „verinnerlicht“ wird, dann lassen sich die systemischen Barrieren in nichtdemokratischen und weniger entwickelten Ländern überwinden.

In den internationalen Beziehungen tut sich damit eine neue Möglichkeit auf: die allmähliche Entfernung von einem Stadium, in dem Konflikte überwiegend unilateral und oft mit Gewalt ausgetragen werden, hin zu einer institutionalisierten Konfliktlösung durch Kooperation. Dieser „Zivilisationsprozeß“ kann unter ähnlichen Perspektiven gesehen werden wie derjenige, der in der Wende vom Mittelalter zur Neuzeit den souveränen Territorialstaat hervorgebracht und die Konfliktlösung durch Selbsthilfe (z.B. Fehde) durch Recht und Verwaltungsverfahren ersetzt hat. Wie damals, so erzwingen auch heute die Verflechtungen über die Grenzen hinaus neue Verhaltensweisen und deren Institutionalisierung. Und diese Verflechtungen erfassen gleichfalls das gesamte Spektrum politischer und gesellschaftlicher Aktivitäten.[11]

Das Menschenrechtsregime und die Entwicklung internationaler Kooperation

Ein zweiter Hinweis verbirgt sich in der Evolution des Regimes, das außerhalb der behandelten Sachbereiche liegt. Die Rede ist vom Menschenrechtsregime.[12] Es ist aufgrund der weitverbreiteten, vielfältigen und oft zutiefst abstoßenden Verletzungen der elementaren Belange der Menschlichkeit durch Regierungen oft als wirkungslos, als „Papiertiger“ abgetan worden. Ein solches Urteil wird jedoch der Realität nicht gerecht. Viele Staaten zögern zwar nach wie vor, Regeln und Prozeduren festzulegen. Jedoch ist seit der Verabschiedung der Charta der Vereinten Nationen das Normenwerk gewachsen; die Covenants über wirtschaftliche, soziale und kulturelle Rechte und über bürgerliche und politische Rechte sind hier zu nennen.

In Gestalt des Komitees der Vereinten Nationen, in dem die Erfüllung von Menschenrechten durch nichtweisungsgebundene Personen abgeschätzt wird, sowie in der Möglichkeit des UNECOSOC, sich direkt mit den Klagen einzelner Privatpersonen zu befassen, sind erhebliche verfahrensmäßige Durchbrüche erzielt worden. Die Rolle privater internationaler Organisationen wie der Internationalen Juristenkommission und Amnesty International bei der Überwachung von Menschenrechtsverletzungen ist weithin anerkannt. Zum Schutz der Kurden hat der Sicherheitsrat erstmals die „humanitäre Intervention“ betrieben.[13]

Louise Shelley hat festgestellt, daß die „westliche“ Interpretation des Menschenrechtsbegriffs durch die sozialistischen Ländern sowie in Lateinamerika weitgehend anerkannt worden ist und auch in der übrigen Dritten Welt Fortschritte gemacht hat. Die islamische Welt bleibt hiervon vorerst ausgenommen. Auch Louis Henkin spricht von einer „Internalisierung“ der Menschenrechtsnormen in einer wachsenden Zahl von Staaten.[14] Dies hat sich etwa darin niedergeschlagen, daß es immer öfter gelingt, Regierungen zur Begnadigung politischer Gefangener zu veranlassen, die noch vor wenigen Jahren hingerichtet oder lebenslang eingekerkert worden wären.

Diese allmähliche Veränderung wird sich mit der Demokratisierungswelle der letzten Jahre beschleunigen. Zum einen ist immer mehr Regierungen deutlich geworden, daß der freie Bürger eine Produktivkraft ist. Im Zeitalter der informationellen Revolution wirkt sich die Unterdrükkung von Meinungs-, Kommunikations- und Informationsfreiheit als wirtschaftliches Hemmnis aus, anders als in der ersten Industrialisierungsphase, als der schwerindustrielle Aufbau über die zentralisierte Massenmobilisierung und -disziplinierung zu bewerkstelligen war.[15]

Damit steigen zugleich die Chancen der internationalen Kooperation. Wie oben ausgeführt, ist der offene Diskurs, die Möglichkeit zu privater grenzüberschreitender Aktion für Zusammenarbeit strukturell günstig. Das allmähliche Wachstum des Menschenrechtsregimes schafft damit im Innern von Staaten eine korrespondierende Struktur zu den Regimen in den internationalen Beziehungen. Sie wird in einem Prozeß positiver Rückkoppelung von der Teilnahme der Staaten an Regimen gestärkt, da diese Teilnahme nichtgouvernementalen Aktivitäten in der Innenpolitik Referenzpunkte und Legitimationsgrundlagen gibt. Sie hilft umgekehrt der Durchsetzung und Weiterentwicklung von Regimen.

Die Stellung von Regimen im „Zivilisationsprozeß"

Regime nehmen deshalb im Prozeß der Veränderung internationaler Beziehungen eine wichtige Stellung ein. Abgesehen von ihren unmittelbaren Beiträgen zur Lösung der Probleme in ihrem Sachbereich bilden sie erstens Knotenpunkte gemeinsamer Verhaltenserwartungen, stabiler wechselseitiger Zukunftsbilder und der Chance substantieller oder wenigstens verfahrensmäßiger Konfliktbearbeitung ohne Gesichtsverlust für die beteiligten Parteien. Zweitens bilden sie eine Schule der Kooperation. Sie bieten Politikern, Bürokraten, Wirtschaftlern und den Angehörigen privater Organisationen die Gelegenheit, aus den Gemeinsamkeiten und Gegensätzen zu lernen, ohne dabei zunächst den „sicheren Grund" „ihrer" Nationalstaaten mit einem Sprung verlassen zu müssen. Regime verlangen wegen der Heterogenität ihrer Elemente, ihrer Mischung verbindlicher und unverbindlicher Anforderungen, nicht den Sprung ins kalte Wasser der Supranationalität. Sie stehen in einer mittleren Position zwischen unbeschränkter nationaler Souveränität und deren völliger Aufgabe. Es ist daher auch nicht völlig zutreffend, die am Regime teilnehmenden Staaten als in ihrer Souveränität völlig unbeeinträchtigt zu sehen.[16] Indem sie sich damit einverstanden erklären, ihre Entscheidungsfreiheit in der von den Regimeregeln geforderten Richtung einzugrenzen, geben sie von ihrer Souveränität ein Stück ab – nicht an eine supranationale Autorität, versteht sich, sondern an die von der Gesamtheit der Regimemitglieder getragenen Regimestruktur. Brechen sie die Regeln, müssen sie, wie im dritten Kapitel diskutiert, Nachteile in Kauf nehmen, die bei einer unbegrenzten Souveränität nicht in dieser Weise anfallen würden. Regime nagen also an der Souveränität, verlangen kleine Abgaben an Souveränität im jeweils bestimmten Politikfeld, aber eben jeweils nur ein kleines Stück, nicht das Ganze. Sie sind schwer genug zustandezubringen gegen das instinktive oder interessenbedingte Festhalten an Souveränität, aber sie sind – anders als die Weltregierung oder die sofortige Unterwerfung aller Staaten unter das Völkerrecht, keine Utopie, sondern hier und jetzt zu verwirklichen. Der „Prozeß internationaler Zivilisation" ergibt sich nicht, wie noch Elias meinte, aus einer Folge von Ausscheidungskämpfen der Großmächte bis hin zum Weltstaat[17]; auch nicht aus der Durchorganisierung der Weltpolitik durch Internationale Organisationen. Er ergibt sich durch die allmähliche Abgabe der Souveränität an eine Vielzahl von Regimen in allen Sachbereichen und Politikfeldern, deren formale und nichtformale Elemente sich zusehends überlappen und deren Wurzeln mehr und mehr auch im Innern ihrer Teilnehmerstaaten festen Boden finden.

Damit ist aber auch gesagt, daß die Betrachtung von Regimen es nicht dabei belassen kann, Regime als reine Nutzenkalküle zu definieren, die aufgelöst werden, wenn sich die Interessen der Staaten verändern. Eine solche Prognose trifft auf junge, ungefestigte und isolierte Regime mit niedriger Regeldichte zu. Sie ist auch wahr für Krisensituationen, in denen sich die Umwelt der Regime unter hohem Zeitdruck schockartig ändert. Ansonsten aber entpuppt sich eine rein auf Nutzenkalkülen aufgebaute Regimeanalyse als zu statisch und zu eng.[18] Sie verkennt, daß bereits die Frage, was als Nutzen definiert wird, wer berechtigt ist zu definieren und wie legitimerweise Nutzen realisiert wird, in der heutigen Welt auf Normen und Konventionen beruht.[19]

Daraus folgt aber, daß ein Geflecht stabiler Regime über Zeit diese konstitutiven Grundlagen internationaler Politik verändern könnte. Auch Anhänger der neorealistischen Schule haben eingeräumt, daß Kooperation oft über den Zeitraum hinaus fortgesetzt wird, für den Interessen- und Nutzenkalküle verläßlich eingelöst werden konnten.[20] Hier legt unsere Analyse nahe, daß das Wirken in Regimen die Vorstellungen der Akteure darüber, was ihr Interesse ist und wie sie es legitimerweise verfolgen sollten, durch die Regime Veränderungen erfahren hat.

Überdies ist oben schon darauf hingewiesen worden, daß Regime sich auch auf die inneren Konstellationen der Regimeteilnehmer auswirken. Sie schaffen neue Bezugspunkte für den politischen Diskurs, sie legitimieren die Aktivitäten bestimmter Gruppen und Organisationen und sie mögen sogar die Gewichte innerhalb der Gesellschaft und des politischen Systems dahingehend verschieben, daß sich Auswahlkriterien für legitime politische Entscheidungen verändern. Wird in dieser Weise der politische Anforderungs-Umwandlungsprozeß umstrukturiert, so wird sich auch die Definition der nach außen hin verfolgten Interessen verändern. Regime schränken daher nicht bloß marginal die Souveränität von Staaten ein, sie beeinflussen auch deren Verständnis davon, was mit dieser Souveränität angefangen werden solle.

Interesse und Norm, die zwei zentralen Kategorien der Kooperationstheorie, dürfen also nicht gegeneinander gesetzt werden. Sie wirken ständig in einem dynamischen Prozeß aufeinander ein. Die seit Jahrhunderten in den internationalen Beziehungen gewachsenen konstitutiven und regulativen Normen definieren Akteure und den groben Rahmen möglichen Verhaltens. Innerhalb dieses Rahmens kommt Kooperation nur bei einer entsprechend interdependenten Interessenlage der Akteure zustande. Die strukturierte und institutionalisierte Kooperation in Regimen beeinflußt dann nicht nur das Verhalten der Akteure zugunsten langfristiger (statt kurzfristiger) Interessenkalküle, sie kann unter günstigen Bedingungen auch deren Interessendefinition verändern.[21]

Schluß: Es gibt keine Garantien

Dieses Kapitel könnte dazu verführen, im Zivilisierungsprozeß internationaler Beziehungen, der sich durch die Verdichtung und Institutionalisierung von Kooperation herstellt, ein Gesetz der Notwendigkeit zu sehen. Vor diesem überoptimistischen Schluß ist zu warnen. Kooperation kann scheitern, Regime können zerfallen, der Verkehr der Staaten kann in Anarchie zurückfallen. Die Probleme, die mit der Kooperation bewältigt werden sollen, sind selbst Produkte der organisierten Tätigkeit der Menschen: ihrer Produktivkräfte, ihrer Verteilungsstrukturen, ihres Einwirkens auf die Natur, ihrer geballten Zerstörungskräfte. Diese Probleme bleiben nicht gleich, während die Zusammenarbeit voranschreitet; sie verändern sich, und sie nehmen zu, vor allem die Umweltzerstörung. Ob die Geschwindigkeit der Institutionalisierung ausreicht, um mit dem Problemwachstum mitzuhalten, steht dahin. Tut sie es nicht, kann auch die Zusammenarbeit verkümmern. Der krisenhafte Ausbruch, gar die Kumulation von Problemen kann Nationalismus und Unilateralismus von neuem beleben. Die politikwissenschaftliche Analyse des Wachstums von internationalen Regimen hat eine Chance für eine friedliche Entwicklung aufgezeigt, die nach Kräften genutzt werden sollte. Eine Erfolgsgarantie aber kann sie nicht geben.

ANMERKUNGEN

1. Elemente einer Theorie der Kooperation

[1] Haggard/Simmons 1987, 495; Keohane 1989, 3–4; Groom/Taylor 1990.
[2] Zum liberalen Institutionalismus: Keohane 1989.
[3] Vincent 1974; Miller 1986.
[4] Czempiel 1986; Rittberger 1987; Müller/Risse-Kappen 1990.
[5] Czempiel 1986, 52; Keohane 1984, 63.
[6] Jervis 1976.
[7] Rittberger 1987.
[8] Czempiel 1981; Keohane 1989, 10.
[9] Keohane 1984, 51–57.
[10] Axelrod/Keohane 1985; 228; Wagner 1983.
[11] Wagner 1983, 330–346.
[12] Keohane/Nye 1987.
[13] Rittberger/Zürn 1991, 399–424.
[14] Halperin 1974.
[15] Haas 1977.
[16] Kratochwil/Ruggie 1986.
[17] Axelrod 1984.
[18] Axelrod/Keohane 1985.
[19] Keohane 1984, 63; Krasner 1983 b.
[20] Olson 1982; Young, 1989, 46–49; Gallarotti 1991.
[21] Keohane 1984; Wolf/Zürn 1986; Zürn 1987; Keeley 1990.

2. Vom Funktionalismus zur Regimeanalyse: Die Geschichte der Theorie Internationaler Kooperation

[1] Vgl. Delbrück 1984; Henleben 1982; de Wilde 1991.
[2] Czempiel 1986.
[3] Morgenthau 1968; Knorr 1978; Waltz 1979; Grieco 1990, Kap. 1.
[4] Mitrany 1944.
[5] Haas 1958, 1964; Nye 1971.
[6] Eine kritische Bilanz: Groom/Taylor 1975.
[7] Rosenau 1969.
[8] Feld 1979; Bühl 1978.
[9] Mansbach/Ferguson 1976.
[10] Deutsch 1979.

[11] Falk 1975.
[12] Keohane/Nye 1977.
[13] Keohane/Nye 1987, 730.
[14] Kindleberger 1976, 1981; Gilpin 1981.
[15] Snidal 1985, 584–590.
[16] Kennedy 1987; Stein 1984; Gilpin 1981.
[17] Eichengreen 1989, 255–299.
[18] Eichengreen 1989; Keohane 1984, 46; Ikenberry 1989.
[19] Ruggie 1982; Conybeare 1987; Snidal 1985.
[20] Keohane/Nye 1987, 732, Anm. 16.
[21] Ruggie 1975; Cooper 1975; Haas 1975.
[22] Young 1989, vii.
[23] Keohane, 1989, Kap. 2.
[24] Waltz 1979.
[25] Mansbach 1989.
[26] Tooze 1990.
[27] Krasner 1983.
[28] Keohane 1983; Stein 1983.
[29] Krasner 1983 b.
[30] Symptomatisch Hopkins/Puchala 1983.
[31] Strange 1983.
[32] Keohane 1984.
[33] Oye 1985.
[34] Mansbach 1989.
[35] Strange 1983; Krasner 1991.
[36] Grieco 1990.
[37] Vgl. Snidal 1991.
[38] Derian/Shapiro 1989.
[39] Dessler 1989, 454–458; Cohen 1981.
[40] Franck 1990; Kratochwil 1989, Kap. 1 und 3.
[41] Kratochwil 1989, Kap. 2.
[42] Kohler-Koch 1989.
[43] Wolf/Zürn 1986; Zürn 1987; Efinger/Rittberger/Zürn 1988; Rittberger 1990 a; Wolf 1991.
[44] Z. B. Young 1989; Kohler-Koch 1989.
[45] Breslauer/Tetlock 1991.

3. Der Regimeansatz: Darstellung und Analyse

[1] Göhler 1987.
[2] Keohane 1989, 4.
[3] Keohane 1989, 162.
[4] Efinger/Rittberger/Zürn 1988, 69.
[5] Hopkins/Puchala 1983.

[6] Ikenberry 1989, 8; Keeley 1990, 89.
[7] Krasner 1983b, 2.
[8] Z.B. Stein 1983.
[9] Cohen 1981; Lipson 1991.
[10] Dessler 1989.
[11] Vgl. Jacobson 1979, 89/90.
[12] Vgl. dazu die ausführliche und vorzügliche Diskussion bei Zürn 1987, 91–102, 31/32; auch Stein 1983 sowie Snidal 1985.
[13] Stein 1990, Kap. 1 und 2.
[14] Keohane 1983; 1984; 1989, 119.
[15] Stein 1983.
[16] Olson 1968; Keohane 1984, Kap. 6.
[17] Hardin/Baden 1977.
[18] Snidal 1985.
[19] Efinger/Rittberger/Zürn 1988; Rittberger 1990a; Rittberger/Efinger/Mendler 1990; Wolf 1991; Rittberger/Zürn 1991; kritisch Kohler-Koch 1989.
[20] Vgl. auch Zürn 1989, 139/40.
[21] Dieser Umstand ist in der Regimediskussion oft diskutiert worden, z.B. Ruggie 1983; Haas 1980, 1983; Keohane/Nye 1987, 740, 742; Jervis 1988; Zürn 1989, 139/40; Kohler-Koch 1989, 31.
[22] Taylor 1976, 93/94.
[23] Keohane 1984, 79; Zürn 1987, 86/87.
[24] Kohler-Koch 1989, 56/57.
[25] Vor allem Haas 1980, 390; 1983, 52–54; 1990; Keohane/Nye 1987, 749; Haas 1992.
[26] Jervis 1983, 1985; Keohane/Nye 1987, 751; McKeown 1984.
[27] Vgl. auch Young 1991, 281–308.
[28] Haas 1980; Ikenberry 1989.
[29] Dessler 1989.
[30] Ropers/Schlotter 1989.
[31] Goldstein 1991.
[32] Vgl. Keohane 1989, 32–52, 93/94; Oye 1985, 16/17; Axelrod/Keohane 1985, 235–237.
[33] Aggarwal 1985, 28.
[34] Ausnahmen sind Finlayson/Zacher 1983, Aggarwal 1985, Teil 1, Zacher 1987; Müller 1989b; Wolf 1991; vgl. zum Folgenden auch Kohler-Koch 1989.
[35] Cooper 1989, 178–254, hier 237–254; vgl. auch Haas 1992.
[36] Kratochwil 1989; Dessler 1989.
[37] Kohler-Koch 1989, 36.
[38] Young 1989, 18/19.
[39] Keohane 1983; Haas 1980.
[40] Vgl. Krasner 1983b, 5–10; Zürn 1987, 21f.
[41] Kohler-Koch 1989, 46.
[42] Efinger/Rittberger/Zürn 1988.
[43] Young 1989, 14; Kohler-Koch 1989, 55.

[44] Kratochwil 1989, Kap. 1 und 2.
[45] Young 1979, Kap. 4, 5.
[46] Young 1989, 74/75; Kratochwil 1978.
[47] Kohler-Koch 1989, Senghaas 1988.
[48] Vgl. Krasner 1991; Stein 1990, Kap. 5.
[49] Keeley, 1990, 94–98; Lang 1989, 5.
[50] Young 1989, 221.
[51] Krasner 1983 b, 4/5.
[52] Stein 1983, 137.
[53] Krasner 1983 b, Stein 1983, 138/9.
[54] Keohane 1984, 105.
[55] Young, 1989, 62–70; Keohane 1984, 107, 247.
[56] Young 1989, 22, 95–103.
[57] Smith 1987.
[58] Haas 1983, Nye 1989; Haas 1991; Breslauer/Tetlock 1991.
[59] Kohler-Koch 1989; Ruggie 1983, 228/9.
[60] Young 1989, 94, 144; Keohane 1984, 249–259; Efinger/Rittberger/Zürn 1988; Zürn 1987.
[61] Zürn 1987.

4. Die Regime der Weltwirtschaft

[1] Kindleberger 1975; v. Hayek 1979.
[2] Heckscher 1935.
[3] Eichengreen 1989, hier 258–259.
[4] Kindleberger 1973.
[5] Ruggie 1983.
[6] Zum folgenden: Buiter/Marston 1985; Bryant/Portes 1987.
[7] Conybeare 1987, Kap. 1 und 2; Lake 1984.
[8] Wolf/Zürn 1989.
[9] Jönsson 1987; Jacobson 1979; 230/31, 241 f., 260/61; Soroos 1982; Staple 1986; v. Welck 1989.
[10] Zum folgenden: Gardner 1969; Kenen 1987; Bryant 1980; Cohen 1982, v. a. 323.
[11] Lipson 1982, 417–456; Finlayson/Zacher 1981, 1983.
[12] Ruggie spricht von "embedded liberalism", Ruggie 1983; vgl. auch Lipson 1982, 242.
[13] Bhagwati 1991, 115–122.
[14] Der Terminus „Entwicklungsregime" ist meines Wissens bisher noch nicht in die wissenschaftliche Diskussion eingeführt. Das liegt wahrscheinlich daran, daß sich hier nicht, wie bei Handel und Währung, die Bestandteile des Regimes vollständig um eine eindeutig identifizierbare internationale Organisation gruppieren, trotz der starken Stellung der Weltbank. Jedoch macht es ja gerade die Stärke der Regimeanalyse aus, funktional Zusammengehöriges in verschiedenen politischen, rechtlichen und organisatorischen

Zusammenhängen zu erkennen und die hierarchische Struktur seiner Regimeelemente herauszuarbeiten. Am nächsten kommt dieser Interpretation noch Wood 1986.

15 Please 1982.
16 Lovett 1987.
17 Zürn 1989; Rode 1986.
18 Dazu Corden 1987.
19 Vgl. Katzenstein, 1978 b.
20 Lockwood 1965; Johnson 1982; Rapp 1986.
21 Krasner 1985; Elsenhans 1984.
22 Prebisch 1950.
23 Elsenhans 1981.
24 Sauvant 1981.
25 Pirages 1989, 155; Baldwin 1985.
26 Ghosh 1984.
27 Murphy 1983; Bhagwati/Ruggie 1984.
28 Dell 1987, 142–143; Krasner 1985, 5/6, 311/12.
29 Girling 1985; Krasner 1985.
30 Eichengreen 1989.
31 Moffit 1983; zum folgenden vgl. Dam 1982.
32 So auch die Bewertung bei Cohen 1982.
33 Kreinin 1987.
34 Cooper 1989, hier 242.
35 Webb 1991.
36 Frankel/Rockett 1988, 318–40.
37 Funabashi 1988.
38 Henderson 1987; Putnam 1988.
39 Putnam/Bayne 1987.
40 Funabashi 1988; Betz 1989.
41 Archiv der Gegenwart 16./17. 7. 1991, 35 840 ff.
42 Vgl. Finlayson/Zacher 1981.
43 Aggarwal 1985.
44 Cline et al. 1978.
45 Dazu Conybeare 1987, 211–214.
46 Lovett 1987, Kap. 2 u. 3; Cline 1982.
47 Bhagwati 1988, 48–53.
48 Moravcsik 1989.
49 Bhagwati 1988, 48–53, 83–85.
50 Archiv der Gegenwart 24. 5. 1991, 35 663.
51 Funabashi 1988.
52 Vgl. Nau 1989; Hufbauer/Schott 1985; Jackson 1990; Financial Times, 10. 4. 190; Bhagwati 1991, 83–98; Rode 1990.
53 Archiv der Gegenwart 22. 10. 1991, 36 146/8; 16. 11. 1991, 36 229/30.
54 Hart 1983.
55 Müller 1989 c, 54–64; Keohane 1984.
56 Habermayer 1985; Zacher 1987; Mahler 1984.

[57] Dell 1987; Zacher 1987, 179/80.
[58] Studier 1984.
[59] Dell 1987, 138f.; Rothstein 1984.
[60] Vgl. Sikkink 1986; Soroos 1982; Zürn 1987; v. Welck 1989.
[61] Zusammengestellt nach Hüfner 1986.
[62] Wellons 1987.
[63] Cohen 1982; Lipson 1981.
[64] Lipson 1985; Cohen 1981; Wellons 1987; Strange 1986.
[65] Kapstein 1989.
[66] Feinberg 1988.
[67] Betz 1989; Amouzegar 1986.
[68] Mosley/Harrigan/Toye 1991.
[69] Ramsay 1984.
[70] Rothstein 1984.
[71] Conybere 1987, 170–172.
[72] Lipson 1982.
[73] Lang 1989; Haus 1991.
[74] Hufbauer 1989/90, 68, 69.
[75] Jackson 1990.
[76] Rode 1990.
[77] Vgl. Finlayson/Zacher 1981, 28.
[78] Das 1990.
[79] Bandow 1989.
[80] Keohane 1984.
[81] Vgl. Williamson 1983.
[82] Eichengreen 1989.
[83] Lang 1989, 48.
[84] Beispiele für diese Kritik: Payer 1975.
[85] Amouzegar 1986; Bandow 1989; ähnlich, wenn auch kritischer Mosley et al. 1991.
[86] Hudec 1987; Lang 1989.

5. Umweltregime

[1] Caldwell 1984, 244/45.
[2] Caldwell 1984, 112; World Commission 1987, 316.
[3] Hohmann 1989b.
[4] Bartram/Engel 1989.
[5] Fischer 1990, 8, Anm. 24.
[6] Young 1989, 109.
[7] Carroll 1983, Teil 2.
[8] Caldwell 1984; World Commission 1987.
[9] Vgl. Hardin/Baden 1977.
[10] Westing 1986; Myers 1989; N. Brown 1989.
[11] Kinnear/Rhode 1987, 6.

[12] Caldwell 1984, 27–36.
[13] Caldwell 1984, 20.
[14] Kinnear/Rhode 1987, 20; Caldwell 1984, 49–59; Westing 1988.
[15] List 1991.
[16] Z. ECE Lisitzin 1987, 354/5; Archiv der Gegenwart 1989, 33 930; z. IAEO Ramberg 1986/87; Young 1989; z. IMO Hohmann 1989a, 55/56.
[17] Caldwell 1984.
[18] Caldwell 1984; World Commission 1987, 270; Benedick 1989; Bartram/Engel 1989; v. Weizsäcker 1989, 58.
[19] Haas 1990; Haas 1992; Andresen/Ostreng 1989.
[20] Benedick 1989; Archiv der Gegenwart 1988, 32 307; s. a. v. Weizsäcker 1989, 63.
[21] Vgl. Brown 1989; Archiv der Gegenwart 1991, 35 851.
[22] Young 1989, 78; Caldwell 1984, 96–100.
[23] World Commission 1987, 26; v. Weizsäcker 1989, 206.
[24] Carroll 1983, 18/19; Strübel 1989, 257.
[25] Benedick 1989.
[26] Vgl. Carroll 1983, 280/81; Prittwitz 1984.
[27] Caldwell 1984, 53, 58/59, 60/61; Dicke 1985.
[28] Caldwell 1984, 78–81; Vereinte Nationen 1 (1983), 29–31.
[29] Caldwell 1984, 271–274.
[30] Caldwell 1984, 50/51; Kilian 1987.
[31] Young 1989, 35.
[32] Umbrecht 1987.
[33] Hohmann 1989a, 56.
[34] Young 1989, 16/17.
[35] Dicke 1985, 61.
[36] Bartram/Engel 1989.
[37] Jenisch 1989, 93.
[38] Caldwell 1984, 190/91.
[39] Lang 1989, 93.
[40] Caldwell 1984, 252/3.
[41] Bartram/Engel 1989, 120; Europa-Archiv 18 (1988), D 517, 520.
[42] Fischer 1990, 14/15.
[43] Fischer 1990.
[44] Fischer 1990, 16–22.
[45] Kilian 1987.
[46] Carroll 1983, 42–55.
[47] Caldwell 1984, 63; Dicke 1985, 59/60.
[48] V. Prittwitz 1989, 226/7; List 1991.
[49] Archiv der Gegenwart, 1989, 33 134/5; v. Weizsäcker 1989, 40.
[50] Steinberg/Müller 1989.
[51] Carroll 1983, 29–36; Caldwell 1984, 74.
[52] Carroll 1983, 23, 35/36, 246–248.
[53] Corell/Malone 1989, 8.

[54] Strübel 1989, 264, 267, 270.

[55] Haas 1992, 393/4.

[56] V. Prittwitz 1989, 227/8; List 1991.

[57] Wirth 1989, 14.

[58] Archiv der Gegenwart 1988, 32627.

[59] Caldwell 1984, 51; vgl. das Abschlußdokument der Wiener KSZE-Folgekonferenz in Europa-Archiv 5 (1989), D 147–149.

[60] Caldwell 1984, 136, 140; Myers 1989; Westing 1986.

[61] Caldwell 1984, 27, 43.

[62] Caldwell 1984, 50; Dicke 1985, 61.

[63] Caldwell 1984, 55.

[64] Benedick 1989, 50.

[65] Bartram/Engel 1989, 118/119.

[66] V. Prittwitz 1990; vgl. auch Archiv der Gegenwart 1991, 35759.

[67] Vgl. die kenntnisreiche Arbeit von Kilian, 1987.

[68] Carroll 1983, 40/41; Caldwell 1984, 156/7, 176–183; Archiv der Gegenwart 1989, 33121; 33215–17.

[69] V. Prittwitz 1990, 232–234.

[70] Caldwell 1984, 112–114; vgl. allgemein v. Prittwitz 1984, 15–17.

[71] Caldwell 1984, 127/8; Prittwitz 1989, 228–234.

[72] Caldwell 1984, 219; Benedick 1989, 50; Bartram/Engel 1989, 118.

[73] Jenisch 1989; List 1991.

[74] Archiv der Gegenwart 1988, 32354.

[75] Wijkman 1982, 520.

[76] Archiv der Gegenwart 1988, 32620.

[77] Young 1989, 22; Caldwell 1984, 17 sowie Kap. 5; Vereinte Nationen 6 (1983), 195; Vereinte Nationen 2 (1989), 58/59.

[78] Archiv der Gegenwart 1991, 35773.

[79] World Commission 1987, 20.

[80] World Commission 1987, 67/68.

[81] Myers 1989, 41.

[82] Caldwell 1984, 71, 94–96; Europa-Archiv 20 (1988), D 588; Archiv der Gegenwart 1989, 33042, 33121, 33215–7.

[83] Caldwell 1984, Kap. 2, 40.

[84] Caldwell 1984, 103/4.

[85] Vereinte Nationen 6 (1989), 195.

[86] Caldwell 1984, 131–143.

[87] V. Prittwitz 1989, 237, 240; Archiv der Gegenwart 1987, 30811, 31012; 1989, 33312.

[88] Vereinte Nationen 5 (1984), 169/70; Archiv der Gegenwart 1988, 32684.

[89] Jenisch 1989, 95–97; List 1991.

[90] Caldwell 1984, 41; v. Prittwitz 1989, 240.

[91] V. Prittwitz 1989, 241.

[92] World Commission 1987, Kap. 12.

[93] Meyer-Tasch 1987.

6. Sicherheitspolitik

[1] Z.B. Wallop/Codevilla 1987.
[2] Hertz 1959; Jervis 1978, Buzan 1983, Kap. 6 u. 7.
[3] Zahlen nach Military Balance, London, IISS, verschiedene Jahre.
[4] Friedberg 1991.
[5] Gaddis 1988.
[6] Griffiths 1989a.
[7] Köllner 1989.
[8] Nerlich 1982b.
[9] Mueller 1988, 1989; Knies 1988.
[10] Allison/Carnesale/Nye 1985, 10.
[11] Zusammenfassend Bull 1982.
[12] Vgl. Adelman 1984/85; dagegen Association 1985; Baker 1979; zu den Schwächen der Tit-for-Tat-Strategie Downs/Rocke 1987.
[13] Jervis 1989, 222–235; vgl. auch Griffiths 1989a.
[14] Jervis 1983, 173–194, 1985.
[15] Van Evera 1985; Snyder 1984.
[16] George/Farley/Dallin 1988, 643–645.
[17] Van Evera 1985; Snyder 1989.
[18] Jervis 1989, 28/29.
[19] Haas 1983; United Nations 1985.
[20] Van Evera 1985; Ayoob 1989.
[21] Senghaas 1989b; Elsenhans 1981; Ayoob 1991.
[22] George 1983c.
[23] Luard 1987, 395/6; zum zyklischen Charakter der Kooperationsanstrengungen vgl. Kegley/Raymond 1986.
[24] Jervis 1983.
[25] Czempiel 1986, 92–94.
[26] Vgl. Goldblat 1982, Kap. 1.
[27] Vgl. die einschlägigen Aufsätze in Paret 1986.
[28] Sidorenko 1970; Sokolovsky 1963; Discriminate Deterrence 1988; Gray 1984; Abshire/Moodie 1990; zur Geschichte vgl. Freedman 1989, Kap. 25 u. 26; zu SDI Kubbig 1990b.
[29] Vgl. Gaddis 1988.
[30] Volle/Duisberg 1964.
[31] Allison 1989; Bundy 1988, bes. Kap. 11 und 13.
[32] Forndran 1970.
[33] Garthoff 1985, Kap. 5–16.
[34] Czempiel 1989, 127–218; Garthoff 1985, Kap. 29; Kubbig 1990b und 1990c.
[35] Link 1988; McGwire 1988; f. VKSE und Vertrauensbildung vgl. Europa-Archiv 23 (1990) D 607 ff.; Europa-Archiv 18 (1991), D. 470 ff.
[36] Z.B. Rielly 1987, 6, 14, 35; Griffiths 1989a, b; Snyder 1989; MccGwire 1988.
[37] Bundy 1988, Kap. 9; Jacobson 1979, 179–181; Lebow 1981.

[38] Jervis 1983; 1985; 1989, 234; Senghaas 1989 b, 27/28.

[39] Carter 1989, 35; Snyder 1989; Risse-Kappen 1988, 192–203.

[40] Bruns 1980; Bernauer 1991; Dhanapala 1991.

[41] Vgl. Jacobson 1979, 184–188; Schoenbaum 1988.

[42] Dean 1988; Maresca 1988; Link 1988 Rittberger/Efinger/Mendler 1990; Goetze 1989.

[43] Dunay 1991; Goetze 1989.

[44] George 1983 b, d; Ury 1989; Nye 1989.

[45] Rice 1988; Neidle 1988.

[46] Arms Control Today, Sept. 1991, 25–33; Arms Control Today, Nov. 1991, START Supplement.

[47] Müller 1989 b.

[48] Müller/Kokoski 1990.

[49] Inman et al. 1990.

[50] George 1983 d, 1989; Garthoff 1985.

[51] Rice 1988, Association 1985, 37–39.

[52] Bruns 1980, 143–45.

[53] Ropers/Schlotter 1989; Maresca 1988, 1985.

[54] George 1989, 48/49.

[55] Freedman 1989; Ball/Toth 1990.

[56] Ermarth 1982; Duffy 1988 b, Earle 1988.

[57] Haass 1987, 319/20.

[58] Nye 1989.

[59] Z. B. Adelman 1984/85.

[60] Haass 1987.

[61] Kubbig 1990 c; Garthoff 1987; Duffy 1988 a, 279–281.

[62] Z. Gleichgewichtsproblem vgl. Posen 1989, Cohen 1989 a.

[63] Krass 1985, 115–126.

[64] Jervis 1985, 73–76.

[65] Duffy 1988 b, 192; Talbot 1979, 194–202, 237–244, 246–259.

[66] Buchheim/Farley 1988; Flowerree 1990.

[67] Duffy 1983; Garthoff 1985.

[68] Ropers/Schlotter 1989.

[69] Garthoff 1985; Czempiel 1989; Carter 1989, 276.

[70] George 1983 d; Breslauer 1983; Czempiel 1989, 304–343.

[71] MccGwire 1988.

[72] Einhorn 1985, 46–52; Risse-Kappen 1988.

[73] Vgl. Pipes 1977, Gray 1986; dagegen Ball/Toth 1990.

[74] Krass 1985, 116–119; v. Stülpnagel 1989, 153.

[75] Nye 1989.

[76] Betts 1987; s. auch Nye 1989, 136–147; Bundy 1988.

[77] Dean 1990.

[78] Snyder 1989; Weber 1990; Griffiths 1991; Legvold 1991.

[79] Goetze 1989; Insights from An On-Site-Inspector, Arms Control Today, 4. 11. 1988; Adler 1992.

[80] Griffiths 1989a, 123–126; Rice 1988, 299; Weber 1991.
[81] Association 1985, 31–42.
[82] Carter 1989, 276.
[83] Senghaas 1972; dagegen Kruzel 1986; so auch Carnesale/Haass 1987; Blacker/Duffy 1984; Carter 1989; Blacker 1987.
[84] Lynn-Jones et al. 1989; George 1989, 61/62.
[85] Rice 1988, 298; Duffy 1988b; Earle 1988.
[86] Vgl. Garthoff 1987; Rice 1988, 299.
[87] Vgl. Sheehan 1988.
[88] Vgl. Goldblat/Cox 1988; Neidle 1988.
[89] Ghébali 1989; Rittberger/Efinger/Mendler 1990.
[90] Chayes 1973.
[91] Buchheim/Farley 1988; Flowerree 1990, 203–205.
[92] Martenson et al. 1987.
[93] Mearsheimer 1990; Snyder 1990.
[94] Wilzewski 1990; Stares 1987; Fieldhouse 1990.
[95] Senghaas 1990, Kap. 4; Ullmann 1991.
[96] Berridge 1991.

7. Schlußfolgerungen

[1] Thomson/Krasner 1989.
[2] Conybeare 1987.
[3] Haas 1992.
[4] Ebenso Kohler-Koch 1989, 77.
[5] Haas 1983; Haas 1992; Kapstein 1989, 334–337; Sikkink 1986; Rothstein 1984.
[6] Czempiel 1981; Müller 1989c, Kap. 1.
[7] Die folgenden Überlegungen beruhen auf Senghaas 1988; Elsenhans 1984; Ayoob 1989.
[8] Klages/Kmieciak 1979.
[9] Conybeare 1987; Fischer 1987.
[10] Rittberger 1987.
[11] Elias 1978 u. 1979; Rittberger 1990b.
[12] Donnelly 1986.
[13] Jacobson 1979, 327, 335, 340/1; Damrosch/Scheffer 1991. Kapitel 13–16.
[14] Shelley 1989, 45–48; Forsythe 1985; Henkin 1989, 13.
[15] Shelley 1989, 51/52.
[16] Ruloff 1988, Schlußkapitel.
[17] Elias 1979 (Bd. 2), Schlußkapitel.
[18] Ruloff 1988, Schlußkapitel.
[19] Wendt/Duvall 1989.
[20] Stein 1983, 137–140; Krasner 1983b.
[21] Wendt/Duvall 1989.

LITERATUR

Abshire, David M., Michael Moodie: Competitive Strategies, in: Washington Quarterly 13/1 (Winter 1990), 29–42.
Adelman, Kenneth L.: Arms Control With and Without Agreements, in: Foreign Affairs 63/2 (Winter 1984/85), 240–263.
Adler, Emanuel: The emergence of cooperation: national epistemic communities and the international evolution of the ideal of nuclear arms control, in: Peter M. Haas 1992, 101–146.
Aggarwal, Vinod: Liberal Protectionism: The Internationale Politics of Organized Textile Trade, Berkeley 1985.
Allison, Graham T.: Primitive Rules of Prudence: Foundation of Peaceful Competition, in: Allison/Ury 1989, 9–38.
Allison, Graham T., Albert Carnesale, Joseph S. Nye: Introduction, in: Dies. (Hrsg.), Hawks, Doves, and Owls. An Agenda for Avoiding Nuclear War, New York/London 1985, 3–22.
Allison, Graham T., William L. Ury (Hrsg.): Windows of Opportunity. From cold War to Peaceful Competition, in: U.S.-Soviet Relations, Cambridge/ Mass. 1989.
Amouzegar, Jahangir: The IMF under Fire, in: Foreign Policy 64 (Herbst 1986).
Andresen, Steinar, Willy Ostreng (Hrsg.): International Resource Management: The Role of Science and Politics, London/New York 1989.
Association of the Bar of the City of New York: Achieving Effective Arms Control, Washington 1985.
Axelrod, Robert: The Evolution of Cooperation, New York 1984.
Axelrod, Robert, Robert O. Keohane: Achieving Cooperation under Anarchy: Strategies and Institutions, in: World Politics 38/1 (Oktober 1985).
Ayoob, Mohammed: The Third World in the System of States: Acute Schizophrenia or Growing Pains? in: Internationale Studies Quarterly 33/1 (1989), 67–79.
–: The Security Problematic of the Third World, in: World Politics 43 (Jan. 1991), 257–283.
Baker, John: Alternatives to Formal Negotiation, in: William H. Kincade/ Nancy V. Yinger/Gloria C. Duffy, Approaches to East-West Arms Control, Washington, D. C., Arms Control Association, 1979, 27–42.
Baldwin, David A.: Economic Statecraft, Princeton/NJ 1985.
Ball, Desmond, Robert C. Toth: Revising the SIOP: Taking Warfighting to Dangerous Extremes, in: International Security 14/4 (Frühjahr 1990), 65–92.
Bandow, Doug: What's Still Wrong with the World Bank?, in: Orbis 33/1 (Winter 1989), 73–89.

Bartram, Berit, Bruno Engel: Ende des „Giftmüllkolonialismus?“ Zur Basler Konvention und ihrem Hintergrund, in: Vereinte Nationen 4 (1989), 155–121.
Benedick, Richard Elliot: Ozone Diplomacy, in: Issues in Science and Technology (Herbst 1989), 43–50.
Bernauer, Thomas: Nuclear Issues on the Agenda of the Conference on Disarmament, New York, United Nations UNIDIR/91/68, 1991.
Berridge, G. R.: Return to the UN. UN Diplomacy in Regional Conflicts, New York 1991.
Betts, Richard K.: Nuclear Blackmail and Nuclear Balance, Brookings, Washington/D. C. 1987.
Betz, Joachim: Das Internationale Regime zur Defizitfinanzierung und Umschuldung von Entwicklungsländern, in: Kohler-Koch 1989, 179–202.
Bhagwati, Jagdish: Protectionism, Cambridge/Mass. 1988.
–: The World Trading System at Risk, New York u. a. 1991.
Bhagwati, Jagdish, John G. Ruggie: Power, Passions, and Purpose: Prospects for North-South Negotiations, Cambridge/Mass. 1984.
Blacker, Coit D.: Reluctant Warriors: The United States, the Soviet Union and Arms Control, New York 1987.
Blacker, Coit D., Gloria Duffy: Internationale Arms Control. Issues and Agreements, 2. Aufl., Stanford/Cal. 1984.
Breslauer, George W.: Why Detente Failed: An Interpretation, in: George 1983 a, 319–340.
Breslauer, Georg W., Philip E. Tetlock (Hrsg.): Learning in US and Soviet Foreign Policy, Boulder/Col. 1991.
Brown, Neville: Climate, Ecology and International Security, in: Survival (Nov./Dez. 1989), 519–532.
Bruns, Wilhelm: Der Beitrag der Vereinten Nationen zur Abrüstung, in: Friedensanalysen 13, Frankfurt a. M. 1980, 135–156.
Bryant, Ralph C.: Money and Monetary Policy in Interdependent Nations, Brookings, Washington/D. C. 1980.
Bryant, Ralph C., Richard Portes (Hrsg.): Global Macroeconomics: Policy Conflict and Coordination, London 1987.
Buchheim, Robert W., Philip J. Farley: The U. S.-Soviet Standing Commission, in: George/Farley/Dallin 1988, 254–269.
Bühl, Werner L.: Transnationale Politik. Internationale Politik zwischen Hegemonie und Interdependenz, Stuttgart 1978.
Buiter, Willem H., Richard C. Marston (Hrsg.): International Economic Policy Coordination, Cambridge 1985.
Bull, Hedley: Die klassische Konzeption der Rüstungskontrolle: Ein Rückblick nach zwanzig Jahren, in: Nerlich 1982 b, 481–490.
Bundy, McGeorge: Danger and Survival, New York 1988.
Burgess, Philip, David Moore: Inter-Nation Alliances: An Inventory and Appraisal of Propositions, in: Political Science Annual 5 (1973).
Buzan, Barry: People, States and Fear. The Nationale Security Problem in International Relations, Brighton 1983.

Caldwell, Lynton Keith: International Environmental Policy: Emergence and Dimensions, Durham/N. C. 1984.

Carnesale, Albert, Richard N. Haass (Hrsg.): Superpower Arms Control: Setting the Record Straight, Cambridge/Mass. 1987.

Carroll, John E.: Environmental Diplomacy, An Examination and a Prospective of Canadian-U.S. Transboundary Environmental Relations, Ann Arbor/Mich. 1983.

Carter, April: Success and Failure of Arms Control Negotiations, Oxford 1989.

Chayes, Abram: An Inquiry into the Workings of Arms Control Agreements, in: Richard G. Head/Ervin J. Rokke (Hrsg.), American Defense Policy, 3. Aufl., Baltimore 1973.

Cline, William R.: Reciprocity: A New Approach to World Trade Policy? Institute for International Economics, Washington/D. C. 1982.

Cline, William R., et al.: Trade Negotiations in the Tokyo Round: A Quantitative Assessment, Brookings, Washington/D. C. 1978.

Cohen, Bernard J.: Banks and the Balance of Payments, London 1981.

–: Balance of Payments Financing: Evolution of A Regime, in: International Organization 36/2 (1982).

Cohen, Eliot A.: Toward Better Net Assessment: Rethinking the European Conventional Blance, 1989a, in: Miller/Lynn-Jones 1989, 176–215.

Cohen, Raymond: International Politics: The Rules of the Game, London 1981.

Conybeare, John A.: Trade Wars. The Theory and Practice of International Commercial Rivalry, Kap. 1 und 2, New York 1987.

Cooper, Richard N.: Prolegomena to the Choice of an Internationale Monetary System, in: International Organization 29 (1975), 63–96.

–: Internationale Cooperation in Public Health as a Prologue to Macroeconomic Cooperation, in: Cooper et al., Can Nations Agree?, Brookings, Washington/D. C. 1989, 178–254.

Cooper, Richard N., et al.: Can Nations Agree?, Brookings, Washington/D. C. 1989.

Corden, W. Max: Why Trade Is Not Free: Is There a Clash between Theory and Practice?, in: Giersch 1987, 1–19.

Corell, Robert, Thomas F. Malone: Mission to Planet Earth Revisited, in: Environment 31/3 (April 1989), 6–35.

Czempiel, Ernst-Otto: Internationale Politik. Ein Konfliktmodell, Paderborn 1981.

–: Friedensstrategien, Paderborn 1986.

–: Machtprobe. Die USA und die Sowjetunion in den achtziger Jahren, München 1989.

Czempiel, Ernst-Otto, James N. Rosenau (Hrsg.): Global Changes and theoretical challenges. Approaches to world politics for the 1990s, Lexington/Mass. 1989.

Dam, Kenneth W.: The Rules of the Game, Reform and Evolution in the International Monetary System, Chicago 1982.

Damrosch, Lori Fisler, David Scheffer (Hrsg.): Law and Force in the New International Order, Boulder/Col. 1991.
Das, Dilip K.: International Trade Policy. A Developing Country Perspective, New York 1990.
Dean, Jonathan: Berlin in a Divided Germany: An Evolving International Regime, in: George/Farley/Dallin 1988, 83–105.
–: Building a Post-Cold War European Security System, in: Arms Control Today (Juni 1990), 8–12.
Delbrück, Jost (Hrsg.): Friedensdokumente aus fünf Jahrhunderten: Abrüstung, Kriegsverhütung, Rüstungskontrolle, Kehl/Straßburg/Arlington 1984.
Dell, Edmund: The Politics of Economic Interdependence, New York 1987, 132–157.
Derian, James, Michael J. Shapiro, (Hrsg.): International/Intertextual Relations, Lexington/Mass. 1989.
Dessler, David: What's at Stake in the Agent-Structure Debate? in: International Organization 43/3 (Sommer 1989), 441–473.
Deutsch, Karl W.: Tides Among Nations, New York 1979.
Dhanapala, Jayantha (Hrsg.): The United Nations, Disarmament and Security. Evolution and Perspective, New York, United Nations UNIDIR/91/46, 1991.
Dicke, Klaus: Mensch, Umwelt und Natur. Zur Prinzipienbildung des Umweltschutzes im Rahmen der Vereinten Nationen, in: Vereinte Nationen 2 (1985), 59–62.
Discriminante Deterrence. Report of The Commission On Integrated Long-Term Strategy. Fred C. Ikle/Albert Wohlstetter, Cochairmen, GPO, Washington/D.C. 1988.
Donnelly, Jack: International Human Rights: A Regime Analysis in: International Organization 40/3 (Sommer 1986).
Downs, George W., David M. Rocke: Tacit Bargaining and Arms Control, in: World Politics 39/3 (April 1987), 297–325.
Duffy, Gloria: Crisis Prevention in Cuba, in: George 1983 a, 285–318.
–: The Sources of Soviet Compliance Behavior, 1988 a, in: Krepon/Umberger 1988, 141–165.
–: Conditions that Affect Arms Control Compliance, 1988 b, in: George/Farley/Dallin 1988, 270–292.
Dunay, Pál: The CFE Treaty: History, Achievements and Shortcomings, Frankfurt a. M., PRIF Reports No. 24, Oktober 1991.
Dunn, Lewis A., Amy E. Gordon (Hrsg.): Arms Control Verification and the New Role of On-Site Inspection, Lexington/Mass. 1989.
Earle, Ralph, II: SALT II Compliance Controversies, in: Krepon/Umberger 1988, 166–184.
Efinger, Manfred, Volker Rittberger, Michael Zürn: Internationale Regime in den Ost-West-Beziehungen. Ein Beitrag zur Erforschung der friedlichen Behandlung internationaler Konflikte, Frankfurt a. M. 1988.
Eichengreen, Barry: Hegemonic Stability Theories of the International Mone-

tary System, in: Richard N. Cooper et al., Can Nations Agree? Issues in International Cooperation, Brookings, Washington/D. C. 1989, 255–298.
Einhorn, Robert J.: Negotiating from Strength. Leverage in U. S. – Soviet Arms Control Negotiations, Washington/D. C. 1985.
Elias, Norbert: Über den Prozeß der Zivilisation. Soziogenetische und psychogenetische Untersuchungen, 2 Bde., Frankfurt a. M. 1978 u. 1979.
Elsenhans, Hartmut: Abhängiger Kapitalismus oder bürokratische Entwicklung. Versuch über den Staat in der Dritten Welt, Frankfurt a. M./New York 1981.
–: Nord-Süd-Beziehungen. Geschichte – Politik – Wirtschaft, Stuttgart 1984.
Enyedi, Gyorgy, August J. Gijswijt, Barbara Rhode (Hrsg.): Environmental Policies in East and West, London 1987.
Ermarth, Fritz W.: Die globale Projizierbarkeit sowjetischer Macht und die strategischen Erfordernisse ihrer Eindämmung, in: Nerlich 1982 a, 109–142.
Falk, Richard A.: A Study of Future Worlds, New York 1975.
Feinberg, Richard E.: The Changing Relationship Between the World Bank and the International Monetary Fund, in: International Organization 42/3 (Sommer 1988), 545–560.
Feld, Werner J.: International Relations: A Transnational Policy Approach, Sherman Oaks 1979.
Fieldhouse, Richard: Naval Nuclear Arms Control, in: Ders. (Hrsg.), Security at Sea. Naval Forces and Arms Control, Oxford 1990, 158–186.
Finlayson, Jock A., Mark W. Zacher: The GATT and the Regulation of Trade Barriers: Regime Dynamics and Functions, in: International Organization 35 (Herbst 1981), 561–602.
–: The Politics of International Commodity Regulation: the Negotiation and Operation of the International Cocoa agreements, in: Third World Quarterly 5 (April 1983).
Fischer, Wolfgang: Die Verifikation internationaler Abkommen über Umwelt- und Ressourcenschutz. Eine vergleichende Analyse zu Instrumenten und Verfahren internationaler Verifikation am Beispiel von dreizehn Abkommen, Forschungszentrum Jülich, Jülich 1990.
Fischer, Wolfram: Swings between Protection and Free Trade in History, in: Giersch 1987, 20–32.
Flowerree, Charles C.: On Tending Arms Control Agreements, in: Washington Quarterly 13/1 (Winter 1990), 199–214.
Forndran, Erhard: Probleme der Internationalen Abrüstung, 1962–1968, Frankfurt a. M./Berlin 1970.
Forsythe, David P.: The United Nations and Human Rights, 1945–1985, in: Political Science Quarterly 100/2 (Sommer 1985), 249–267.
Franck, Thomas M.: The Power of Legitimacy among Nations, New York/Oxford 1990.
Frankel, Jeffrey A., Katherine E. Rockett: International Macroeconomic Policy Coordination When Policymakers Do Not Agree on The True Model, in: American Economic Review 78 (Juni 1988), 318–340.

Freedman, Lawrence: The Evolution of Nuclear Strategy, 2. Aufl., New York 1989.

Friedberg, Aaron L.: The Changing Relationship between Economics and National Security, in: Political Science Quarterly 106/2 (1991), 265–276.

Funabashi, Yoishi: Managing the Dollar: From the Plaza to the Louvre, Institute for International Economics, Washington/D. C. 1988.

Gaddis, John Lewis: Strategies of Containment. A Critical Appraisal of Postwar American National Security Policy, Oxford/New York 1988.

Gallarotti, Giulio M.: The Limits of International Organization: Systematic Failure in the Management of International Organization, in: International Organization 45/2 (Frühjahr 1991), 183–220.

Gardner, Richard N.: Sterling-Dollar Diplomacy, The Origins and Prospects of Our International Economic System, New York 1969.

Garthoff, Raymond L.: Detente and Cooperation. American-Soviet Relations from Nixon to Reagan, Brookings, Washington/D. C. 1985.

–: Policy Versus the Law. The Reinterpretation of the ABM Treaty, Brookings, Washington/D. C. 1987.

George, Alexander (Hrsg.): Managing U. S.-Soviet Rivalry. Problems of Crisis Prevention, Boulder/Col. 1983 a.

–: Introduction, 1983 b, in: George 1983 a, 1–16.

–: Detente: The Search for a Constructive Relationship, 1983 c, in: George 1983 a, 17–30.

–: The Basic Principles Agreement of 1972: Origins and Expectations, 1983 d, in: George 1983 a, 107–118.

–: The Search for Agreed Norms, in: Allison/Ury 1989, 45–66.

George, Alexander, Philip J. Farley, Alexander Dallin (Hrsg.): U. S.-Soviet Security Cooperation. Achievements, Failures, Lessons, New York/Oxford 1988.

Ghébali, Victor-Yves: Confidence-building Measures within the CSCE Process: Paragraph-by-Paragraph Analysis of the Helsinki and Stockholm Regimes, UN, New York 1989.

Ghosh, Dilip (Hrsg.): International Trade and Third World Development, Westport/Conn. 1984.

Giersch, Walter (Hrsg.): Free Trade in the World Economy. Towards an Opening of Markets, Tübingen 1987.

Gilpin, Robert: War and Change in World Politics, Cambridge 1981.

Girling, Robert: Multinational Institutions and the Third World: Management, Debt and Trade Conflicts in the International Economic Order, New York 1985.

Göhler, Gernot (Hrsg.): Grundfragen der Theorie Politischer Institutionen, Forschungsstand – Probleme – Perspektiven, Opladen 1987.

Goetze, Bernd A.: Verification of Confidence and Security Building Measures: Evolution and Future Prospects, in: Jürgen Altmann, Joseph Rotblat (Hrsg.), Verification of Arms Reductions. Nuclear, Conventional and Chemical, Heidelberg/New York 1989, 140–150.

Goldblat, Jozef: Agreements for Arms Control: A Critical Survey, London 1982.

Goldblat, Jozef, David Cox (Eds.): Nuclear Weapon Tests: Prohibition or Limitation?, Oxford 1988.
Goldstein, Josuha S.: Reciprocity in Superpower Relations: an Empirical Analysis, in: International Studies Quarterly 35 (1991), 195–209.
Gray, Colin S.: Nuclear Strategy: A Case for a Theory of Victory, in: Steven E. Miller: Strategy and Nuclear Deterrence, Princeton 1984, 23–56.
–: Nuclear Strategy and Nuclear Style, Lanham/Md. 1986.
Grieco, Joseph M.: Cooperation among Nations. Europe, America, and Non-Tariff Barriers to Trade, Ithaca, NY/London 1990.
Griffiths, Franklyn: The Soviet Experience of Arms Control, 1989a, in: Stein 1989a, 68–128.
–: The Sources of American Conduct: Soviet Perspectives and their Policy Implications, 1989b, in: Lynn-Jones et al. 1989, 23–70.
–: Attempted Learning: Soviet Policy toward the United States in the Brezhnev Era, in: Breslauer/Tetlock 1991, 630–683.
Groom, A. J. R., Paul Taylor (Hrsg.): Functionalism, Theory and Practice in International Relations, London 1975.
–: (Hrsg.): Frameworks for International Cooperation, London 1990.
Haas, Ernst B.: The Uniting of Europe. Sectoral and Economic Forces, 1950–1957, Stanford/Cal. 1958.
–: Beyond the Nation-State. Functionalism and International Organization, Stanford/Cal. 1964.
–: On Systems and International Regimes, in: World Politics (1975), 147–174.
–: Scientists and the World Order, Berkeley 1977.
–: Why Collaborate? in: World Politics 32 (April 1980), 357–405.
–: Conflict Management and International Organizations, 1945–1981, in: International Organization 32/2 (1983).
–: When Knowledge Is Power. Three Models of Change in International Organizations, Berkeley u. a. 1990.
–: Collective Learning: Some Theoretical Speculations, in: Breslauer/Tetlock 1991, 62–99.
Haas, Peter M. (Hrsg.): Knowledge, Power, and International Policy Coordination, in: International Organization 46/1 (Winter 1992), Special Issue.
Haass, Richard N.: Verification and Compliance, in: Carnesale/Haass 1987, 303–328.
Habermayer, Wolfgang: Internationale Rohstoffabkommen als Beispiel des Nord-Süd-Dialogs, Frankfurt a. M. 1985.
Hacke, Christian, Manfred Knapp (Hrsg.): Friedenssicherung und Rüstungskontrolle in Europa, Köln, Wissenschaft und Politik, 1989.
Haggard, Stephan, Beth A. Simmons: Theories of International Regimes, in: International Organization 41/3 (Sommer 1987), 491–517.
Halperin, Morton H.: Bureaucratic Politics and Foreign Policy, Brookings, Washington/D. C. 1974.
Hardin, Garrett, John Baden (Hrsg.): Managing the Commons, San Francisco 1977.

Hart, Jeffrey: The New International Economic Order. Conflict and Cooperation in North-South Economic Relations, 1974–1977, New York 1983.

Haus, Leah: The East European Countries and GATT: The Role of Realism, Mercantilism, and Regime Theory in Explaining East-West Trade Relations, in: International Organization 45/2 (Frühjahr 1991), 163–182.

Hayek, Friedrich A. von: The Route to Serfdom, London 1979.

Heckscher, Eli: Mercantilism, 2 Bde., London 1935.

Henderson, C. Randall: Macroeconomic Diplomacy in the 1980s: Domestic Politics and International Conflict among the United States, Japan, and Europe, Atlantic Paper 65, London 1987.

Henkin, Louis: The Universality of the Concept of Human Rights, in: Annals of the American Academy of Political and Social Science 506 (Nov. 1989), 10–15.

Henleben, John S.: Plans for World Peace through Six Centuries, New York 1982.

Hertz, John: International Politics in the Atomics Age, New York 1959.

Hohmann, Harald: Meeresumweltschutz als globale und regionale Aufgabe. Die Anstrengungen von UNEP, IMO und ECE, 1989a, in: Vereinte Nationen 2 (1989), 53–61.

–: Die Entwicklung der Internationalen Umweltpolitik und des Umweltrechts durch internationale und europäische Organisationen, 1989b, in: Aus Politik und Zeitgeschichte B 47/48, 29–45.

Hopkins, Raymond F., Donald J. Puchala: International Regimes: Lessons From Deductive Analysis, in: Krasner 1983a, 61–92.

Hudec, Robert E.: Developing Countries in the GATT Legal System, Brookfield 1987.

Hüfner, Klaus: Die Vereinten Nationen und ihre Sonderorganisationen, Strukturen, Aufgaben, Dokumente, Deutsche Gesellschaft für Vereinte Nationen, Bonn/Berlin 1986.

Hufbauer, Gary: Beyond GATT, in: Foreign Policy 77 (Winter 1989/90), 64–76.

Hufbauer, Georg, Jeffrey J. Schott: Trading for Growth: The Next Round of Trade Negotiations, Institute for International Economics, Washington/D. V. 1985.

Ikenberry, G. John: Rethinking the Origins of American Hegemony, in: Political Science Quarterly 104/3 (Herbst 1989) 375–500.

Inman, Bobby R., Joseph S. Nye, William Perry, Roger Smith: Responding to the Proliferation of Nuclear, Chemical and Ballistic Missile Capabilities, New York 1990.

Jackson, John H.: Restructuring the GATT System, London 1990.

Jacobson, Harold K.: Networks of Interdependence. International Organizations and the Global Political System, New York 1979.

Jenisch, Uwe: Nordsee – Seerecht und Umweltschutz, in: Außenpolitik 1 (1989), 81–98.

Jervis, Robert: Perception and Misperception in World Politics, Princeton 1976.

–: Cooperation under the Security Dilemma, in: World Politics 30 (Jan. 1978), 167–214.

–: Security Regimes, in: Krasner 1983a, 173–194.
–: From Balance to Concert: A Study of International Security Cooperation, in: World Politics 38/1 (Okt. 1985), 58–79.
–: Realism, Game Theory, and Cooperation, in: World Politics 40/3 (April 1988), 317–349.
–: The Meaning of the Nuclear Revolution. Statecraft and the Prospect of Armaggedon, Ithaca/NY 1989.
Jönsson, Christer: International Aviation and the Politics of Regime Change, London 1987.
Johnson, Chalmers: MITI – The Japanese Economic Miracle: the Growth of Industrial Policy, 1925–1975, Palo Alto/Cal. 1982.
Kapstein, Ethan B.: Revolving the Regulator's Dilemma: International Coordination of Banking Regulations, in: International Organization 43/2 (Frühjahr 1989), 323–347.
Keeley, James F.: Toward a Foucauldian Analysis of International Regimes, in: International Organization 44/1 (Winter 1990), 83–105.
Kegley, Charles F., Gregory A. Raymond: Normative Constraints on the Use of Force Short of War, in: Journal of Peace Research 23/3 (Sept. 1986), 213–228.
Kenen, Peter B.: Exchange Rates and Policy Coordination, Brookings, Washington/D. C. 1987.
Kennedy, Paul: Aufstieg und Fall der großen Mächte, Frankfurt a. M. 1987.
Keohane, Robert O.: The Demand for International Regimes, in: Krasner 1983a, 141–172.
–: After Hegemony, Princeton/NJ 1984.
–: International Institutions and State Power, Bulder/col. 1989.
Keohane, Robert O., Joseph S. Nye: Power and Interdependence: World Politics in Transition, 1. Aufl. 1977, 2. überarb. Aufl. 1989, Boston 1989.
Keohane, Robert O., Joseph S. Nye: Power and Interdependence Revisited, in: International Organization 41/4 (Herbst 1987), 726–753.
Kilian, Michael: Umweltschutz durch internationale Organisationen. Die Antwort des Völkerrechts auf die Krise der Umwelt?, Berlin 1987.
Kindleberger, Charles: The World in Depression, 1929–1939, Berkeley 1973.
–: The Rise and Fall of Free Trade in Western Europe, 1820–1875, in: Journal of Economic History 35 (März 1975), 20–55.
–: Systems of International Economic Organization, in: David Calleo (Hrsg.), Money and the Coming World Order, New York 1976.
–: Dominance and Leadership in the International Economy, in: International Studies Quarterly 25 (1981), 242–254.
Kinnear, Ralph, Barbara Rhode: Europe: Its Environmental Identity, in: Enyedi et al. 1987, 5–21.
Klages, Helmut, Peter Kmieciak (Hrsg.): Wertwandel und gesellschaftlicher Wandel, Frankfurt a. M./New York 1979.
Knies, Gerhard: Friedfertigkeit durch zivile Verwundbarkeit oder: Über die strukturelle Kriegsunfähigkeit moderner Industriegesellschaften, in: Sicherheit und Frieden 6/2 (1988), 79–84.

Knorr, Klaus: The Power of Nations. The Political Economy of International Relations, New York 1978.

Köllner, Lutz: Rüstungsfinanzierung, Abrüstung und langfristige wirtschaftliche Entwicklung: Makroökonomische Aspekte zur gegenwärtigen Abrüstungsdiskussion im Bündnis, in: Hacke/Knapp 1989, 157–172.

Kohler-Koch, Beate (Hrsg.): Regime in den internationalen Beziehungen, Baden-Baden 1989.

Krasner, Stephen D. (Hrsg.): International Regimes, Ithaca/NY 1983 a.

–: Structural Causes and Regime Consequences: Regimes as Intervening Variables, 1983 b, in: Ders. 1983 a, 1–22.

–: Structural Conflict, The Third World Against Global Liberalism, Berkeley/Cal. 1985.

–: Global Communications and National Power. Life on the Pareto Frontier, in: World Politics 43 (April 1991), 336–366.

Krass, Allan S.: Verification, How Much is Enough?, London 1985.

Kratochwil, Friedrich: International Order and Foreign Policy, Boulder/Col. 1978.

–: Rules, Norms, and Decisions. On the Conditions of Practical and Legal Reasoning in International Relations and Domestic Affairs, Kap. 1 und 3, Cambridge 1989.

Kratochwil, Friedrich, John G. Ruggie: International Organization: The State of the Art on an Art of the State, in: International Organization 40/4 (1986).

Kreinin, Mordechai E.: International Economics. A Policy Approach, 5. Aufl., San Diego u. a. 1987.

Krepon, Michael, Mary Umberger (Hrsg.): Verification and Compliance. A Problem – Solving Approach, London 1988.

Kruzel, Joseph: From Rush – Bagot to Start: The Lessons of Arms Control, in: Orbis 30/1 (Frühling 1986), 193–216.

Kubbig, Bernd W.: Die militärische Eroberung des Weltraums, Bd. 1, 1990 a, Frankfurt a. M. 1990.

–: Vision und Politik, SDI als Signatur Amerikas in der Ära Reagan, 1990 b, in: Ders. 1990 a, 7–19.

–: Die SDI-Debatte in der Reagan-Administration und im Kongreß ab 1983, 1990 c, in: Ders. 1990 a, 94–167.

Lake, David: Beneath the Commerce of Nations: A Theory of International Economic Structures, in: International Studies Quarterley 28 (Juni 1984), 143–170.

Lang, Laszlo: International Regimes and the Political Economy of East-West Relations, Institute for East-West Security Studies, New York 1989, 48–51.

Lebow, Richard Ned: Between Peace and War. The Nature of International Crisis, Baltimore/London 1981.

Legvold, Robert: Soviet Learning in the 1980 s, in: Tetlock/Breslauer 1991, 684–733.

Link, Werner: Der Ost-West-Konflikt. Die Organisation der internationalen Beziehungen im 20. Jahrhundert, 2. Aufl. Stuttgart u. a. 1988.

Lipson, Charles: The International Organization of Third World Debt, in: International Organization 35/4 (1981).
–: The Transformation of Trade: The Sources and Effects of the Trade Regime, in: International Organization (Frühjahr 1982), 417–456.
–: Banker's Dilemmas: Private Cooperation in Rescheduling Sovereign Debts, in: World Politics 38/1 (1985).
–: Why Are Some International Agreements Informal?, in: International Organization 45/4 (Herbst 1991), 495–538.
Lisitzin, Evgeny N.: Collaborative Arrangements for Environmental Protection in European Socialist Countries, in: Enyedi et al. 1987, 352–365.
List, Martin: Umweltschutz in zwei Meeren. Vergleich der Internationalen Zusammenarbeit zum Schutz der Meeresumwelt in Nord- und Ostsee, Tuduv-Studien, München 1991.
Lockwood, William R.: The State and the Economic Enterprise in Japan, Princeton/NJ 1965.
Lovett, William A.: World Trade Rivals. Trade, Equity, and Competing Industrial Policies, Lexington/Toronto 1987.
Luard, Evan: War in International Society. A Study in International Sociology, New Haven/London 1987.
Lynn-Jones, Sean M., Steven Miller, Stephen Van Evera (Hrsg.): Soviet Military Policy, Cambridge/Mass. 1989.
Mahler, Vincent A.: The Political Economcy of North-South Commodity Bargaining: The Case of the International Sugar Agreement, in: International Organization 38/4 (Herbst 1984), 709–731.
Mansbach, Richard W.: The Realists Ride Again: Counterrevolution in International Relations, in: James N. Rosenau, Hylke Tromp (Hrsg.): Interdependence and Conflict in World Politics, Aldershot u. a. 1989, 220–239.
Mansbach, Richard W., Karl H. Ferguson: The Web of World Politics. Nonstate Actors in the Global System, Englewood Cliffs 1976.
Maresca, John J.: To Helsinki. The Conference on Security and Cooperation in Europe, 1973–1975, Durham/N. C. 1985.
–: Helsinki Accord, 1975, in: George/Farley/Dallin 1988, 106–122.
Martenson, Jan et al.: Report of the International Conference on the Relationship between Disarmament and Development, United Nations A/CONF. 130/39, New York 1987.
MccGwire, Michael: A Mutual Security Regime for Europe?, in: International Affairs 64/3 (Sommer 1988), 362–379.
McKeown, Timothy: Firms and Tariff Regime Change: Explaining the Demand for Protection, in: World Politics 36 (Jan. 1984), 215–233.
Mearsheimer, John: Conventional Deterrence, Ithaca/N. Y. 1983.
–: Back to the Future. Instability in Europe after the Cold War, in: International Security 15/1 (Sommer 1990), 5–56.
Meyer-Tasch, Peter Cornelius: Die verseuchte Landkarte. Das grenzenlose Versagen der internationalen Umweltpolitik, München 197.

Miller, J.D.B.: Sovereignty as a Source of Vitality for the State, in: Review of International Studies 112 (1986).

Miller, Steven E., Sean M. Lynn-Jones (Hrsg.): Conventional Forces and American Defense Policy, Revised Edition, Cambridge/Mass. 1989.

Mitrany, David: A Working Peace System. An Argument for the Functional Development of International Organization, London 1944.

Moffit, Michael: The World's Money: International Banking from Bretton Woods to the Brink of Insolvency, New York 1983.

Moravcsik, Andrew: Disciplining Trade Finance: The OECD Export Credit Arrangement, in: International Organization 43/1 (Winter 1989), 173–205.

Morgenthau, Hans J.: Politics Among Nations, 4. Aufl., New York 1968.

Mosley, Paul, Jane Harrigan, John Toye: Aid and Power. The World Bank and Policy-Based Lending, Vol. I, London 1991.

Müller, Harald: Nach den Skandalen: Deutsche Nichtverbreitungspolitik, 1989a, Frankfurt a.M., HSFK-Report 5 (1989).

–: Regimeanalyse und Sicherheitspolitik. Das Beispiel Nonproliferation, 1989b, in: Kohler-Koch 1989, 277–314.

–: Vom Ölembargo zum National Energy Act. Amerikanische Energiepolitik zwischen gesellschaftlichen Interessen und Weltmachtanspruch, 1989c, Frankfurt a.M./New York 1989.

Müller, Harald, Richard Kokoski: The Non-Proliferation Treaty. Political and Technological Prospects and Dangers in 1990. A SIPRI Research Report, Stockholm 1990.

Müller Harald, Thomas Risse-Kappen: Internationale Umwelt, gesellschaftliches Umfeld und außenpolitischer Prozeß in liberaldemokratischen Industrienationen, in: Theorien der Internationalen Beziehungen. Bestandsaufnahme und Forschungsperspektiven, hrsg. von Volker Rittberger, PVS-Sonderheft 21, Opladen 1990, 375–400.

Mueller, John: The Essential Irrelevance of Nuclear Weapons: Stability in the Postwar World, in: International Security 13/2 (Herbst 1988), 55–79.

–: Retreat from Doomsday: The Obsolescence of Major War, New York 1989.

Murphy, Craig N.: What the Third World Wants: An Interpretation of the Development and Meaning of the New International Economic Order Ideology, in: International Studies Quarterly 27/1 (1983).

Myers, Norman: Environment and Security, in: Foreign Policy 74 (Frühjahr 1989), 23–41.

Nau, Henry R.: Domestic Trade Politics and the Uruguay Round, New York 1989.

Neidle, Alan: Nuclear Test Bans: History and Future Prospects, in: George/Dallin/Farley 1988, 175–214.

Nerlich, Uwe (Hrsg.): Die Einhegung sowjetischer Macht. Kontrolliertes militärisches Gleichgewicht als Bedingung europäischer Sicherheit, 1982a, Baden-Baden 1982.

– (Hrsg.): Sowjetische Macht und westliche Verhandlungspolitik im Wandel militärischer Kräfteverhältnisse, 1982b, Baden-Baden 1982.

Nye, Joseph S.: Peace in Parts: Integration and Conflict in Regional Organization, Boston 1971.
–: Nuclear Learning and the Evolution of U.S. – Soviet Security Competition, in: Allison/Ury 1989, 131–162.
Olson, Mancur: Die Logik des kollektiven Handelns. Kollektivgüter und die Theorie der Gruppen, Tübingen 1968.
–: The Rise and Fall of Nations, New Haven 1982.
Oye, Kenneth A.: Explaining Cooperation under Anarchy, Hypotheses and Strategies, in: World Politics 38/1 (Oct. 1985), 1–24.
Paret, Peter (Hrsg.): Makers of Modern Strategy. From Machiavelli to the Nuclear Age, Princeton/NJ 1986.
Payere, Cheryl: The Debt Trap, New York 1975.
Pipes, Richard: Why the Soviet Union Thinks It Can Fight And Win a Nuclear War, in: Commentary (Juli 1977).
Pirages, Dennis: Global Technopolitics: The International Politics of Technology and Resources, Pacific Grove/Cal. 1989.
Please, Stanley: The Hobbled Giant. Essays on the World Bank, Boulder/Col. 1982.
Posen, Barry R.: Measuring the European Conventional Balance: Coping with Complexity in Threat Assessment, in: Miller/Lynn-Jones 1989, 97–138.
Prebisch, Raul: The Economic Development of Latin America and its Principle Problems, Lake Success, United Nations, 1950.
Prittwitz, Volker von: Umweltaußenpolitik. Grenzüberschreitende Luftverschmutzung in Europa, Frankfurt a. M./New York 1984.
–: Internationale Umweltregime – Ein Fallvergleich, in: Kohler-Koch 1989, 225–246.
–: Das Katastrophen-Paradox. Elemente einer Theorie der Umweltpolitik, Opladen 1990, 229–232.
Putnam, Robert D.: Diplomacy and Domestic Politics: The Logic of Two-Level-Games, in: International Organization 42/3 (1988), 427–460.
Putnam, Robert D., Nicholas Bayne: Hanging Together: Cooperation and Conflict in the Seven-Power Summits, überarb. Aufl., Cambridge/Mass. 1987.
Ramberg, Bennett: Learning from Chernobyl, in: Foreign Affairs 65/2 (Winter 1986/87), 304–328.
Ramsay, Robert: UNCTAD's Failures: The Rich Get Richer, in: International Organization 36/2 (1984).
Rapp, William V.: Japan's Invisible Barriers to Trade, in: Thomas A. Pugel, Robert G. Hawkins (Hrsg.), Fragile Interdependence. Economic Issues in US-Japanese Trade and Investment, Lexington/Mass. 1986.
Rice, Condoleeza: SALT and the Search for a Security Regime, in: George/Farley/Dallin 1988, 293–306.
Rielly, John E.: American Public Opinion and U.S. Foreign Policy 1987, Chicago Council on Foreign Relations, Chicago 1987.

Risse-Kappen, Thomas: Null-Lösung. Entscheidungsprozesse zu den Mittelstreckenwaffen 1970–1987, Frankfurt a. M./New York 1988.

Rittberger, Volker: Zur Friedensfähigkeit von Demokratien, Betrachtungen zur politischen Theorie des Friedens, in: Aus Politik und Zeitgeschichte B 44 (1987), 3–12.

– (Hrsg.): International Regimes in East-West Politics, 1990 a, London 1990.

–: Die Perestrojka und die Zivilisierung des Ost-West-Konflikts, 1990 b, in: Dietrich Geyer (Hrsg.), Europäische Perspektiven der Perestroika, Hirschau 1990, 101–122.

Rittberger, Volker, Manfred Efinger, Martin Mendler: Toward an East-West Security Regime: The Case of Confidence Building Measures, in: Journal of Peace Research 27/1 (Feb. 1990), 55–74.

Rittberger, Volker, Michael Zürn: Transformation der Konflikte in den Ost-West-Beziehungen, in: Politische Vierteljahresschrift 32/3 (Sept. 1991), 399–424.

Rittberger, Volker, Michael Zürn: Regime Theory: Findings from the Study of ›East-West Regimes‹, in: Cooperation and Conflict 26 (1991), 165–183.

Rode, Reinhard: Sicherheit versus Geschäft. Die Osthandelspolitik der USA von Nixon bis Carter, Frankfurt a. M./New York 1986.

– (Hrsg.): GATT and Conflict Management. A Transatlantic Strategy for a Stronger Regime, Boulder/Col. 1990.

Ropers, Norbert, Peter Schlotter: Regimeanalyse und KSZE-Prozeß in: Kohler-Koch 1989, 315–342.

Rosenau, James N.: Linkage Politics: Essays on the Convergence of National and International Systems, Princeton Center of International Studies, New York 1969.

Rothstein, Robert: Regime Creation by a Coalition of the Weak, in: International Studies Quarterly 28 (Sommer 1984), 307–328.

Ruggie, John: International Regimes, Transactions, and Change: Embedded Liberalism in the Postwar International Order, in: Krasner 1983 a, 195–232.

Ruloff, Dieter: Weltstaat oder Staatenwelt. Über die Chancen globaler Zusammenarbeit, München 1988.

Sauvant, Karl P.: The Group of 77. Evolution, Structure, Organization, New York 1981.

Schoenbaum, David: The World War II Allied Agreement on Occupation and Administration of Postwar Germany, in: George/Farley/Dallin 1988, 21–45.

Senghaas, Dieter: Aufrüstung und Rüstungskontrolle. Über den symbolischen Gebrauch von Politik, Stuttgart 1972.

–: Konfliktformationen im Internationalen System, Frankfurt a. M. 1988.

– (Hrsg.): Regionalkonflikte in der Dritten Welt. Autonomie und Fremdbestimmung, 1989 a, Baden-Baden 1989.

–: Einleitung: Regionalkonflikte in der internationalen Politik, 1989 b, in: Ders. 1989 a, 1–28.

–: Europe 2000. Ein Friedensplan, Frankfurt a. M. 1990.

Sheehan, Michael, Arms Control. Theory and Practice, Kap. 1, Oxford/New York 1988.
Shelley, Luise I.: Human Rights as an International Issue, in: Annals of the American Academy of Political and Social Science (Nov. 1989), 42–55.
Sidorenko, A. A.: The Offensive, Moskau 1970, i. Ü. d. U. S. Air Force.
Sikkink, Kathryn: Codes of Conduct for Transnational Corporations: The Case of The WHO/UNICEF Code, in: International Organization 40/4 (1986).
Smith, Roger K.: Explaining the Non-Proliferation Regime: Anomalies for Contemporary International Relations Theory, in: International Organization 41/2 (1987), 253–281.
Snidal, Duncan: The Limits of Hegemonic Stability Theory, in: International Organization 39/4 (Herbst 1985), 579–614.
–: The Game 'Theory' of International Politics, in: World Politics 38/1 (Okt. 1985), 25–57.
–: International Cooperation Among Relative Gains Maximizers, in: International Studies Quarterly 35 (1991), 387–402.
Snyder, Jack: The Ideology of the Offensive. Military Decision-Making and the Disaster of 1914, Ithaca/NY 1984.
–: The Gorbachev Revolution: A Waning of Soviet Expansionism?, in: Lynn-Jones et al. 1989, 71–110.
–: Averting Anarchy in the New Europe, in: International Security 14/4 (1990), 5–41.
Sokolovsky, V. D.: Military Strategy: Soviet Doctrine and Concept, London 1963.
Soroos, Marvin S.: The Commons in the Sky: The Radio Spectrum and Geosynchroneous Orbit as Issues In Global Policy, in: International Organization 36/3 (Sommer 1982), 665–677.
Stample, Gregory: The New World Satellite Order: A Report from Geneva, in: American Journal of International Law 80 (1986), 699–720.
Stares, Paul B.: Nuclear Operations and Antisatellites, in: Ashton B. Carter, John D. Steinbrunner, Charles A. Zraket (Hrsg.), Managing Nuclear Operations, Brookings, Washington/D. C. 1987, 679–703.
Stein, Arthur A.: Coordination and Collaboration: Regimes in an Anarchic World, in: Krasner 1983 a, 115–140.
–: The Hegemons Dilemma: Great Britain, the United States, and the International Economic Order, in: International Organization 38 (Frühjahr 1984).
–: Why Nations Cooperate. Circumstance and Choice in International Relations, Kap. 1 u. 2, Ithaca/London 1990.
Steinberg, Rudolf, Ulrike Müller: Zur Umsetzung der EG-Richtlinie über die Umweltverträglichkeitsprüfung unter besonderer Berücksichtigung der Umsetzungsverpflichtungen der Bundesländer, in: Natur und Recht 11/7 (1989), 278–283.
Strange, Susan: Cave! Hic Dragones: A Critique of Regime Analysis, in: Krasner 1983 a, 337–354.
–: Casino Capitalism, Oxford 1986.

Strübel, Michael: Umweltregime in Europa, in: Kohler-Koch 1989, 247–275.
Studier, Alphone: Der internationale Kampf um die Nutzung der Meeresressourcen, in: Harald Müller, Detlev Puhl (Hrsg.), Ressourcenpolitik. Konfliktpotentiale und Kooperationschancen bei der westlichen Rohstoffsicherung, Frankfurt a. M. 1984.
Stülpnagel, Paul Joachim von: Die Interessenlage der Bundesrepublik und ihrer NATO-Partner bei den Verhandlungen der Genfer Abrüstungskonferenz, in: Hacke/Knapp 1989, 147–156.
Talbot, Strobe: Endgame. The Inside Story of SALT, London 1979.
Taylor, Michael: Anarchy and Cooperation, London 1976.
Thomson, Janic E., Stephen D. Krasner: Global Transaction and the Consolidation of Sovereignty, in: Global Changes and Theoretical Challenges. Approaches to World Politics for the 1990s, in: Czempiel/Rosenau 1989, 195–219.
Tooze, Roger: Regimes and International Cooperation, in: Groom/Taylor 1990, 201–216.
Tumlir, Jan: Protectionism: Trade Policy in Democratic Societies, AEI, Washington/D. C. 1985.
Ullmann, Richard H.: Securing Europe, Princeton 1991.
Umbrecht, Victor: Grenzüberschreitende Umweltzerstörungen und Völkerrecht, in: Vereinte Nationen 1 (1987), 19–24.
Ury, William L.: Developing Risk Reduction Institutions and Procedures, in: Allison/Ury 1989, 69–92.
Van Evera, Steven: Why Cooperation Failed in 1914, in: World Politics 38/1 (Okt. 1985), 80–117.
Vincent, R. J.: Nonintervention and International Order, Princeton 1974.
Volle, Hermann, Claus Jürgen Duisberg: Probleme der Internationalen Abrüstung, 1945–1961, Frankfurt a. M./Berlin 1964.
Wagner, Harrison: The Theory of Games and the Problem of International Cooperation, in: American Political Science Review 70 (Juni 1983), 330–346.
Wallop, Malcolm, Angelo Codevilla: The Arms Control Delusion, Institute for Contemporary Studies, San Francisco 1987.
Waltz, Kenneth: Theory of International Relations, New York 1979.
Webb, Michael C.: International Economic Structures, Government Interests, and International Coordination of Macroeconomic Adjustment Policies, in: International Organization 45/3 (Sommer 1991), 309–331.
Weber, Steven: Interactive Learning in U. S. – Soviet Arms Control, in: Tetlock/Breslauer 1991, 784–824.
–: Realism, Detente, and Nuclear Weapons, in: International Organization 44/1 (Winter 1990), 55–82.
Weizsäcker, Ernst U. von: Erdpolitik. Ökologische Realpolitik an der Schwelle zum Jahrhundert der Umwelt, Darmstadt 1989.
Welck, Stephan Freiherr von: Satelliten in der Internationalen Politik, Forschungsinstitut der DGAP, Bonn 1989.
Wellons, Philip A.: Passing the Buck: Banks, Governments, and the Third World Debt Crisis, Harvard Business School, Boston 1987.

Wendt, Alexander, Raymond Duvall: Institutions and International Order, in: Czempiel/Rosenau 1989, 51–73.
Westing, Arthur H. (Hrsg.): Global Resources and International Conflict. Environmental Factors in Global Strategy, Oxford/New York 1986.
– (Hrsg.): Cultural Norms, War and the Environment, Oxford u.a. 1988.
Wijkman, Per Markus: Managing the Global Commons, in: International Organization 36 (1982), 511–536.
Wilde, Jaap de: Saved from Oblivion: Interdependence Theory in the First Half of the 20th Century. A Study on the Causality between War and Complex Interdependence, Aldershot u.a. 1991.
Williamson, John E. (Hrsg.): IMF Conditionality, Institute for International Economics, Washington/D.C. 1983.
Wilzewski, Jürgen: Anti-Satellitenwaffen: Militärische Bedeutung und Rüstungskontrolloptionen, in: Kubbig 1990a, 382–417.
Wirth, David A.: Climate Chaos, in: Foreign Policy 74 (Frühjahr 1989), 3–22.
Wolf, Klaus-Dieter: Internationale Regime zur Verteilung globaler Ressourcen, Baden-Baden 1991.
Wolf, Klaus Dieter, Michael Zürn: „International Regimes" und Theorien der Internationalen Politik, in: Politische Vierteljahresschrift 27/2 (Juni 1986), 201–229.
Wolf, Klaus Dieter, Michael Zürn: Regeln für oder wider den Markt, Regime als Mittel der Analyse des Technologietransfers, in: Leviathan – Zeitschrift für Sozialwissenschaft, Sonderheft 10 (1989), 30–75.
Wood, Robert E.: From Marshall Plan to Debt Crisis, Berkeley 1986.
World Commission on Environment and Development, Our Common Future, Oxford/New York 1987.
Young, Oran R.: Compliance and Public Authority: A Theory with International Applications, Baltimore 1979.
–: International Cooperation, Building Regimes for Natural Resources and the Environment, Ithaca, NY/London 1989.
–: Political Leadership and Regime Formation: On the Development of Institutions in International Society, in: International Organization 45/3 (Sommer 1991), 281–308.
Zacher, Mark W.: Trade Gaps, Analytical Gaps: Regime Analysis and International Commodity Trade Regulation, in: International Organization 41/2 (Frühjahr 1987), 173–202.
Zürn, Michael: Gerechte internationale Regime, Frankfurt a.M. 1987.
–: Das COCOM-Regime. Zum Erklärungswert rationalistischer Theorien, in: Kohler-Koch 1989, 105–150.